신앙생활 비타민

곽승룡 지음

위즈앤비즈
Wisdom & Vision

Nihil Obstat:
Rev. Pius Lee
Censor Librorum
Imprimatur:
Most Rev. John Baptist JUNG Shin-chul, S.T.D., D.D.
Episcopus Dioecesanus Incheonensis
2020. 7. 10.

신앙생활
비타민

교회인가 2020년 7월 10일
초판 1쇄 발행 2020년 7월 17일

글 곽승룡

펴낸이 (사)미션3000
펴낸곳 위즈앤비즈
디자인 송해용
주소 경기도 김포시 고촌읍 신곡로 134
전화 031-986-7141 **팩스** 031-986-1042
출판등록 2007년 7월 2일 제409-3130000251002007000142호

ISBN 978-89-92825-00-9 03230

값 15,000원

1. 2020년 초, 신종 코로나바이러스 확산의 주범으로 떠오른 신천지에 가톨릭 신자가 빠지는 이유들을 보고 무척 놀랐다. 그 이유들은 다음과 같다. 우선 '가톨릭 신자들은 하느님 말씀인 성경을 알고 싶은 마음이 있어서'라는 말에 무척 놀랐다. 많은 가톨릭 신자가 사도로부터 물려받은 풍부한 신앙의 유산과 하느님 나라의 보물이 교회에 있음을 잘 모르기 때문에 신천지에 빠진단다. 다시 말해 가톨릭 신자들은 성경과 교리를 잘 모르고, 또한 청소년들도 빈껍데기 신앙생활을 하기 때문에 신천지에 빠진다는 것이다. 사회에서 낙오자가 되는 것을 두려워하는 젊은이들에게 소속감과 연대감을 갖게 하고, 끊임없이 그들을 격려하고 지지하기 때문에 신천지에 빠진단다. 또한 가톨릭 신자들은 신앙 안에서 상처와 아픔을 치유 받고 사랑과 관심을 받고 싶은 마음이 있기 때문에 신천지에 빠진다고 말한다. 결정적으로 가톨릭 신자들은 이단과 사이비, 신천지가 왜 나쁘고 위험한지를 잘 모르기 때문에 빠진다고 말하고 있다.[1]

---

1) 참조: 이금재, 『신천지 팩트체크』, 바오로딸 2019, 50-51.

2. 한편 신종 코로나바이러스(COVID-19)와 관련해 신천지를 비난하고 공격만 하는 것이 능사가 아니다. 더욱 성숙한 태도는 이런 사태의 발생 원인을 분석하고 성찰하는 것이다. 현대인들은 논리적이고 교리의 설명을 듣기보다는 하느님을 직접 체험하고 싶어 한다. 하지만 개인의 신비체험이 학문적인 조명이나 검증 없이 주관적인 체험에 함몰되어 버리면 여기서 유사종교가 태어난다. 진정한 신비체험은 논리적으로 이해하고 분석하는 모든 지성적인 작용과 일체의 지적 유희를 단절하고 시각, 청각, 감각을 넘어서는 직관적인 체험에서 일어나는 몰아적 상태이며, 합일의 의식과 절정감 그리고 새로운 경지에 대한 개안이다.[2]

3. 개신교계의 원로라 할 수 있는 손봉호 고신대 석좌교수는 "교인 수를 늘리는 데 집착하고, 개인의 구원과 물질적 축복을 끊임없이 이야기하고, 지도자를 신격화하고…. 신흥 종교 집단에서 보이는 이런 모습이 어디에서 왔는가를 생각해 보라. 대형 교회에

---

2) 참조: 문영석, 『벤쿠버 조선일보』, 2020년 4월 4일 토요일.

서 계속 봐 온 모습 아닌가? 기독교의 본질이 무엇인지에 대해 교인들이 깊이 성찰해야 한다."고 말한다.

4. 그러므로 필자는 손봉호 교수께서 말씀하신 대로 그리스도교 본질에서 묻고 답하는 글로 신앙인들의 믿음 살이에 도움을 주고자 이 책을 준비하였다. 다시 말해 가톨릭 신앙인들이 신앙생활을 하며 답답하고 궁금한 것들에 대한 물음을 사이다 속풀이 처방전으로 답하려고 4년(2015-2019) 동안 『참 소중한 당신』의 「묻고 답하고」 코너에 그 답을 적어보았다. 「묻고 답하고」의 주제들은 다음과 같이 정말 다양하게 주어졌다. 신앙생활, 전례생활, 성사생활, 기도생활을 기초로 고해성사, 혼인성사, 영성체, 부부관계, 용서, 마음의 평안, 혼인과 가정, 인간관계, 타종교이해, 묵주기도, 기도와 치유 및 은사, 헌금, 냉담, 봉사, 안수, 대부모, 성물, 단체가입, 후원금, 교무금….

5. 신천지는 빙산의 일각일 뿐, 한국에는 수백 종의 신흥종교들

이 출몰을 거듭하고 있으며, 시대에 발맞추어 끊임없이 진화하고 있다. 그래서인지 과연 가톨릭 신자들의 신앙생활이 성숙하도록 전문적으로 이끌어주는 '묻고 답하고' 가 필요하다고 느꼈다. 그러므로 이 책은 신앙생활을 하는 데에 신자들이 믿음에서 성장하고, 기도에서 성숙할 수 있도록 보다 깊은 차원의 심연에서 솟아나는 영적 샘물서적이다. 신앙인들은 그 샘에서 길어온 맑고 시원한 물을 마시고, 각자의 영혼과 마음 속 갈증을 해소하는 데 도움이 되기를 바란다. 이 책이 출간되기까지 많은 도움을 주신 미래사목 연구소 소장 김상인 신부님과 가족 같은 직원들에게 감사의 인사를 드린다. 한편 하늘 나라에서 주님과 성령과 함께 기도해 주시는 故 차동엽 노르베르또 신부님께 감사의 인사를 드리고 싶다.

호주 시드니대교구 한인천주교회
주임 곽 승 룡 비오 신부

| 목차 |

부자가 되고 싶은 마음,
탐욕인가요?

Q 돈을 벌고 모으는 게 재미있습니다. 가능하면 부자가 되어 불편함 없이 쓰고 싶습니다. 가난한 사람들한테도 아낌없이 나누어 줄 수 있을 정도로 돈을 벌고 싶기도 합니다. 하지만 성당에서는 가난의 영성을 추구하며, 물질에 대한 마음을 '탐욕'으로 치는데요. 돈에 대해 어느 정도까지 마음을 줘도 되는 건가요. 그리고 어디부터가 탐욕인가요?

A 괜찮습니다. 돈 많이 버세요. 그리고 가난한 이웃에게 많이 나누어 주시고 예수님께서 바라시는 완전한 사람이 되세요. 성경에 따르면 복지와 안녕을 누리는 것은 하느님의 선물입니다. 부유함은 하느님께서 주신 선물이기에 인간은 그 선물을 교환하면서, 상호 애정과 관심에 주의를 기울이면서 살아가야 합니다. 곧 하느님께서 주신 선물에 먼저 감사를 드려야 합니다. 그럴 때 하느님께서 선물하신 목표를 이룰 수 있습

니다. 불행하게도 현실은 반대로 나타나곤 합니다. 부자는 하느님의 선물을 더 이상 필요로 하지 않습니다. 왜냐하면 모든 것을 소유하였기 때문입니다.

성경은 근본적으로 부유함을 반대하고 있지 않습니다. 다만 하느님께서 우리에게 주신 선물을 나의 안녕, 복지, 부유함만을 위해 소유한다면 그것이 문제라는 고발이 성경의 가르침입니다. 성경은 "많이 거둔 이도 남지 않고, 더 적게 거둔 이도 모자라지 않았다"(탈출 16,18)고 전합니다.

그리스도교 초기 "신자들은 모두 함께 지내며 모든 것을 공동으로 소유하였습니다. 그리고 재산과 재물을 팔아 모든 사람에게 저마다 필요한 대로 나누어 주곤 하였"(사도 2,44-45)습니다. 재물을 다 팔아 저마다 필요한 대로 나누어 쓰는 삶의 방식이 너무 이상적일까요? 그들은 행복했을까요? 무엇이 그들을 그렇게 하도록 했을까요? "사랑입니다." 영혼은 사랑하는 사람 안에서 현존합니다. 영혼의 기쁨은 사랑이 꽉 차 충만할 때, 몰려옵니다.

그런데 사랑의 실천에 있어서 유목문화와 농경문화 사이에는 차이가 있습니다. 이러한 차이는 식당에서 식비를 내는 방법과 유사합니다. 서구 사회는 더치페이입니다. 한국은 연장자가 지불합니다. 성당과 예배당에서 봉헌하는 헌금도 차이가 있는데, 개신교는 전 세계 어느 교회에서도 찾아볼 수 없는 헌금 방법으로 십일조를 합니다. 성당의 헌금 방법은 신용카드 사용과 더치페이와 비슷합니다.

그런데 유목문화는 늘 풍요로운 새 땅을 찾기 위해 떠납니다. 그들에게는 떠남이 곧 생명이고 삶입니다. 그래서 아브라함도 하느님께서 새 땅과 민족을 약속하면서 떠날 것을 말하자, 즉시 떠날 수 있었습니다.

하지만 농경문화는 반대입니다. 땅을 떠나는 것은 죽음입니다. 반대로 농민들은 땅 한 평이라도 붙들고 있어야 그 땅에서 농사를 지어 식구들을 먹여 살리고 자녀들 학교 공부도 시킬 수 있습니다.

예수님께서는 제자들에게 "부자는 하늘 나라에 들어가기가 어려울 것이다"(마태 19,23)라고 말씀하셨습니다. 이 말씀은 단지 부자이기 때문에 천국에 들어갈 수 없다는 뜻이 아닙니다. 바로 나누지 않는 완고한 마음이 천국과는 거리가 멀다는 의미입니다. 바실리오 성인은 자신에게 필요한 만큼 사용하고 나머지의 부는 모두 가난한 사람들의 몫이라고 말하였습니다. 그러니 재물의 많고 적음을 말하는 것이 아니라 얼마나 베풀고 나누며 사느냐가 하늘 나라에 들어가는 사람을 결정하는 것입니다. 실제로 재물이 많은데도 나누는 데 인색한 사람은 빈곤한 삶을 사는 사람이지만, 재물이 없는데도 아껴서 가난한 이웃과 나누는 삶을 사는 사람은 성경이 말하는 부자입니다.

예수님은 말씀하십니다. "네가 완전한 사람이 되려거든, 가서 너의 재산을 팔아 가난한 이들에게 주어라. … 그리고 와서 나를 따라라"(마태 19,21). 그렇습니다. 가난의 영성은 빈곤을 사는 것이 아닙니다. 물질에 대한 탐욕은 수전노에게 해당됩니다. 그러니 많이 벌어서 많이 베풀면서 살아가세요.

대전교구의 어느 성지 옆에 부잣집이 있습니다. 그 부잣집은 성당에 다니지 않습니다. 그런데 바로 옆에 있는 성지를 개발하는 데 선뜻 자신들의 땅을 봉헌하였습니다. 그런데 그뿐이 아니라 그 부잣집은 수 킬로 떨어진 곳에 하얀색의 예쁜 학교를 지어 나라에 바쳤습니다. 그렇습니다. 우리나라의 미덕은 부자들의 베풂입니다.

박해 시대 18세기 말 충청 지역 내포 지방에 유군명이라는 양반이 살았습니다. 그는 매일 복음을 묵상하면서, 가진 재산을 팔아 가난한 이웃에게 나누어 주고 주님을 따르라는 구절이 마음에 걸렸습니다. 그는 생각했습니다. 내 재산에서 가장 값비싼 것은 무엇이고 내 이웃 특히 가난한 사람이 누굴까? 결국 그가 복음을 성찰하고 결론을 내려 실행한 것은 자기가 데리고 있는 사노비(私奴婢)를 모두 다 풀어 주는 것이었습니다. 유군명에게 재산은 노비였고 그에게 가난한 이웃 또한 바로 자신의 노비였습니다. 그래서 그는 자신 소유의 노비를 풀

어 주면서 부자의 의미 있는 베풂과 나눔을 통한 완전한 사람
이 되는 길을 걸어갔습니다.

결혼하면
꼭 아이를 낳아야 하나요?

Q 결혼을 했지만, 아이를 낳고 싶은 마음이 별로 없습니다. 아이를 낳으면 제가 하고 싶은 일들도 못할 것 같고 저질 체력이라 아이를 낳고 기르는 것도 걱정입니다. 요즘 시대에 아이를 기관에 맡기는 것도 찜찜하고요. 남편과 둘이 오붓하게 사는 게 행복하고 즐거운데, 그럼에도 아이를 꼭 낳아야 하는 걸까요? 성당에서는 하느님 창조 사업을 위해 결혼을 하면 아이를 낳아야 한다고 하는데, 그렇지 않으면 죄가 되는 것인지 궁금합니다.

A 결혼을 해서 아이를 낳지 않으면 죄가 되는지 물으셨는데, 그렇습니다. 죄가 됩니다. 곧 법적이고 성사적인 의미가 아니라 사랑을 거부한 죄 말입니다. 인간은 스스로 세상에 태어나지 않습니다. 사람은 자기 스스로 원해서 태어나지 않습니다. 인간이 태어나고 떠나는 것은 우리 소관이 아닙니다. 그것은 바로 '사랑' 곧 "하느님은 사랑이십니다"(1요한 4,16)라고

말하는 것처럼 하느님의 소관입니다. 인간은 근본적으로 사랑에서 태어나고 사랑을 먹고 자라며 사랑을 통해 세상을 살아갑니다. 그러므로 인간의 존재의 법칙은 바로 사랑이라고 말할 수 있습니다. 분명한 것은 모든 이가 자신의 사랑이 아니라 부모로부터 받은 사랑으로 태어났다는 것입니다. 부모의 사랑으로 태어난 표지가 바로 내 몸에 있는 배꼽입니다. 그래서 배꼽 인사는 인간 존재의 근거를 고백하는 존경의 표현이라고 말할 수 있습니다.

오늘날 세상에는 사랑이 필요한 곳은 많은데 사랑할 수 있는 자는 부족한 듯 보입니다. 세상에는 사랑을 원하는 자들이 많이 있지만, 사랑할 줄 아는 자는 많지 않으며, 세상은 자신의 자유를 이야기하면서도 사랑을 말하지 않는 경향이 있습니다. 사랑하는 순간, 사랑하도록 하는 것이 바로 자유입니다. 자유는 그래서 사랑으로부터 생깁니다. 사람은 이렇게 사랑으로 태어나고 사랑을 먹으며 자라나는 존재입니다.

결혼을 해서 아이를 낳고 싶은 마음이 별로 없다고 했는데, 아이는 신앙 안에서 볼 때, 자신의 소유라기보다는 하느님의 선물입니다. 결혼은 했지만 아이를 낳고 싶지 않다는 마음이 무엇인지 그것이 어디서부터 왔는지를 자기 인생 여정에서 깊이 바라볼 필요가 있습니다. 아이를 낳으면 자신이 하고 싶은 일들도 못하고 저질 체력이라 양육을 걱정합니다. 그런데 혹시 자신의 마음과 저질 체력 그리고 자기가 하고 싶은 일 등의 이유로 참사랑을 비켜 가고 있는 것은 아닌가 하는 느낌을 지울 수가 없습니다. 그래서 우리는 이러한 마음이 생긴 곳을 직시할 필요가 있습니다. 이것이 바로 현대 신앙인들이 경계해야 하는 프란치스코 교황이 강조하는 영적 세속성입니다. 자기 자신 안에서 빠져나오지 않는 자기애를 경계해야 한다는 뜻입니다. 남편과 오붓하게 사는 게 행복하고 즐겁다는 고백은 행복과 기쁨을 너무 좁게 바라보는 것이라고 생각합니다. 인간의 위대함은 자신보다 다른 사람을 알고 인정하는 것입니다. 탄생을 받아들이듯, 사랑은 자체를 인정하고 긍정하는 것입니다. 사랑의 위대함은 다른 사람을 치유하고, 참된 자유를 만나게 합니다. 하지만 자유에 대한 착각은 사랑이 아니라 자신의 이기적 선택을 고집하는 것입니다.

사람은 무엇으로 살아가는가요? 사람의 존재 근원이 사랑이고, 살아가는 존재의 방식과 법칙도 사랑입니다. 사랑을 이해하기 위해 먼저 우리의 몸을 읽어야 합니다. 몸이 말하는 첫 언어가 바로 사랑이라면, 증거자 막시무스(580-662)는 인간의 중심, 배꼽의 중요성을 인식하면서, 배꼽이 인간 기원을 말하고 있다고 합니다. 그는 몸은 나의 소유가 아니라 무엇인가 만들고 소통하는 사랑의 선물이라고 성찰하였습니다. 사랑의 증표로서 배꼽은 스스로가 아니라 부모의 사랑으로 내가 세상에

왔다는 존재 기원의 표지인 것입니다.

내가 살아왔고 살아갈 사랑은 무엇인가요? 젊은이들, 남성과 여성의 사랑은 '서로 바라보는 것'입니다. 부부들, 곧 남편과 아내의 사랑은 '함께 같은 곳을 바라보는 것'입니다. 감정의 약속만이 아니라 우리에 대한 하느님의 계획을 이야기하고 함께 바라보는 것입니다. 부부들 안에서 성령의 역사를 인식하는 것이 혼인의 영성입니다. 그 혼인으로 태어난 사랑은 열매를 맺는데 바로 자녀라는 선물을 받게 됩니다.

사랑이 사람의 단일체, 몸, 마음과 영혼, 영을 어떻게 움직이고 관계를 맺게 할까요? 몸은 오직 한 사람, 배우자에게 사랑을 나누어 줘야 합니다. 영혼은 사랑하는 사람 안에 있지만 그 완성은 새로운 계약의 성사 혼인으로 이루어집니다. 신적인 사랑의 근원은 바로 예수 그리스도의 옆구리에서 나온 물과 피입니다. 곧 희생은 사랑의 완성이기 때문입니다.

사랑이 무엇이냐고 질문한다면 다음과 같이 다양한 언어로 대답할 수 있습니다. 사랑은 약속입니다. 사랑은 표현입니다. 사랑은 반응입니다. 사랑은 접촉입니다. 사랑은 호칭입니다. 사랑은 빛입니다. 사랑은 판단 중지입니다. 사랑은 대화입니다. 사랑은 눈길입니다. 사랑은 나눔입니다. 사랑은 온유입니다. 사랑은 겸손입니다. 사랑은 자비입니다. 사랑은 슬픔입니다. 사랑은 맑고 깨끗함입니다. 사랑은 의로움이고 평화입니다. 사랑은 그리스도교, 곧 복음의 핵심입니다. 하지만 빛을 손으로 잡을 수 없듯이 사랑의 정의를 내리기란 어렵습니다. 그래서 부부가 서로 사랑하며 그 사랑의 열매인 자녀를 하느님으로부터 선물을 받게 되는 순간, 이것이 사랑입니다.

풍요로운 음식 때문에
고민입니다

Q 식당에서 음식을 먹을 때 반찬과 밥을 종종 남기게 됩니다. 다 먹자니 정말 체할 것 같습니다. 명절 때도 많은 양의 음식이 처치 곤란이 될 때가 많습니다. 꼭 필요한 재료라고 해서 샀지만, 결국 제때 사용하지 못해 음식물 쓰레기가 되어 버릴 때도 종종 있습니다. 음식을 남기면 연옥에서 다 먹어야 한다는 말도 있는데 정말인가요? 만일 죄라면 어떻게 용서받을 수 있을지 궁금합니다.

A 음식을 남겨서 죄가 되기보다는 음식을 버리면 죄가 됩니다. 절제 덕목과 균형 잡힌 생활 습관이 필요합니다. 프란치스코 교황님은 생태회칙『찬미받으소서』27항에서 "낭비와 버리는 습관이 지금까지 볼 수 없었던 차원에 이른 선진국들과 사회의 부유 계층의 현재 소비 수준을 유지할 수 없다는 사실"을 말씀하십니다. 식당에서 음식을 먹을 때 남기는 반찬과 밥, 명절 때 많은 양의 음식, 음식 재료들을 제때 사용하지 못

해 음식물 쓰레기로 버린다는 것은 분명히 죄입니다. 절제하지 못하고 불균형한 생활 습관으로 하느님께서 창조하신 땅과 노동의 열매를 버린 죄입니다. 만일 죄라면 어떻게 용서받을 수 있을지 궁금하다고 말씀하셨는데, 절제를 실천하는 것입니다. 초기 교회의 수도원에서는 공동체 생활을 위해 그리스도교의 절제에 대한 덕목을 실천하였습니다.

절제에 관한 지침

수도 생활을 처음 시작한 파코미오의 자서전을 보면, 이집트의 수도자들은 일 년에 한 번 정도 물에 적셔서 빵을 먹는 것을 제외하곤, 주로 거친 검은 빵을 먹었다고 전하고 있습니다. 밀가루 반죽도 쓴 나물 가루에다 비벼서 음식으로 만들어 먹었답니다. 그렇게 한 이유는 밀가루를 보통으로 반죽하면 달게 변하기 때문이랍니다. 그들은 기름을 사용하지 않았고, 고기도 먹지 않았으며, 오직 콩 종류의 식물을 그것도 날로 먹었습니다.

알칸타라의 베드로 성인은 3~4일에 한 번 조금 무엇인가를 먹었고, 아시시의 프란치스코 성인은 40일 단식 후에 빵 조각으로 끼니를 해결했다고 합니다. 그는 자신의 힘으로 무엇인가를 하려는 것에 넘어가지 않고 겸손으로 그리스도를 닮고자 절제하는 단식을 하였답니다.

그러나 위대한 성인들의 삶을 직접 따라 살기에는 오늘날 우리의 삶에 적합하지 않은 점이 많아 보입니다. 성 토마스 아퀴나스는 성인들이 말하고 있는 단식을 글자 그대로 따라하는 것은 어떤 경우에는 솔직히 옳지 못하다고 하였습니다. 음식을 먹는 데 있어서, 필요한 것은 모두에게 알맞은 기준을 찾는 것입니다. 올바른 기준은 모두에게 참 좋은 것입니다. 곧 균형 잡히고 자유로운 동의에서 출발하는 절제가 음식뿐 아니라 신앙생활에 매우 적합합니다.

절제에 대한 수덕 생활의 지침은 세 가지를 특별히 강조합니다. 첫째, 달성하고자 하는 목적에 걸맞은 행동을 해야 합니다. 둘째, 몸의 건강이 목적이고 그로인한 노동할 수 있는 힘을 길러야 합니다. 셋째, 몸은 정신과 마음 곧 기도할 수 있는 상태를 유지해야 합니다.

수도원에서 음식에 대한 일화가 있습니다. 한 수도자가 기도 중에 예수님의 환시를 보았다며 소리를 지르더랍니다. 그것을 지켜보던 수도원장은 주방 담당 수도자에게 "그에게 고기 좀 먹이라!"고 주문을 하였답니다. 이런 경우는 셋째 지침에 해당되는 것입니다. 대중적인 격언이 생각납니다. "먹기 위해서 사는가? 살기 위해서 먹는가?" 그렇습니다. 우리는 살기 위해서 먹습니다. 옛 성인들이 말씀하셨습니다. "건강한 몸에 건강한 정신"(Mens sana in corpore sano). 이 말은 참으로 우리에게 올바른 방향을 제시하고 있습니다.

실낙원

요즘 피정의 집에서 단식 피정이 유행입니다. 혼자서는 쉽지 않은 절제할 수 있는 힘을 함께 모여 기도하면서 단식하며 몸과 마음을 단련합니다. 초대 교회에서도 예수님께 배울 수 있는 단식에 대해 어려움이 있었다고 합니다. 그도 그럴 것이 예수님께서는 하느님 나라를 먹고 마시는 술과 음식 잔치로 많이 말씀하셨기 때문입니다. 그래서 초기 사막의 교부들은 단식의 의미를 찾기 위해서 성경의 시작, 곧 창세기로 돌아갔습니다.

왜! 아담과 하와가 낙원에서 쫓겨났는가? 그들이 실낙원을 하게 된 구체적인 이유는 절제의 덕을 실천할 수 없었기 때문입니다. 곧 '단식'을 하지 못했기 때문입니다. 풍요로움 속에서 그들은 하느님께서 명하신 선과 악을 알게 하는 나무의 열매까지 따 먹었습니다.

요한 클리마코 성인은 만족하고 풍요로움을 살아가는 자들은 기도할 수 없다고 하면서 그리스도인들의 단식을 새에 비유하였습니다. 새들은 높이 하늘을 날고 싶어 합니다. 그런데 "새가 살이 쪄서 비대하다면 과연 하늘을 향해 높이 날 수 있을까?"라고 질문하며, 성인은 그리스도인들은 하느님을 향해 높이 날아가는 한 마리 가벼운 새가 되어야 한다고 하였습니다. 왜냐하면 하느님을 향해 기도를 하려면 몸이 가벼워야 날갯짓을 잘할 수 있기 때문입니다.

의학적으로도 배가 부르면 몸이 둔해지고 머리가 무거워서 생각하기 어려워진다고 합니다. 성인들은 배부른 느낌이 머리와 몸을 마비시키기 때문에 성령께서도 들어갈 수 없다고 말합니다. 확실히 음식을 과다하게 취하는 것은 하느님의 영역 곧 영적인 영역을 흐리게 합니다. 아담과 하와도 하느님의 영의 영역을 넘보았고, 그것을 차지했기 때문에 하느님의 영역 곧 낙원 밖으로 쫓겨난 것입니다. 절제와 단식은 낙원으로 되돌아가는 길입니다.

시부모님을 따라 절에 가서
기도를 해도 될까요?

Q 시부모님이 불교를 다니십니다. 저는 어릴 적부터 천주교 집안에서 자라 세례를 받았습니다. 그런데 결혼 후, 때가 되면 절에 같이 가서 기도를 하자고 하십니다. 어떤 사람은 부모님이 살면 얼마나 사냐며 부모님 뜻을 들어주라고 하는데, 저는 도저히 마음이 내키지 않습니다. 이런 상황을 어떻게 지혜롭게 처신할 수 있을까요.

A 성당에 열심히 다니면서 시부모님을 위해 진심으로 걱정하시는 모습이 아름답습니다. 결론부터 말씀을 드립니다. 먼저 물리적으로 매우 어려운 결정을 내리셔야겠습니다. 성당에 열심히 나가셔서 시부모님을 위해 진심으로 신앙생활과 기도를 해보시기 바랍니다. 그리고 시부모님께서 절에 같이 가서 기도를 하자고 바라실 때 항상은 아니더라도 진심으로 함께 가보시라고 말씀드립니다. 대체로 불교는 천주교처럼 주일을 지키는 종교 생활이 아닙니다. 그것을 십분 활용하여, 시부

모님과 절에 같이 가서 기도를 하시면 어떨까요? 이런 모습은 종교 생활로서 불교를 믿고 기도하는 것이 아니라 시부모님을 위해 그분들이 믿고 생활하는 종교에 대한 예를 함께 동반한다는 가족 사랑이라고 생각합니다.

한국의 문화는 명절이나 가족의 대사 또는 경사스러운 일이 있을 때면 가족 어른뿐만 아니라 이웃 어른들께도 반갑게 인사를 드리는 공동체 특성을 가지고 있습니다. 그러니 가끔 시부모님이 원하실 때 함께 절에 가셔서 훌륭하고 존경하는 가족이나 이웃 어른들께 인사를 드린다는 마음으로 부처님께 예를 갖추는 것은 괜찮지 않을까 생각합니다.

프란치스코 교황님은 자비의 희년을 선포하면서 하느님의 자비를 거행하는 희년이 다른 숭고한 종교 전승들과 함께 만나고 서로 돌보기를 바랍니다. 서로 이해하고 알 수 있는 열렬한 대화로 서로의 문들이 열리고, 경멸하는 모든 형태의 닫힌 마음을 제거하고, 폭력과 차별의 모든 형태를 배격할 수 있기를 바라고 있습니다.

"기소불욕, 물시어인"(己所不欲 勿施於人)

모든 종교의 가르침은 사실 사랑, 자비라고 말할 수 있습니다. 다만 그것을 실천하는 방법이 다릅니다. 만일 하느님의 사랑이 꽃이라면 하느님의 자비는 열매입니다. 공자도 수제

자인 자공이 인(仁)이 무엇이냐고 물으니 "기소불욕, 물시어인"(己所不欲 勿施於人)이라고 말하였습니다. 이것은 '자신이 바라지 않는 것을 남에게 행하지 말라'는 뜻으로 『논어』 안연편에 나오는 말입니다. 중국의 최고 지도자 시진핑의 신조이기도 하답니다.

이스라엘에서도 기원전 6세기 이스라엘 백성이 바빌론으로 유배를 가면서 신앙 중심이 성전(聖殿)에서 성전(聖典)으로 옮아가면서 하느님 말씀을 모으기 시작하여 기원후 2세기 랍비 유대교 경전 미쉬나를 모았습니다. 그것을 한마디로 요약하라는 이방인의 질문에 랍비 힐렐은 "당신이 싫어하는 일을 이웃에게 하지 마시오. 이것이 토라의 전부이며 나머지는 그저 각주일 뿐입니다. 가서 이것을 공부하고 실천하십시오"라고 말했답니다. 자신이 당하기 싫어하는 일을 남에게 하지 않겠다는 마음이 토라의 전부이며 핵심입니다. 우연의 일치인지 모르나, 토라와 논어의 말은 공통적으로 자신이 바라지 않는 것을 남에게도 바라지 말라는 것입니다. 이와 같이 모든 종교는 타자에 대한 배려와 이해가 그 가르침의 중심에 있습니다.

남이 너희에게 … 바라는 그대로 … 해 주어라

신약에서 예수 그리스도께서는 황금률을 다음과 같이 말씀하십니다.

"그러므로 남이 너희에게 해 주기를 바라는 그대로 너희도 남에게 해 주어라. 이것이 율법과 예언서의 정신이다"(마태 7,12; 루카 6,31). 구약 토라의 '하지 말라'는 부정문 대신 복음의 예수님께서는 '하라'는 긍정문으로 사랑과 자비의 실천을 요청하십니다.

이와 같이 자비는 교회 밖에서도 그 힘을 발휘합니다. 자비는 우리를 유대교와 이슬람교와 불교와 관계를 맺게 해 줍니다. 이 종교들은 자비를 하느님의 가장 중요한 속성으로 여깁니다. 이스라엘은 이 계시를 처음으로 받았습니다. 이 계시는 온 인류와 나누어야 하는 헤아릴 수 없는 풍요의 원천으로 역사 안에 남아 있습니다. 잘 알려진 것처럼 구약 성경의 내용은 자비로 가득 차 있습니다. 주님께서 당신 백성이 가장 어려운 시기에 처해 있을 때 그들을 위하여 하신 활동에 대하여 이야기하고 있습니다. 이슬람교는 창조주를 자비로우시고 인자하신 분이라고 부릅니다. 무슬림들은 그들의 나약한 일상에서 자비가 그들과 함께하고 그들을 지지하여 준다고 느끼며 이 호칭으로 자주 기도합니다. 무슬림들도 하느님 자비의 문이 늘 열려 있기에 누구도 그 자비에 한계를 둘 수 없다고 믿습니다.

프란치스코 교황님은 자비의 희년에 이 종교들과 또한 다른 고귀한 종교 전통과의 만남이 촉진될 것이라고 믿으며 이

희년에 우리가 더 활발한 대화를 나누어 서로를 더욱 잘 알고 이해하게 되기를 바랍니다. 이 희년에 모두 닫힌 마음과 서로 무시하는 마음을 없애고 모든 폭력과 차별을 몰아내기를 바랍니다.

오천 년의 우리 역사에서 한국 민족의 피에 흐르는 종교는 다섯 가지인데 무속신앙을 바탕으로 하여 불교, 유교, 도교 그리고 그리스도교가 서로 섞여 돌고 있습니다. 부처님께서는 세상을 산다는 것이 고통이라고 깨달아 우리가 세상에 태어나는 것이 고통의 나라에 들어오는 것이라고 합니다. 생로병사(生老病死)는 인간에게 고통이라는 깨달음이고 부처님의 가르침을 요약하면 '첫째, 생명을 빼앗는 데서부터 멀리 벗어나야 한다. 둘째, 주어지지 않은 것을 취하려 하지 마라. 셋째, 감각적인 그릇된 행동에서부터 벗어나야 한다. 넷째, 그릇된 언설을 하지 마라. 다섯째, 마음을 흐리게 하는 도취물에서 벗어나라' 입니다. 부처님께서 깨달은 진리를, 녹야원에서 만난 다섯 제자에게 하신 첫 설법을 풀어서 모은 것입니다. 곧 이 세상이 모두 무상하다는 것(苦), 고(苦)의 원인은 집착에 있는데 모든 것이 그렇게 연기에 의해 일어난다는 것(集)이고, 그 연기를 끊을 수 있다는 것(滅)이며, 그리고 그 길(道)이 열려져 있다는 사실입니다. 그 길은 바른 말, 바른 행동, 바른 직업, 올바른 수행, 올바른 마음가짐, 올바른 명상, 바르게 보고, 바른 결심을 하여 그대로 나아가는 마음의 길 여덟 가지입니다.

자기 종교의 정체성을 잃지 않고, 가족 사랑을 위한 기도는 서로 사랑하는 길입니다.

각 종교마다
십자가가 어떻게 다른가요?

Q 우연히 얻은 십자가를 집에 모시게 되었습니다. 그런데 나중에 알고 보니 정교회 십자가였습니다. 가톨릭에서 워낙 다양한 종류의 십자가를 사용하고 있어 별생각 없이 갖고 있었는데, 사실을 알고 많이 당황스러웠습니다. 성공회와 정교회에서 사용하는 십자가가 가톨릭과 어떻게 다른지 궁금하고, 이 십자가를 어떻게 해야 하는지도 알려 주십시오.

A 종교는 역사와 함께 성장하고 변화합니다. 신앙의 상징 가운데 대표적인 십자가의 종류는 시대마다, 지역마다 문화의 영향을 받기 마련입니다. 성공회 십자가는 가톨릭교회와 같은 전통을 가지고 있어서 크게 다르지 않습니다. 정교회 십자가는 유럽의 문화와 로마 가톨릭의 전통과 달리 그리스 비잔틴 역사와 문화 그리고 정교회의 특성인 국가 중심의 자치 성격 교회를 유지하기에 그 문화에 따라 십자가의 형태와 모양이

다릅니다. 가톨릭교회의 십자가와 다른 대표적인 정교회 십자가는 예수님의 다리를 받치고 있는 부분이 길고 상당히 기울어져 있어 다른 십자가와 구별되는 특별한 형태를 지닙니다. 이 십자가를 '정의의 십자가 저울'이라 부릅니다. 이유는 예수님께서 십자가 양편에 매달린 강도들을 심판하시어, 회개한 강도를 천국에 올리시고 주님을 모독한 강도를 지옥에 떨어뜨리시기 때문입니다. 그래서 기울어진 가로목 아래쪽은 불충한 강도, 그리고 몰락한 '옛 예루살렘'을, 올라간 부분은 천국에 가게 된 회개한 강도와 새롭게 일어나는 '새 예루살렘'을 상징합니다.

정교회 십자가

십자가 윗부분에는 부활하신 구세주 그리스도의 형상과 두 천사가 자리합니다. 예수님의 구세주 형상 아래에는 헬라어(그리스어)로 '스스로 존재하는 분'이라는 글이 새겨져 있습니다. 그리스도께서 하느님이시라는 의미입니다. 또 두 천사 가운데에는 '주님의 천사들'이라는 글이 있는데 이들이 예수님의 죽음을 지켜보고, 부활하신 그리스도를 맞이하고 있습니다. 증거로 천사들의 굽혀진 무릎 아래에 '영광의 임금님'이란 글이 선명하게 드러납니다.

십자가 위의 명패에는 '예수 그리스도'를 나타내는 헬라어 첫 글자와 ‘IC, XC’ 가 쓰여 있고 십자가 좌우에 해와 달이 그려져 있는데, 이것은 요엘 예언자가 “주님의 날이 오기 전에 해는 어둠으로, 달은 피로 바뀌리라”(요엘 3,4)는 말씀을 상기시킵니다. 십자가상 예수님의 머리 양옆에는 ‘NI’ 와 ‘KA’ 라 적혀 있는데 NIKA는 ‘승리자’ 를 의미합니다. 또 십자가 양팔 아래에는 ‘우리는 당신 십자가를 경배하나이다. 당신의 부활을 찬미하나이다’ 라는 글이 적혀 있습니다.

정교회 십자가는 라틴 십자가와 달리 전통적으로 예수님의 양팔과 양발에 4개의 성못을 그리고 있습니다. 창에 찔리신 예수님의 옆구리에는 피와 물이 흐르고 있습니다. 또 예수님의 몸 양편에 ‘창’ 과 갈대 끝에 달아서 식초와 쓸개를 적셔 구세주께 올린 ‘해면’ 이 있습니다. 해면을 단 갈대 아래에는 ‘승리자 그리스도’ 라고 적혀 있습니다.

다양한 십자가

선교사들이 외국의 먼 땅으로 복음을 전파하기 위한 장도에 오르기 전에 교황님으로부터 무엇인가를 목에 받아 거는 예식에 참여합니다. 그것은 십자가입니다. 주교들도 선교사와 같이 십자가를 목에 걸고 있습니다. 과연 십자가가 무슨 의미를 내보이고 있나요? 십자가들의 모양을 자세히 보면 볼수록 다양한 예술가들의 작품들로 거의가 다르게 제작됩니다. 장식이

화려한 십자가, 매우 단순한 십자가, 부활하신 영광의 십자가, 고통의 십자가 등 정말 다양한 모습입니다. 특히 부활한 영광의 십자가는 네모난 나무 판에 예수님께서 부활하신 것을 나타내 보이려고, 예수님께서 방금 십자가에서 내려온 모습을 보이려고 나무 판에 십자 모양의 구멍이 뚫려 있습니다.

십자가는 그리스도의 계시를 나타내는 최고 심오한 신비를 담아내고 있습니다. 그러면 왜 이렇게 십자가 모양이 매우 다양한가요? 십자가 모양이 예술가와 신학자들의 생각이 서로 다르기 때문인가요? 예술가들은 미적 예술을 신학자들은 신학적 의미를 중심에 두다보니 서로 간의 이해를 움켜쥐고 있다는 인상을 받습니다. 초기 그리스도인들에게 십자가는 예술품도 장식품도 신학적 성찰도 아니었습니다. 십자가는 그리스도인의 존재 근거였으며 신앙을 담아내는 신자 정체성의 존재론적 실체였습니다. 인간 역사에서 그 시대의 가치와 십자가가 만나 예술품, 신학적 성찰을 유도해 낸 것입니다. 그러나 아무리 시대가 바뀌어도 변할 수 없는 십자가의 본질은 구원을 위한 것 곧 악과 죽음과 죄에 대한 승리의 징표라는 것입니다. 그런데 요즘 현대인들은 십자가를 보고 더 이상 놀라거나 감동하지 않습니다. 김지하 시인의 「금관의 예수」 작품에서도 나타내지만, 요즘 십자가는 황금으로 온갖 장식을 한 화려한 모습으로 치장되어 있습니다. 옛날 필자가 저녁 무렴, 김포공항에 내려가는 항공기에서 대한민국 그 동네를 바라보았습니다. 대한민국은 온통 적십자들의 물결을 이루고 있었습니다. 외국인들은 이렇게 생각합니다. "아! 대한민국은 적십자 활동을 전국적으로 하고 있구나." 동네마다 붉은 십자가를 매달은 교회, 공원묘지에서도 무덤 앞을 장식하고 있는 십자가, 귀걸이 십자가, 목걸이 십자가, 심지어 피어싱 십자가가 무성합니다.

십자가는 영원한 생명을 주시겠다고 약속한 구원의 표입니다. 그런데 우리는 장식으로서 십자가와 신앙 교리에 따른 십자가들 사이에서 과연 얼마나 진지하게 체험의 십자가를 만나고 있나요? 우리 삶 안에 십자가의 체험이 과연 존재하는가요? 예수님의 삶에서 있었던 그러한 십자가 체험이 나에게도 이루어지고 있는가요? 우리가 추구하는 십자가가 황금이건 다이아몬드건 나무 십자가건 그 가치는 오직 한 가지, 고통의 가치라는 것을 잊지 말아야 합니다. 중세기에 이 가치를 그리기 위해 그리스도교 예술은 새로운 형태의 십자가를 표현하기 시작했습니다.

그리스도께서는 고통당하는 사람으로 대표되는 인물입니다. 그리스도께서는 그 고통 속에서 하느님의 사랑과 희망을 발견하셨습니다. 따라서 고통, 죽음, 아픔은 피해야 할 적이

아니라 우리 삶에서 만나야 하는 동료입니다. 정교회 십자가
도 같은 신앙의 본질을 지닙니다. 잘 보존하고 그 의미를 마음
에 새기시면 됩니다. 다만 공적 전례 때를 위해서라면 가톨릭
교회 십자가를 모셔야 합니다.

TV는
정말 나쁜 매체인가요?

Q 프란치스코 교황님은 TV를 안 보신 지 25년이 되었다고 합니다. 사순 시기가 오면 TV를 끊는 것을 사순 실천으로 꼽는 이들도 많습니다. 어떤 성직자들은 TV는 악의 유혹이니 되도록 보지 않도록 노력하라고도 하는데요. 현대인에게 있어서 TV는 정말 나쁜 매체일까요? 조언 부탁드립니다.

A 유혹 없는 성인 없다

TV를 안 보고 산다면 얼마나 좋겠습니까? 하지만 유혹 없이 성인도 있을 수 없듯이 TV를 보든 안 보든 양극단의 선택보다는 TV를 보면서도 그 유혹을 이겨 낼 수 있는 힘을 길러야 합니다. 결론적으로 TV를 보면서 또한 성경을 읽고, 기도를 하는 시간을 가지면 됩니다.

어떤 사람이 고개를 갸우뚱거리면서 "어떻게 그렇게 훌륭하신 예수님께서 악마로부터 유혹을 받으셨는가? 참 이해가 가지 않는다"고 말하였습니다. 그렇습니다. 악마가 감히 어떻게 메시아를 유혹할 수 있었을까요?

평생을 농민들과 함께 어울려 농사를 지으면서 사신 사제가 있었습니다. 그분은 평소에는 서민 농사꾼이었고, 혹시 서울에 갈 일은 농민 관계 시위를 할 경우였습니다. 그런데 그런 분이 알코올 중독으로 고생하셨습니다. 자신에게 그런 유혹이 있어서인지 그분은 참으로 모든 이들의 약점, 부족함 등을 감싸 안으셨습니다. 참 훌륭한 사제이셨습니다.

모든 위대한 인물은 유혹을 당하셨습니다. 초기 수도 생활의 대부 성 안토니오 성인은 유혹이란 영적 성장을 위해 필요한 요소라고 다음과 같이 말씀하셨습니다. "유혹이 없는 자, 구원도 없을 것이다."

영성 생활은 싸움입니다. 다가오는 몇 개의 적들과 하는 투쟁입니다. 싸움을 하는데 두 가지 요소, 곧 외적인 것과 내면적인 것이 교묘하게 싸우도록 갈등을 일으킵니다. 참으로 악은 인간 존재의 뿌리에 속해 있는 것일까요? 마치 악 없이 선도 없는 듯합니다. 우리 인간은 정말 늘 이러한 선과 악의 구도 속에서 살아가는가? 하고 질문을 합니다. 세상 이치가 정말 이렇게 돌아가고 있습니다. 선과 악의 대결로 말입니다.

"유혹은 맑은 마음속 말씀으로 이겨낸다."

인간의 느낌은 마음의 움직임 곧 마음의 활동인데, 이성도 역시 하느님의 선물로서 각각 내면과 외면의 합리적 식별에 조화를 둡니다. 하느님께서는 모든 당신 창조물은 다 좋다고 말씀하셨습니다. 그런데 '어디서 악이 다가오는가?' 라고 질문할 수 있습니다. 시리아의 수도자들은 우리 정신은 악과 하느님이 싸우시는 장소라고 말하였습니다. 그런데 악에 대항해서 싸우는 우리의 무기는 무엇일까요? 바로 맑은 마음과 말씀입니다.

청심(淸心)과 우리에게 하시는 하느님 말씀으로 악의 유혹에서 반드시 이겨 낼 수 있습니다. 그러나 욕하면서 배운다는 말처럼, 청심과 말씀으로 싸우지 않고, 자기의 욕심과 힘, 능력으로 싸운다면 어느새 나도 모르게 내가 그 악에 대항하다 그 악을 닮아갈 수 있습니다. 악은 아니지만 악한 짓을 하는 반악, 반 짐승. 성인을 닮으려는데 반 성인, 반 천사가 되는 것은 아닌지 모르겠습니다.

그리스도께서는 우리에게 권고하십니다. 성인처럼 우리가 천사의 싸움을 하는 것을 원하십니다. 분명한 것은 그 악의 유혹에 동의하지 않는 것입니다. 그렇다면 악은 절대 우리에게 이길 수 없고 다가올 수 없습니다. 욕망은 죄에서 오기도 하지만 죄를 향해 가기도 합니다. 그러나 욕망이라는 유혹 자체는 죄가 아니고 그것을 받아들여 동의할 때 죄로 발생합니다.

유혹을 이기고 동의하지 않는 기술은 무엇일까요? 바로 사랑이고 맑은 마음인데 그것은 주님 사랑과 말씀에서 옵니다.

성경 말씀이 움직이는 신앙인

이스라엘 백성이 광야 사막을 통해 여정이 시작된 다음, 광야에서 맞닥뜨린 최고 큰 위험은 무엇이었을까요? 그것은 잔인한 맹수가 아닙니다. 길을 잃어버리고, 배고파 죽을 것 같은 내 안에서 일어나는 배고픔과 갈증의 유혹이었습니다.

한편 유혹은 "하늘의 새들이 그 가지에 깃들였다"(루카 13,19)는 말씀처럼 풍요 속에서도 나타납니다. 하늘의 새들이란 누구일까요? 그리스도인들일까요? 나무는 강하지 못합니다. 왜냐하면 새들이 가지들 사이에 많은 둥지를 틀기 때문입니다. 강해져야 합니다. 오늘날 교회의 유혹은 교회도 외적으로 성공하고자 하는 것입니다. 참 힘은 하느님의 말씀입니다.

"성경 전체에 걸쳐 당신에 관한 기록들을 그들에게 설명해 주셨다"(루카 24,27). 아우구스티노 성인은 특별한 경험을 살았습니다. 깊은 위기 동안 분명히 할 수 없는 것은 마음의 생각들입니다. 그때 그는 '목소리로 느끼시오', '성경을 손에 쥐고 읽어라' 하는 음성을 들었습니다. 예로니모 성인 역시 어려운 순간을 살았습니다. 많은 유혹 속에서 괴로웠습니다. 세상에서 도피하는 것은 도움이 되지 않았습니다. 그러나 성경을 읽으면서 많은 것을 위로받았고, 삶을 이야기하는 참경험을 만났습니다.

히브리말에서 '알다', '앎' 이란 보다 넓은 뜻을 가지고 있습니다. 이해한다는 것은 알기만 한 것이 아니라, 아는 것을 하는 것까지입니다. 전쟁을 안다는 것은 전쟁의 경험을 가지고 있는 것입니다. 수도 생활을 아는 것은 그 삶을 살아가는 것입니다. 낙원에서 선과 악을 안다는 뜻은(창세 3,5 참조) 인간성의 비극을 유발하는 유혹이 된다는 것입니다. 성경에서 유일하신 참하느님을 안다는 것은 하느님을 만난다는 것, 그분과 영적인 관계를 갖는 것입니다. 그분께서 우리 삶 안으로 들어오시고 그렇게 우리 인간이 하느님의 삶 안에 들어가는 것입니다.

"진리가 너희를 자유롭게 할 것이다"(요한 8,32). 어느 누구도 나쁜 생각과 충동에 스스로 넘어가기를 원치 않습니다. 그런데 가끔 나쁜 생각이 그를 유혹할 때, 그 행동을 정당화하는 방법을 찾고자 주변을 살펴보고 더듬어 볼 수 있습니다. 구약성경에서 원수는 사람과 나라 사이의 수많은 전쟁에서 나타납니다. 그러나 신약성경에서 원수는 사람이 아닙니다. 그러면 누구와 싸워야 하는가요? 사람이 아니라 악입니다. 인간은 영성 생활에서 원수까지 사랑하여야 합니다. 그러나 늘 싸워야 하는 것은 악의, 생각의 형태로 늘 우리 삶에 들어오는 유혹,

자리 잡은 나쁜 습관, 교만, 태만, 게으름 등의 나쁜 생각들입니다. TV가 유혹이 아니라 보고자 하는 습관이 유혹입니다.

주일미사 때,
봉헌금을 내지 않으면 죄인가요?

Q 요즘 건망증이 심해져, 주일미사에 깜빡하고 봉헌금을 갖고 가지 않을 때가 종종 생깁니다. 봉헌 때 다른 신자들은 다 나가는데 혼자만 앉아 있기가 창피해서 그냥 저도 앞으로 나갔다가 오곤 하는데요. 그래도 스스로 참 부끄럽다는 생각이 듭니다. 봉헌금을 내지 않는 것은 죄를 짓는 것인지요?

A 봉헌금을 내지 않는 것은 죄를 짓는 것이 아닙니다. 하지만 신자로서 봉헌의 의무를 실천하지 않은 것입니다. 그러므로 미사 전에 반드시 봉헌금 챙기는 것을 잊지 않도록 해야 합니다. 빠트린 봉헌금은 여러 가지 기회를 통해서 봉헌하면 됩니다. 예를 들어 다음 미사 때 더 봉헌한다든가, 좋은 일에 후원을 할 수 있습니다. 다만 이런 방법은 단순한 미봉책에 불과하기에 근본적으로는 식구들의 도움을 받아서라도 반드시 봉헌금을 준비하면 될 것입니다.

봉헌금의 준비 부족이 미사 때 좌불안석하게 하는데, 봉헌의 신앙적인 뜻을 마음에 잘 새기며 그에 맞는 자세를 잘 갖출 때 해결이 될 것입니다. 봉헌 시간에 그냥 자리에 앉아 있기가 창피해서 제단 앞으로 나갔다가 들어오는 것은 마음의 봉헌이라도 하려고 제단 앞에 나가는 차원에서 괜찮다고 생각합니다. 교리를 받는 예비신자 또는 첫 영성체를 하지 않은 어린이에게 영성체 때 사제가 안수 축복을 하는 것처럼, 봉헌금을 잊었을 때 제단 앞에 나와 내적인 봉헌을 할 수 있을 것입니다.

봉헌 준비가 안 된 상태로 미사에 참여하는 것에 대한 미안함과 어려움이 지나쳐 죄의식으로 확대돼서는 안 됩니다. 단순히 헌금을 잊은 것에 대한 자책보다는 합당한 봉헌을 주님께 드려야 하는 뜻을 깨달아 미사를 온전하게 준비하는 것이 영적인 도움이 될 것입니다.

봉헌은 외적으로 보면 내가 무엇을 주님께 드리는 것으로 보이고 또 그렇게 생각되지만, 사실 하느님의 것을 그분의 자리에 되돌려 드리는 행위입니다. 하느님의 것에 대해 생각하고 그분의 것을 제대 앞에 드리는 마음을 말합니다. 이제 우리가 신앙생활을 보다 잘 할 수 있도록 봉헌의 신앙적인 의미를 살펴보고자 합니다.

봉헌: 하느님의 것에 대해 생각한다

"태를 열고 나온 사내아이는 모두 주님께 봉헌해야 한다"(루카 2,23)는 말씀처럼, 사람은 하느님께 속해 있다는 의미가 봉헌(奉獻)의 본질입니다. 왜냐하면 하느님이 그들을 구해 주셨기 때문입니다. "주님께서 모세에게 이르셨다. 이스라엘 자손들 가운데에서 맏아들, 곧 태를 맨 먼저 열고 나온 첫아들은 모두 나에게 봉헌하여라. 사람뿐 아니라 짐승의 맏배도 나의 것이다"(탈출 13,1-2). 구약의 희생 제물은 봉헌하는 양이나 염소입니다. 가난한 사람은 비둘기를 바쳤습니다. 소유하고 행동하는 모든 것은 하느님께 속해 있기 때문입니다.

루카 복음은 "아기는 자라면서 튼튼해지고 지혜가 충만해졌으며, 하느님의 총애를 받았다"(루카 2,40)고 전합니다. 이처럼 봉헌하는 삶은 하느님의 은총이 주님께 바쳐진 그 사람 위에 내려져 주님의 섭리로 살아가는 것을 말합니다.

"기억하고 행하여라"

성목요일은 성체성사, 사제직, 신약의 희생, 미사성제가 제정된 날입니다. 무엇을 기억하고 행하여야 할까요? 구약의 파스카 사건 곧 출애굽의 해방 사건을 기억하는 것입니다. 해방된 백성들을 기억하는 것인데, 그것은 출애굽을 체험한 조상, 사건, 백성을 기억하는 것입니다.

"나를 기억하여 이를 행하여라"라는 예수님의 말씀을 묵상하면, 파스카 신앙에서 봉헌의 모든 것이 분명해집니다. 예수님께서는 십자가에 못 박혀 돌아가신 구세주이십니다. 주님은 당신을 십자가 죽음 사건 안에서 기억하여 미사성제와 세상을 위한 미사성제로 행하라고 말씀하십니다.

구약의 히브리인들은 파스카 양을 봉헌하고 가족들과 함께 음식을 나누어 먹으며, 죽음에서 해방된 조상들을 기억합니다. 이집트에서 하느님의 힘이 이집트의 맏아들들을 죽였을 때, 이스라엘의 자녀들은 살아났습니다. 왜냐하면 문들이 양의 피로 표시되었기 때문입니다. 따라서 파라오의 종살이에서 빠져나오게 되었고, 약속의 땅을 향해 떠났습니다. 곧 출애굽 해방 사건과 그 해방 체험을 한 조상들을 기억하는 것입니다.

신약에서 대사제는 인간이며 하느님이신, 영원한 사제 멜키체덱의 대를 이은 분입니다(히브 5,6 참조). 아들 스스로 희생 미사의 제단 위에서 아버지께 봉헌하는 것이 하느님께 드리는 최고의 영광입니다. 십자가 위에서 희생을 나타냅니다. 하느님의 얼굴 앞에 희생적 선물들이 제단 위에 봉헌됩니다. 그리스도의 몸과 그의 피입니다.

신약의 희생

기억해야 하는 바는 우리 구세주의 죽음입니다. 그 죽음으로 우리는 영원한 죽음, 악과 죄의 종살이에서 해방된 것입니다. "그러나 해 뜨는 곳에서 해 지는 곳까지, 내 이름은 민족들 가운데에서 드높다. 내 이름이 민족들 가운데에서 드높기에, 곳곳에서 내 이름에 향과 정결한 제물이 바쳐진다. 만군의 주님께서 말씀하신다"(말라 1,11).

구약의 희생 제사는 얼마나 값비싼 제사였던가요? 모든 백성은 양, 비둘기, 포도주, 곡물, 올리브 그리고 모든 다른 필요한 것들을 사들이고 나누어야 했습니다.

하지만 신약의 봉헌은 빵과 포도주면 충분합니다. 전 세계의 헤아릴 수 없는 제단에서 이 봉헌의 미사가 거행됩니다. 신약의 희생제에서 최고의 열매는 거룩한 장엄함입니다. 곧 아들이 아버지께 드리는 영광이 바로 그것입니다. 주님 안에서 사제직과 지금 믿는 이들이 하나가 됩니다. 봉헌의 완성입니다. 아벨과 아브라함과 멜키체덱의 봉헌의 희생제가 동시에 완성되는 제사는 그리스도의 희생 미사입니다.

봉헌금은 하느님의 것으로서 그분께 속한 것을 돌려드리는 봉헌 생활과 함께 미사 봉헌 안에서 완성됩니다. 그러므로 봉헌 생활의 시작으로서 헌금을 반드시 준비해서 미사 봉헌에 온전히 참여하여야 합니다. 주님의 자리에 모든 것을 돌려드리는 행위와 삶이기 때문입니다.

보속,
감해 주시거나 다시 받을 수 있을까요?

Q 고해성사를 봤는데, 평생 실천해야 하는 보속을 받았습니다. 성격상 도저히 실천하지 못하는 경우가 종종 생겼고, 그럴 때마다 죄짓는 것 같아 마음이 더 불편했습니다. 혹 보속을 감해 주시거나 다시 받아 실천할 수는 없는 것인지요?

A 고해성사에서 무슨 죄를 고백했는지는 말할 수도 알 수도 없지만, 평생 실천해야 하는 보속은 없습니다. 교회법적으로 보더라도 죄의 사함은 고해 사제의 사죄경으로 이루어지지만 보속을 끝마쳤을 때 고해성사가 온전히 완결되기 때문에 평생 실천해야 하는 보속은 적당하지 않습니다. 교회법은 고해 사제가 참회자의 여건에 유의하여 죄의 질과 양에 따라 유익하고 적당한 보속을 부과하고, 참회자는 그 보속을 본인이 몸소 이행하여야 한다고 규정하고 있습니다. 고해 사제가 그리스도의 이름으로 사죄를 선언함으로써 고해성사는 완성되

기 때문입니다. 이미 보속의 수락만으로, 다시 말하면 아직 보속을 하지 않았더라도 사제가 사죄경을 함으로써 이미 죄는 용서받게 됩니다. 곧 보속을 하지 않는다고 해서 고해성사의 효력이 없어지는 것은 아닙니다. 그런데 '용서'는 죄를 없애 주지만, 죄의 결과로 생긴 모든 폐해를 고쳐 주지는 못합니다. 죄에서 벗어난 사람은 완전한 영적 건강을 회복해야 하는데, 그 죄에 대한 결과, 곧 죄과를 갚으려면 보속을 해야 합니다.

성격상 도저히 실천하지 못하는 경우가 종종 생겼다는 점과 그때마다 다시 죄짓는 것 같아 마음이 불편하다는 말씀은 고해성사의 보속이 고해자에게 유익하고 적당하며 합당하지 않습니다. 보속의 경중은 죄의 경중에 따라야 하는데 참회자의 능력에 적응한 것이라야 합니다. 예를 들어 중노동 하는 사람에게 금식재, 가난한 사람에게 큰 자선 행위, 환자에게 행하기 어려운 무거운 보속을 주는 것은 합당하지 않습니다. 보속은 성질상 적합한 것이라야 합니다. 될 수 있는 대로 죄에 반대되는 보속을 주어야 합니다. 인색한 사람에게는 자선 행위, 음란한 사람에게는 고행과 희생, 교만한 사람에게는 겸손한 일, 게으른 사람에게는 성실하게 일하는 보속을 주어야 합니다. 만일 고해 사제가 불합리한 보속을 정해 주는 때에는 참회자가 이를 합리적인 보속으로 바꾸어 주기를 청할 수 있습니다. 교회법적으로 고해자는 다른 고해 사제에게 가서 다른 보속으로 청할 수 있습니다. 그러니 너무 힘들어 하지 마시고 보속을 감해 달라고 청할 수 있습니다. 고해성사는 은총의 시간입니다. 그 시간이 고통의 시간이라면 분명 은총을 놓치는 것이라고 생각합니다. 이 기회를 통해서 고해성사를 잘 준비하는 것이 무엇인지를 살펴보고자 합니다.

신자라면 모두 신앙생활을 잘하고 싶어 합니다. 특히 사순 시기와 대림시기 때, 참으로 회개하려고 노력을 합니다. 하지만 신앙생활에서 회개가 잘 되지 않는 것이 현실입니다. 왜 그럴까요? 여러 가지 원인이 있겠지만 가장 커다란 이유는 아마도 '자신을 잘 알지 못하기 때문일 것' 입니다. 잘 알지 못하는 자신이 똑같은 행동을 계속하고 있습니다. 사실 우리는 자신의 인생, 특히 잘못된 부분을 후회하며 다시 쓰고 싶어 합니다. 하지만 인생을 다시 기록할 수는 없어도, 지나간 자신의 인생을 이해할 수는 있습니다. 내 안에 있는 사랑이 나의 모든 것을 이해하기 때문입니다.

고해성사를 보려면 먼저 자신을 제대로 바라보고 참회를 하도록 합니다. 그런 다음 예수님을 만납니다. 고해성사는 죄와 벌에 대한 보충수업이 아닙니다. 죄에 대한 벌을 받는 것이 아니고, 죄 때문에 치르는 재시험도 아니며, 우리 안에 존재하는 죄의 결과를 치유받고 용서받는 은총의 시간입니다. 고해성사는 우리 주변 세계와 살아 있는 여러 존재 사이에서 결과적으로 지은 죄를 용서받는 것입니다.

먼저 정직하게 자기 자신을 바라보는 것이 필요합니다. 고해성사는 하느님과 공동체 그리고 자기 자신이 만나는 화해의 잔치입니다. 속죄는 필요하지만 하느님과 화해하는 것이 고해성사의 핵심입니다. 자캐오처럼 예수님을 만나는 참 화해가 이루어지면 됩니다. 자캐오는 예수님을 만나 자신의 현재 모습과 인생의 미래를 정확하게 알 수 있었습니다. "'보십시오, 주님! 제 재산의 반을 가난한 이들에게 주겠습니다. 그리고 제가 다른 사람 것을 횡령하였다면 네 곱절로 갚겠습니다.' 그러자 예수님께서 그에게 이르셨다. '오늘 이 집에 구원이 내렸다. 이 사람도 아브라함의 자손이기 때문이다. 사람의 아들은 잃은 이들을 찾아 구원하러 왔다'"(루카 19,8-10). 고해성사를 위해 하느님과 나와의 관계, 나와 타인과의 관계, 나와 나 자신과의 관계 등 어떤 관계가 자신을 불만족스럽게 하는지 살핍니다.

고해성사의 마지막 단계는 보속을 실천하는 것입니다. 초기 교회에서는 참회자를 위한 공동체의 기도와 함께 보속을, 죄인이 용서받을 수 있는 필수조건으로 여기고 있었습니다. 오늘날 죄의 용서는 무엇보다 '하느님의 자비'에 근거하여 고해

사제의 직무수행인 사죄경을 통해 이루어집니다. 용서받는 죄인의 속죄 행위인 보속은 무엇보다 그리스도와 긴밀한 관계 속에서 실천되어야 합니다. 보속은 용서받기 위해 억지로 하는 것이 아니라 더욱 그리스도와 일치에서 성실하게 행할 때, 우리의 약한 행동과 비교할 수 없는 풍요로운 그리스도의 파스카 업적으로 승화됩니다.

고해는 참회자를 영성적인 성장으로 인도합니다. 고해성사는 참회하는 삶에서 시작되지만 예수 그리스도를 통해 하느님을 만나는 것으로 완성됩니다. 하느님께서는 죄를 지어 상처받고 고통당하는 사람들이 치유되기를 바라십니다. 결국 하느님께서 궁극적으로 바라시는 것은 인간의 영적인 성숙입니다. 참회로 출발해 하느님의 마음 안에서 완성됩니다.

고해의 길을 걷다 보면 전에 만나지 못한 자신을 발견합니다. 더 위대한 사랑의 전달자로서 자신과 온전히 만납니다. 우리가 스스로 사랑의 계명을 지킬 때 하느님의 사랑과 은총은 자신을 통해 꽃을 피웁니다. 그 순간 내 마음과 영혼이 다시 태어납니다. 고해를 통해 우리는 더 이상 애정의 수집가가 아니라 사랑의 통로가 됩니다. 우리는 사랑의 통로를 열어 자유롭게 살아갑니다. 우리가 하느님을 만나는 것은 생명을 나누고 어지러운 세상에 총체적인 치유를 선물하기 위함입니다.

미워하며 함께 사느냐?
이혼하고 편하게 사느냐?

Q   결혼한 지 5년 되었습니다. 평소 남편과 문제가 있는 건 아
닌데, 간혹 주변 상황이 남편을 미워지게 합니다. 시댁과의 관계라
거나 남편 동료와의 관계로 말이지요. 미워하는 마음이 커질 때마
다 차라리 이렇게 미워하며 죄를 짓느니 이혼하고 좋은 마음으로
살아가는 게 더 죄짓지 않는 길이 아닌가 하는 생각이 들기도 합니
다. 함께 살면서 미워하는 게 나은 건지, 아니면 깨끗이 헤어지고 편
한 마음으로 사는 게 나은 건지 궁금합니다.

A   결론부터 말씀을 드립니다. 사람을 미워하는 것은 죄를
짓는 것이 아니라 우리들의 일상입니다. 오히려 이혼하는 것
이 바로 죄를 짓는 것이고 불편한 마음으로 사는 것입니다. 발
생한 문제에서 미움의 실체가 무엇인가를 자세히 식별할 필요
가 있습니다. 남편의 주변 상황, 곧 직장 일과 그 동료와의 만
남 그리고 시댁과의 관계에서 미워하는 마음이 커지고, 그렇

게 죄를 짓느니 이혼하고 좋은 마음으로 사는 게 죄짓지 않는 길이라고 생각하시는데, 분명한 것은 영성심리학적으로 미움은 죄가 아닙니다. 또 다른 방향에서 나타나는 사랑입니다. 모든 부부는 서로 사랑을 진심으로 원합니다. 하지만 사랑이 쉽지 않은 것은 먼저 자기 자신에 대해 잘 알지 못하기 때문입니다. 완벽한 사랑보다는 부부지만 사랑을 바탕으로 경쟁하고 협력할 수 있어야 합니다. 싸움만 하거나 협력만 할 수는 없습니다. 사랑과 증오가 공존하는 양가감정이 가장 자연스럽고 흔한 상태인 것은 놀랄 일이 아닙니다. 사람은 사랑과 증오, 사랑과 무관심, 사랑하기와 사랑받기 등 상대적 감정들 사이를 오고 가며 살아갑니다. 오히려 이 양가감정이 만나지 않고 분리되는 것을 경계해야 합니다. 특히 시댁, 남편 동료와의 관계에서 미워하며 죄를 짓느니 이혼하고 좋은 마음으로 살자는데는, 어떤 점에서 미움이라는 감정을 흘려보내거나 배설하는 것이 먼저 이루어져야 할 것입니다. 그렇지 않으면 미움으로 시작한 감정이 관계의 단절과 회피라는 실재를 선택한다고 볼 수 있습니다.

우리는 인생을 함께 나눌 누군가를 필요로 합니다. 인간은 인생에서 구체적인 사랑 없이 살 수 없습니다. 그래서 서로 사랑한다는 것은 결혼의 목적입니다. 사랑을 만나고 배워야 합니다. 결혼한 지 5년이면 아직 신혼이라고 할 수 있는데, 얼마나 힘들면 이혼을 하고 사는 게 마음이 편하겠다는 말씀을 하는지, 많이 안타깝습니다. 우선 원인이야 어떠하든 둘이서 함께 어려움을 짊어지고, 대화가 모든 어려움을 해결할 수는 없지만 그럼에도 불구하고 차근차근 대화하면서, 영성심리 및 신앙상담과 심리상담 전문분석가의 도움을 받으면서 헤쳐 나갈 수 있기를 바랍니다. 사실 사람은 온전하지 못하기에 남편은 부인을, 부인은 남편 그리고 다른 이의 도움을 필요로 합니다. 창세기도 아담이 혼자 있는 것이 좋지 않아서 서로 도움을 주고받으라고 하와를 협력자로서 짝으로 만들어 주셨습니다.

부부는 둘이 하나라고 성경은 말합니다. "'그러므로 남자는 아버지와 어머니를 떠나 아내와 결합하여, 둘이 한 몸이 될 것이다.' 하고 이르셨다. 따라서 그들은 이제 둘이 아니라 한 몸이다. 그러므로 하느님께서 맺어 주신 것을 사람이 갈라놓아서는 안 된다"(마태 19,5-6). 부부는 둘입니다. 곧 서로 다르다는 차이를 인정해야 합니다. 각자 고유한 자신의 삶으로 자유로움을 느끼고 살아갈 수 있어야 합니다. 또 부부는 하나입니다. 곧 서로 차이가 없고 동등하고 인격적으로 같다는 질서와 책임을 받아들여야 합니다. 그러므로 부부는 서로 다른 부분을 인정해 자유를 느끼면서도, 부부는 한 몸이기에 서로 똑같아 차이가 없는 동등한 인격과 책임을 살아가야 합니다.

스키를 처음 타는 사람은 넘어지는 연습을 먼저 합니다. 그런 연습을 통해 지속적인 어려움을 예방할 수 있기 때문입니다. 부부관계도 똑같습니다. 지속적인 갈등 요소를 미리 찾아내는 것이 필요합니다. 먼저 연습이 필요한 것은 '말 표현'입니다. 생각과 마음을 자신과 상대를 살리는 말로 적절히 표현해야 합니다. 또한 가족의 중심은 일도 자녀도 아니라 부부입니다. 우리는 대부분 부부 중심보다는 일 중심, 자녀 중심, 경제 중심으로 가정이 돌아갑니다. 이 모든 것이 분명 중요한 것이지만 가정의 본질인 부부관계를 중심으로 이루어가야 합니다. 특별히 소통방식은 부부관계에서 매우 중요합니다. 결혼을 통해 남편과 부인되기는 쉬울 수 있습니다. 하지만 남편답고 부인답기는 스키처럼 반드시 넘어지는 연습을 통해서 가능합니다.

히브리인들, 유목민들은 피의 복수를 '보통의 생각'으로 갖고 살았습니다. "그러나 다른 해가 뒤따르게 되면, 목숨은 목숨으로 갚아야 하고, 눈은 눈으로, 이는 이로, 손은 손으로, 발은 발로…"(탈출 21,23-24). 그러나 보복과 복수에 대한 제한이 있었습니다. 이스라엘의 모든 가족, 부족의 우두머리는 바로 하느님이십니다. 복수와 보복은 하느님에게 맡겨둘 필요가 있었습니다. 악을 악으로 갚는 정의의 원리를 이겨내기 위한 첫걸음인 것입니다. 하느님의 정의를 신뢰하며 그분께 심판을 맡겨두는 것입니다. "일곱 번이 아니라 일흔일곱 번까지라도 용서해야 한다." 용서한다는 것은 상대에게 선을 원하는 것을 의미합니다. 그러나 복음이 강조하고 있는 또 다른 용서의 의미는 용서받는 자에게 우리가 선을 행하는 것이라기보다, 용서하는 자가 하느님으로부터 축복을 끌어내는 것입니다. 하느님은 우리가 상대를 용서할 준비가 되었느냐에 따라 용서를 해 주실 것입니다. "너희가 저마다 자기 형제를 마음으로부터 용서하지 않으면, 하늘의 내 아버지께서도 너희에게 그와 같이 하실 것이다"(마태 18,35).

내면에 사랑을 품기 위해서 초를 켰을 때처럼, 먼저 그 사랑을 받아야 합니다. 곧 먼저 초에서 불을 댕겨야 처음과 같이 두 번째, 세 번째⋯ 그렇게 번져가고, 결국 모든 공간을 비춘 환한 빛이 어두움을 몰아냅니다. "적게 용서받은 사람은 적게 사랑한다"(루카 7,47)는 말씀처럼, 사랑과 죄인의 용서 사이에 이중적인 관계가 있습니다. 사랑은 용서하고, 용서는 사랑하기 위한 동기가 됩니다. 남자와 여자가 부부로 만나 하는 사랑은 상호보완성입니다. 다른 성, 곧 남자는 여성, 여자는 남성에 대한 고려 없이 각자의 성을 이해하는 것은 불가능합니다. 남성과 여성은 서로 다른 방식으로 하느님께 자신을 여는 삶을 실천합니다. 두 가지 방식으로 한 몸인 것입니다. 남자와 여자는 인간의 사랑이 흘러가는 두 개의 통로입니다. 사랑의 충만으로만 성숙한 관계가 됩니다. 생텍쥐페리에 의하면, 사랑이란 서로 마주 보는 것이 아니라 같은 방향을 바라보는 것입니다. 서로 같은 방향을 보려면 상대가 나와 다른 독립된 존재임을 인정할 수 있어야 합니다. 사랑하는 사람은 결코 내 주머니 속 인형이 아닙니다.

타 본당 강론 말씀이
더 은혜로워요

Q 아이가 학원에 갔다 오면 밥을 차려 줘야 하는데, 그 시간을 맞추려면 본당 미사에 못 가게 됩니다. 그래서 시간이 맞는 인근 성당에 들렀는데, 신부님의 강론 말씀이 무척 은혜로웠습니다. 이후 아이도 아이지만, 그 본당 신부님 강론 말씀을 듣기 위해 그곳에서 주로 미사를 보고 있습니다. 본당에서 보이지 않자 주변에서는 저에게 냉담하는 것 아니냐며 걱정도 하는데요, 혹 저의 이런 생활이 잘못된 것인지 궁금합니다.

A 결론부터 말씀을 드리면, 은혜로운 강론 말씀을 듣기 위해 시간이 맞는 인근 성당에 가는 것이 잘못은 아닙니다. 하지만 본당에서 보이지 않자 주변에서는 냉담하는 것 아니냐며 가족과 같은 본당 교우들이 걱정하는 것은 자연스러운 관심이자 사랑입니다. 그래서 솔직하게 있는 대로 지혜롭게 말씀드리는 것이 필요합니다. 하지만 인근 성당에 가는 이유가 정말

그 본당 신부님의 강론 말씀 때문인지 성찰할 필요가 있습니다. 아니면 내적으로 또는 다른 원인으로 자신의 본당에 가는 것을 어려워하는 것은 아닌가? 관찰할 필요가 있습니다. 사실 모든 것은 적당히 자연스럽고 적절한 상식에 맞아야 그 좋은 지향이 드러납니다. 그리스도교 신앙생활은 개인과 공동체의 선택과 자유가 적절하게 유대를 갖는 조화가 필요합니다.

그런데 그리스도교 신앙의 가치들 가운데 우리에게 매우 필요한 것은 바로 자유입니다. 자유가 없는 것이 잘못된 생활이지 자유롭게 생활하는 것은 문제가 되지 않습니다. 우리는 너무 형식이라는 외적인 경계로 인해 눈치를 많이 보면서 그것이 잘못된 것인지 걱정하고 심하게는 죄의식까지 갖습니다. 이를 위해 인간에 관한 신학적인 이해가 필요합니다. 분명한 것은 자매님의 행동이 자기의지에서 나온 것인지 자유에서 출발하는 것인지를 식별해야 할 것입니다.

자유란 하느님의 부르심 앞에서 인간의 자발적인 응답입니다

그리스 사람들은 '자유'는 '선택을 자유롭게 하는 것'으로 생각하였습니다. 처음에는 노예 상태에 반대하는 법률상 개인의 사회적인 관계에서 바라보았습니다. 후에는 개인이 '자족할 수 있음'을 뜻하는 내적인 자유를 의미하게 되었습니다. 더욱이 그리스인들은 자유란 선택이 아니라 지식의 한 양상으

로서 의지를 언급하였습니다.

교부들은 성경에서 인간과 하느님 사이의 구체적인 관계 속에서 인간의 자유를 보았습니다. 곧 하느님의 부르심 앞에서 인간의 자발적인 응답을 강조했습니다. 이 점에서 인근 성당 신부님의 강론 말씀에 이끌리는 자매님의 행동이 하느님의 부르심 앞에서 자발적인 응답인지를 바라보아야 할 것입니다. 한편 본당 교우들이 걱정하는 모습에서 과연 자매님은 본당 교우로서 하느님의 부르심에 응답을 하고 있는 것인지도 성찰해야 합니다.

알렉산드리아의 클레멘스는 자유의지가 모든 것을 앞서는데, 이는 지적인 힘이 의지에 복종하게 되어 있기 때문이라고 말하였습니다. 이 점에서 자매님의 행동이 의지의 표현인지 자유의 선택인지를 식별할 수 있어야 합니다. 그러므로 믿는 이들은 자유 없는 미덕은 없으며 미덕을 실행하지 않고 진리에 이르는 것은 불가능하다고 생각했습니다. 이런 의미에서 자매님은 시간이 맞는 인근 성당의 본당 신부님 강론 말씀을 듣는 선택이 내적인 자유일 수 있지만, 자신의 의지와 관련이 있는지를 바라보아야 합니다. 한편 개인의 사회적인 관계, 곧 본당 안에서 공동체적인 관계를 바라보는 것도 아주 중요합니다. 성경은 인간과 하느님의 관계에서 자유를 바라보았듯이, 자매님과 하느님의 관계에서 과연 자유란 무엇일까를 고려할 수 있다고 봅니다.

진리와 자유는 결합합니다.

요한 복음사가는 하느님의 영지(gnosis)와 자유에 참여하는 것, 곧 진리와 자유의 높은 차원에서의 결합을 말합니다. "진리가 너희를 자유롭게 할 것이다. … 아들이 너희를 자유롭게 하면 너희는 정녕 자유롭게 될 것이다"(요한 8,32.36). 성 바오로 또한 진리이신 그리스도는 성령을 통해서 인간을 자유롭게 한다고 말합니다. "주님의 영이 계신 곳에는 자유가 있습니다"(2코린 3,17).

신학자 에브도키모프는 심리학적인 의지와 형이상학적인 자유를 혼동하지 말아야 한다고 다음과 같이 말합니다. "의지는 여전히 본성에 묶여 있으며 필요와 즉각적인 목표들에 종속되어 있다. 자유는 영(spirit)에서, 인간에게서 나온다. 자유가 최상의 수준으로 들어 올려질 때 그것은 오로지 참되고 선한 것만을 갈망한다." 니사의 그레고리우스는 말합니다. "자유는 주인 없이 스스로를 지배하는 자를 닮았다. 그것은 태초부터 하느님께서 우리에게 내리신 닮음이다.", "바로 자유를 통하여 인간은 신화(神化)되고 축복된다." 따라서 진정한 자유는 성령의 은사인 '영적' 특성을 드러냅니다. 하느님과 솔직하게 터놓는 것은 하느님 자유의 영역으로 고양된 인간 자유의 모든 주요 양상을 요약해 줍니다. 이는 '얼굴을 맞대고 하느님을 보며 즐거워할 수 있을 만큼'의 신뢰 가득한 친밀성을 말합니다.

시간이 맞는 인근 성당에서 신부님의 강론 말씀을 듣는 자매님의 자유는 영, 곧 하느님의 사랑에서 나오는 것이며, 하느님 모습의 닮음에서 나오는 자유입니다. 얼굴을 맞대고 하느님을 보며 즐거워할 수 있을 만큼 자매님의 신뢰 가득한 친밀성을 말합니다. 자매님이 위와 같은 뜻에서 자유를 선택한 것이라면 이는 분명 하느님의 은혜라고 말할 수 있습니다.

선과 악을 선택하는 자유입니다

아담의 죄를 통해 모두가 '죄의 노예'가 되었어도 여전히 자유는 존재하는가?(로마 6,20 참조)라는 물음이 가능합니다. 성경은 끊임없이 우리가 가진 선택의 힘에 호소하면서 인간의 책임을 강조합니다(집회 15,11-16 참조). 니사의 그레고리우스는 말합니다. "먼저 죄인 안에는 더 이상 존재하지 않는 완전한 자유로서, 좋으신 하느님께서 인간을 위해 천국을 생각나게 하는 것을 인간의 마음속에 두셨습니다. 또 다른 하나는 선택의 자유로서, 선과 악을 선택하는 자유입니다. 바로 이것을 통해 인간은 점차 그의 온전한 원래의 자유로 되돌아갈 수 있습니다. 만약에 그가 선을 선택한다면, 이는 곧 자신의 자유를 강화시키기 위한 자유권을 행사하는 것이 됩니다. 그와는 달리 그가 악을 선택한다면, 그는 진정한 자유를 소멸시키는 데 자신의 자유를 사용하는 것이 됩니다. 바로 여기에 죄의 사악함이 있습니다."

성경이 사람의 선택에 책임을 강조하듯이, 시간이 맞는 인근 성당에서 강론 말씀을 듣는 것과 본당에서 그 본당의 교우로서 참여하는 것도 자유와 선택에 대한 책임은 동일합니다. 선을 선택하는 자유이기에 자매님께 선이란 무엇인가를 인식할 수 있어야 합니다. 시간이 허락하는 인근 성당에서 신부님의 강론 말씀을 듣는 것이 악은 아니지만 또한 본당에서 신부님의 강론 말씀을 듣는 것도 선의 선택이라는 사실을 받아들여야 합니다. 인근 성당 신부님의 강론 말씀이 무척 은혜로운 것도 선이지만 가족 같은 본당 교우들이 걱정하는 사랑 또한 선이라는 것을 바라보며 적절한 양쪽 선을 선택하는 점에서 자매님이 자유를 강화시키는 것입니다. 어느 한쪽만의 선택이 아니라 우선적 선택과 차선적 선택이 있을 뿐입니다.

용서가
되지 않아요!

Q 아이가 학교에서 왕따를 당했습니다. 그 사실을 알고 아이도 힘들었지만, 저 또한 속상한 마음에 그 아이들 하나하나를 다 혼내 주고 그 부모들에게 복수까지 하고 싶었습니다. 주님께서는 일곱 번이 아니라 일흔일곱 번까지 용서하라고 하시지만 막상 그런 일이 닥치니 용서가 잘 되지 않습니다. 괜찮다가도 불쑥 그때 일이 떠오르면 화가 납니다. 이런 저 어떻게 해야 할까요?

A 저런, 있어선 안 될 일이 일어났군요. 얼마나 마음이 아프셨나요? 속상한 마음, 혼내 주고 복수하고 싶은 심정, 정말 이해 갑니다. 하지만 너무 빨리 용서하지 마세요. 미움을 빨리 거두고 이해하려고 노력하지 마세요. 화도 내시고 너무 참지 마세요. 분명한 것은 학교에서 발생하는 왕따 자체는 우리 모두가 이겨내고 해결해야 할 장애물입니다. 그러나 왕따의 원인이라 할까요? 그것은 반드시 예방 차원에서 사라져야 할 우

리의 공공의 적입니다.

이제 왕따를 한 아이들을 혼내 주고, 그 부모들에게 하는 복수를 용서라는 선물로 이해하기 위해 신앙인으로서 우리가 어떻게 성찰하고 실천할 수 있는가를 살펴보고자 합니다.

구약의 탈리오 법칙, 눈에는 눈으로, 이는 이로

하느님께 보복을 맡기는 자는 적의 징벌을 보기를 바랄 수 있습니다. 예레미야도 하느님의 복수를 기다렸습니다. "그러나 정의롭게 판단하시고 마음과 속을 떠보시는 만군의 주님 당신께 제 송사를 맡겨 드렸으니 당신께서 저들에게 복수하시는 것을 보게 해 주소서"(예레 11,20). "의로운 이를 시험하시고 마음과 속을 꿰뚫어 보시는 만군의 주님 당신께 제 송사를 맡겨 드렸으니 당신께서 저들에게 복수하시는 것을 보게 해 주소서"(예레 20,12).

인간의 원초적인 감정들 가운데 하나가 정의감입니다. 옛날 법정이 없을 때 정의는 피로써 증거되곤 하였습니다. 원수가 가족을 죽이고, 당한 가족의 살아남은 자들은 그 피를 복수하려는 의무감을 가지고 있어 언젠가는 되갚으리라는 감정을 품고 살아갑니다. 더욱이 보복과 복수는 가족이나 공동체의 우두머리들이 가지는 의무이자 특권이었습니다.

구약에서 "동족에게 상해를 입힌 사람은 자기가 한 대로 되받아야 한다"(레위 24,19)고 말하지만 보복과 복수에 제한이 있었습니다. 이스라엘의 모든 가족, 부족의 우두머리는 바로 하느님이십니다. 그들은 하느님께 보복의 권리를 다음과 같이 맡겼습니다. "그들의 발이 비틀거릴 때 복수와 보복은 내가 할 일, 멸망의 날이 가까웠고 그들의 재난이 재빨리 다가온다"(신명 32,35). 결국 복수와 보복을 하느님께 맡기는 것은 악을 악으로 갚는 첫 정의의 원리를 이겨내기 위한 첫걸음입니다. 곧 하느님의 정의를 신뢰하며 그분께 심판을 맡겨두는 것입니다.

구약에서 이 법칙의 목적은 폭력의 상승을 억제하는 것입니다. 하지만 인간은 한 대 맞으면 두 대를 보태어 행동하려는 자연스러운 습성을 가집니다. 그래서 지금도 이스라엘과 팔레스타인 민족들 사이에 이 법칙이 지켜지지 않고 지속적으로 폭력이 발생합니다. 그러므로 잘못 적용되고 이해된 이 법은 악을 위해서만이 아니라 선을 위해서도 적용될 필요가 없습니다. 반드시 악만이 아니라 받은 선의 똑같은 수치로 이웃에게 보상할 필요가 없기 때문입니다. 분명히 쉽지 않은 문제입니다. 그래서 그리스도교 신앙인들은 예수님의 가르침에 집중해야 합니다.

구약은 "네 이웃을 사랑해야 한다. 그리고 네 원수는 미워해야 한다"고 말합니다. 한편 원수라는 말도 오늘날같이 아군에 반대하는 적, 나쁜 것을 원하는 어떤 사람이라기보다는 단순히 친구가 아닌 사람, 외국인, 모르는 사람입니다. 우리에게 잘해 주는 사람을 사랑하는 것은 지극히 자연스럽습니다. 그러나 우리에게 잘못한 자가 있다면 즉시 그 사람을 사랑하는 마음이 사라지고 즉시 눈에는 눈, 코에는 코의 원리인 "네가 내게 한 것 그대로 나도 네게 할 것이다"로 돌아갑니다. 하지만 복음은 우리에게 다른 것을 요구합니다. 원수라 불리는 자는 우리의 영적성장을 위해 매우 중요합니다. 순수한 사랑이 원수와 함께 드러납니다. 그 보답은 세상이 갚아 주는 것이 아니라 하느님의 영원한 사랑이 보상해 주십니다.

신약의 아가페 법칙, 원수를 사랑하라

"누가 네 오른뺨을 치거든 다른 뺨마저 돌려대어라"는 말씀은 악에 저항하지 말라는 뜻일까요? 오히려 결백하다는 것을 제시하라는 의미일 것입니다. 교부들은 겸손에 대해서 다음과 같이 묵상하였습니다. "폭풍이 불 때 벌판에서 당신이 가장 작고 약하다면, 그것은 당신을 망가뜨리지 않을 것입니다. 그러나 우리가 크고 강하다면 폭풍은 우리를 뿌리째 뽑아버릴 것입니다. 그 폭풍 바람에 대항하여 그 강한 바람이 우리를 휘게 하고 넘겨 트릴 것입니다." 한 노인이 자신의 인생에 이 비유를 설명하였습니다. "어떤 모양으로든 공격을 멈추고, 분노하지 말며, 저항하지 말라. 그러면 나쁜 말이 입에서 나오지 않을뿐더러 나쁜 행동도 일어나지 않을 것이다." 만일 우리가 폭력에 저항하지 말아야 한다면, 어떻게 우리에게 요구하는 자의 도움을 거절할 수 있을까요? 사실 중요한 것은 폭력의 형태입니다. 예를 들어 어머니들에게는 희생이 되는 것, 그들의 아기를 해치게 하려는 것을 멈추게 합니다. 하지만 구체적으로 어떻게 실행해야 하는지 알기에는 쉽지 않습니다. 선행을 얼마나 구체적으로 실천하는가? 규정할 수 없습니다. 하지만 분명한 규칙은 존재합니다. 가능성, 할 수 있는 만큼 하는 것입니다. 확실한 것은 베풀면 잃지 않습니다. 곧 그리스도의 목소리를 들을 때 영생을 얻게 됩니다. "달라는 자에게 주고 꾸려는 자를 물리치지 마라"(마태 5,42).

대조(對照)사회의 법칙, 용서

그리스도교인과 비그리스도교인이 서로 대조(對照)를 이루는 기준은 바로 용서입니다. 대한민국 인구의 30%에 달하는 개신교, 가톨릭의 그리스도교인들이 그리스도를 믿지 않는 비그리스도인들과 대조를 보이는 참 교회의 모습은 교회의 크기, 신자의 수, 헌금 액수, 많은 교회 재산 및 예산이 아니라 서로 용서하는 삶입니다.

러시아의 대문호 톨스토이는 악을 악으로 갚지 않는 복음의 권고를 열렬히 전파하였습니다. 그의 작품들은 저지른 악으로부터 용서를 받는 자들이 선으로 돌아서는 회개의 주제를 다루고 있습니다. 많은 이들이 용서를 할 수 없는 이유로 다음과 같은 금언을 말하고 있습니다. "모든 악을 저지르는 자가 있고, 그 악을 방치하여 내버려두는 자가 있다. 그러므로 우리가 어떻게 항상 용서를 할 수 있겠는가?" 하지만 용서는 단순히 선을 행하고 베푸는 것이 아닙니다. 용서하는 자가 하느님께 축복을 끌어내는 것입니다. 주님의 기도는 우리에게 잘못한 이를 우리가 용서하듯이 하느님께서 우리 죄를 용서하여 주실 것을 청합니다. 결국 내가 다른 이를 용서할 준비가 되었는가에 달린 것이 하느님 용서의 선물입니다.

　오늘도 우리는 질문합니다. 하느님은 용서하는 데 지치지 않으시다는 프란치스코 교황님의 말씀처럼, 우리도 내 보속의 속죄행위 안에서 항상 용서하시는 하느님을 신뢰한다는 것은 부족하지 않습니다. 성인들은 하느님께서 자신들의 부족함과 결점을 용서하실 것을 의심하지 않습니다. 성인들이 자신의 죄를 기억하는 것은 우리의 약함과 부족한 믿음에도 불구하고 우리를 사랑하시는 하늘에 계신 아버지의 선함을 기억하기 위한 방식이었습니다. 죄를 기억한다는 것은 죄를 용서받는다는 것을 믿기 때문입니다. 이것이 사랑을 성장하게 합니다. 여러분, 용기를 갖고 많이 용서하세요.

흔들리는 마음,
죄인가요?

Q 저는 요즘 아이들이 하는 말로 '금사빠'(금방 사랑에 빠지는 사람)입니다. 가정이 있는데도 친절을 베푸는 사람이나 자신의 일에 열정적인 사람을 보면 가슴이 설레고 좋아집니다. 그렇다고 가정을 버리고 싶은 마음은 없는데요. 누구나 이렇게 흔들리는 거 아닌가 라는 생각이 들면서도 한편으론 죄의식이 생기기도 합니다. 아무리 다짐해도 제 뜻대로 되지 않는 마음, 제가 정말 죄를 짓고 있는 것인가요?

A 축하합니다. 삶에서 그 열정과 사랑이 여전히 살아 숨 쉬고 계시니 말입니다. 하지만 말씀하신 대로 누구나 이렇게 흔들리는 것은 아닙니다. 그렇다고 흔들리는 것은 죄, 그렇지 않은 것은 죄가 아니라는 판단은 온전한 나를 이해하는 데 적절하지 않습니다. 흔들린다고 죄의식을 갖는 것은 더욱 자신을 이해하는 데 도움이 안 됩니다. 중요한 것은 죄의식과 죄책

감을 죄와 구분해야 합니다. 우리는 하느님의 사랑을 받고 있는 죄인이지만, 죄의식을 가져서는 하느님의 사랑을 만나는 것이 어렵습니다.

"친절을 베푸는 사람이나 자신의 일에 열정적인 사람을 보면 가슴이 설레고 좋아집니다"라고 고백한 것은 사람에 대한 친절과 일에 대한 열정을 좋아하고 가슴이 설레는 것이지요. 그래서 종교인들에게는 사랑을 실천하고 신앙·영성생활을 하는 기준을 함께 만나는 것이 필요합니다. 그래서 먼저 복음의 도움을 받아 '마음으로 짓는 죄'에 관하여 살펴볼 것입니다. 그리고 현대 가톨릭교회의 최고 영성가 안셀름 그륀 신부님의 도움을 받아서 결혼생활과 독신생활이 만나는 사랑과 영성생활의 관계를 나누고자 합니다.

마음으로 간음하면 죄인가?

"나는 너희에게 말한다. 음욕을 품고 여자를 바라보는 자는 누구나 이미 마음으로 그 여자와 간음한 것이다"(마태 5,28). 우리는 눈을 통해서 우리 주변을 접촉합니다. 보이지 않는 것은 우리에게 존재하지 않는다고 말할 수 있을 정도입니다. 우리가 주되게 바라보는 대상은 우리에게서 마음의 평화를 빼앗습니다. 또는 반대로 그 대상을 추구하기도 하고 내면, 곧 마음과 비위를 상하게도 합니다. 고대 스토아학파 사람들은 바라보는 것은 물질적인 결과물들을 취하는 것이라고 말했습니다. 보기, 듣기, 만지기는 그 초기에는 단지 감각적인 수준에 머무르는 인상을 주지만, 그 인상은 이미지로 변화가 됩니다. 결과적으로 그 이미지는 소유의 원의를 일으키기 때문에 조심해야 합니다. 이런 점에서 우리가 내리는 결정은 소유라는 목적을 가지고, 죄를 짓는 위험에 빠집니다.

고대 스토아학파 사람들은 우리에게 '여인을 바라보는 시선'의 좋은 본보기를 다음과 같이 말하고 있습니다. "만일 당신이 여인과 죄를 짓기를 원하지 않는다면 그녀를 바라보는 것을 피하라." 그렇습니다. 시선은 세상의 움직임 속에서 나를 사로잡는 힘이 되고, 심리적인 기계론의 과정을 제시하고 있습니다. 복음의 본문 "나는 너희에게 말한다. 음욕을 품고 여자를 바라보는 자는 누구나 이미 마음으로 그 여자와 간음한 것이다"(마태 5,28)라는 의미는 어떤 것인가요? 그리스도인에게 유혹은 마치 기계주의와 같은 기능을 보이면서 그것에 빠져들 수 있다고 생각한다는 것입니다. 결과적으로 인간은 여자를 바라보는 순간 죄를 짓는 것이 될 수 있습니다. 하지만 그것은 오직 죄를 짓는 지향으로 바라볼 때 그렇습니다.

결혼생활과 영성생활

결혼한 사람들은 결혼생활을 통해서 그들의 성적 욕망만

채우는 것이 아닙니다. 그들은 하나 됨을 즐기면서 그들의 성 욕구를 하느님께 대한 그리움으로 승화시킬 수 있습니다. 우선 이 과정에서 성이 인정되어야 합니다. 사실 종교인들은 이것을 먼저 인식해야만 합니다. 성 에너지는 생명력이 넘치는 에너지입니다. 이것을 얼어붙게 만든다면, 반쪽만 살아 있는 셈이 됩니다. 그리스도인은 성을 두려워하지 말고 오히려 그것이 주는 즐거움을 잘 누리면서 생명력, 몸의 생동감, 그리고 하느님과 하나가 되고 싶은 갈망의 완성으로 변화시켜야 합니다.

그런데 결혼하지 않은 사람들은 성(性)과 함께 사는 다른 방법을 찾아야 합니다. 그들은 영적인 방법으로 성(性)을 통합하도록 노력해야 합니다. 그것은 성(性)을 치워버리는 것이 아니라 에로스 안에서 변화시키는 것입니다. 성의 에로틱한 흐름이 하느님과의 관계로 흘러 들어갈 때 영성생활은 보다 강력하고 결실 있는 것이 됩니다.

사실 구약성경에서 당신 백성에 대해 취하는 하느님의 사랑이 에로스적인 특성을 지닙니다. 에로스는 매우 강력한 에너지를 지니고 있습니다. 배반에 배반을 일삼아 온 당신 백성 이스라엘에 대한 하느님의 사랑이야말로 아주 강력한 힘을 내뿜고 있는 데서 그 사랑의 에너지를 만날 수 있습니다.

에로스로부터 성(性)이 변화되는 것은 그리스도교 신비주의에 필수적입니다. 진정한 신비주의로 들어가기 위해서는 참된 에로스가 필요합니다. 요즈음 영적인 삶을 사는 사람 중에 신비주의자가 너무 적다는 사실은 에로스(Eros)와 성(性)의 힘을 간과하는 문제와 연관이 있습니다. 많은 그리스도교 신비주의자들은 하느님의 사랑과 그 사랑의 체험으로 에로스를 변화시키는 것을 보여주었습니다. 그 예로, 아빌라의 데레사와 그라시안, 프란치스코와 글라라, 베네딕도와 스콜라스티카의 관계를 들 수 있습니다. 그레고리오 교황은 그리스도교 신비주의의 정수를 베네딕도와 스콜라스티카의 만남 안에서 뚜렷하게 보여줍니다. 정결은 에로스와 성을 억압하는 것이어서는 안 됩니다. 반대로 에로스의 에너지가 어디로 흐르고 있는지 물어야 하며, 사랑받는 사람이 누구인지, 그리고 이 사랑과 애착이 어떻게 그들 자신을 구체적으로 보여주는지 물어야 합니다. 한 사람에 대한 사랑을 표현하는 방식은 나의 영성생활이 얼마나 견실한지 보여줍니다. 아빌라의 데레사는 에로스를 하느님과의 관계를 방해하는 요소로 보지 않고 차라리 활력을 주는 힘으로 이해하였습니다. 그라시안(Gratian)에 대한 사랑은 그녀를 하느님으로부터 떼어놓지 않았고 더 순수하고 내밀한 깊이로 하느님께 가도록 인도하였습니다. 그녀는 그라시안에 의해 어루만져졌고 그로 인해 상처 입은 사랑을 하느님께 봉헌하였고 더 새롭고 친밀한 방법으로 하느님을 사랑하는 법을 배웠습니다.

그러므로 사랑과 열정 그리고 친절의 에너지가 어디로 흐르고 있는지 물어보세요. 사랑을 주고받는 사람이 누구인지, 그리고 이 사랑과 애착이 어떻게 그들 자신을 구체적으로 보여주는지 물어보십시오. 자신이 보여준 한 사람에 대한 사랑을 표현하는 방식은 나의 신앙생활과 영성생활이 얼마나 견실한지 보여줍니다. 그러니 염려하지 마시고 친절을 베풀고, 자신의 일에 열정적인 사람을 볼 때, 사랑을 하십시오. 계속 가슴이 설레고 좋아지는 것을 간직하세요. 다만 하느님 안에서 그렇게 하십시오. "하느님은 사랑이십니다"(1요한 4,16).

금요일,
고기반찬을 먹어도 될까요?

Q 회사에서 금요일 점심시간에 고기반찬이 자주 나옵니다. 금육을 지키기 위해 나만 안 먹자니 많이 아쉽고, 옆 사람 다 먹는데 저도 당연히 먹고 싶은 마음입니다. 이럴 때 어떻게 행동해야 할까요?

A 먼저 금요일 점심시간에 나오는 고기반찬의 식사가 마음에 걸려 어떻게 행동해야 하는지 갈등하고 고민하는 것을 충분히 이해합니다. 분명한 것은 금요일에 고기를 먹지 않는 것이 금육제입니다. 하지만 고기를 먹지 않는 이유는 그 고기의 값을 어려운 이웃과 나누는 희생을 위한 것입니다. 그러니 회사에서 나오는 점심시간 반찬은 편하게 드시고, 금요일에 자기가 선택한 식사에서 고기를 먹지 않는 금육제를 지키고, 그 가치들을 나누면 됩니다. 간단한 금육제 지침의 해석을 했습니다만 더 자세히 복음과 그리스도교 가르침이 말하고 있는

식사에 대한 말씀을 나누고자 합니다. 도대체 교회에서는 단식을 왜 하라고 권고하는가요? 하느님께서 원하시는 음식을 먹는 식사는 무엇일까요?

과식을 이기는 법

의사들은 많이 먹는 것이 건강에 좋지 않다고 계속 말합니다. 특히 환자에게는 금식, 단식, 절식 등을 진지하게 권하고 있습니다. 먹는 것뿐 아니라 마시고 좋지 않은 것을 피우거나 약에 대해서도 남용하지 말고 삼가고 조절해야 한다고 강조합니다.

성 요한 클리마쿠스는 과식은 비어 있는 것을 슬퍼하고 끝까지 채우려고 하는 위장에 대한 위선이라고 말씀하였습니다. 위장을 가득 채운다는 것은 마음이 아닌 몸을 기르는 것, 곧 육신의 본성을 키우는 것이랍니다. 영성가들은 먹으면서는 어느 것도 이겨낼 수 없다고 말하는데, 그 이유는 약한 의지의 표현이기 때문입니다. 구약에서 에사우도 동생 야곱에게 맏아들 상속권을 팥죽 한 그릇에 그야말로 팔아먹지 않았던가요?

그리스도인에게 단식이란 그러면 무엇일까요? 영의 능력을 검증하는 기회입니다. 영성 생활을 한다고 말하면서 과식에 노출되어 있는 것은 이해할 수 없는 일입니다. 많이 먹으면 성격이 급해지고 그렇다고 먹지 않으면 정욕을 자극한다고 전문가들은 말합니다. 조련사가 사자를 예뻐하고 사랑하면 온순하고 잠잠해지지만 그렇다고 사자의 몸 자체가 야생 동물적 기질이 없어지고 양 같이 순하게 변하는 것은 아닙니다.

단식은 잘 먹고 식탁에 앉기 좋아하는 것을 절제하는 것입니다. 인간은 본디 벗과 만나면 음식을 나누면서 기쁘고 만족한 생활을 즐깁니다. 누구도 친구와 만나서 "우리 단식할래?"라고 말하는 자는 없습니다. 단식 그 자체는 덕목이 아닙니다. 다만 사랑의 덕을 쌓는 수단이요 훈련입니다.

예수님께서 그들에게 이르셨습니다. "혼인 잔치 손님들이 신랑과 함께 있는 동안에 슬퍼할 수야 없지 않으냐? 그러나 그들이 신랑을 빼앗길 날이 올 것이다. 그러면 그들도 단식할 것이다"(마태 9,15). 러시아 수도원의 큰 어른 수도자가 수도원 규정의 단식을 잘하고 있는지 관찰하던 중, 어느 날 수도원 젊은 수사가 큰 어른의 작은 방에서 동료 수사 형제와 함께 음식을 먹으면서 기쁘고 즐거워하는 광경을 목격하였습니다. 어른 수사님께 단식 규정을 지키지 않고 들켜버린 그들은 애써 변명을 늘어놓더니, 급기야는 슬픈 얼굴로 자신들의 잘못을 뉘우치면서 낙담하고 자신의 자리로 돌아가려고 할 때, 큰 어른 수사님께서 말씀하셨습니다. "괜찮아요. 형제들! 여러분들이 나누는 그 형제애, 곧 사랑이 단식보다 더 큽니다."

혼인 잔치에 초대된 손님들은 신랑과 함께 형제애, 사랑을 체험하고 있습니다. 단식은 바로 사랑을 위해 존재합니다. "내가 좋아하는 단식은 … 멍에 줄을 끌러 주는 것 … 네 양식을 굶주린 이와 함께 나누고 … 헐벗은 사람을 보면 덮어 주고 네 혈육을 피하여 숨지 않는 것이 아니겠느냐?"(이사 58,6-7)

우리는 누구와 식사를 하나요?

인생을 살다 보면 잔칫집에 초대받는 경우가 있습니다. 우리나라에서는 생의 태어남과 살아가면서 인생의 나이에 따라 축하잔치를 주로 합니다. 요즘은 결혼 주년 잔치도 종종 하는 것으로 봐서 세상과의 만남의 잔치 곧 나이와 연관되는 것만이 아니라 사람과 사람의 만남의 잔치도 열립니다. 필자는 한편으로 오랫동안 투병을 하다가 건강하게 돌아온 사람을 위한 잔치, 전쟁에서 살아 돌아온 이를 위한 잔치, 긴 여행에서 돌아온 것을 기념하는 잔치가 열렸으면 합니다.

바리사이들과 그들의 율법 학자들이 예수님의 제자들에게 투덜거렸습니다. "당신들은 어째서 세리와 죄인들과 함께 먹고 마시는 것이오?"(루카 5,30) 우리는 평판이 안 좋은 술주정뱅이와 친구가 되는 것은 자신의 명성과 이력에 도움이 되지 않다고 여겨 식사는 고사하고 가까이하지도 않습니다.

하지만 자비의 희년에 성인품에 오른 자비의 성녀 마더 데레사는 육적인 자비와 영적인 자비를 살아갔습니다. 마더 데레사의 영성, 자비는 그저 홀로 가난하게 식사하고 빈곤하게 살아가는 것이 아니라 가난한 자들 곧, 굶주리고 헐벗으며 약한 자들의 종이 되는 카리스마였습니다. 곧 그들을 위해 봉사하는 육적인 자비의 실천과 그들을 진심으로 섬기는 영적인 자비의 실천을 사랑의 선교회를 창설하여 수도자들과 함께 평생 살아갔습니다. 주님께서는 다음과 같이 분명히 말씀하십니다. "'저희는 주님 앞에서 먹고 마셨고, 주님께서는 저희가 사는 길거리에서 가르치셨습니다.' 그러나 집주인은 '너희가 어디에서 온 사람들인지 나는 모른다. 모두 내게서 물러가라, 불의를 일삼는 자들아!' 하고 너희에게 말할 것이다"(루카 13,26-27). 최후의 심판에서도 확실하게 말씀하십니다. "너희가 내 형제들인 이 가장 작은 이들 가운데 한 사람에게 해 준 것이 바로 나에게 해준 것이다"(마태 25,40). "너희가 이 가장 작은 이들 가운데 한 사람에게 해 주지 않은 것이 바로 나에게 해 주지 않은 것이다"(마태 25,45).

2차 세계대전 중에 적군과 협력한 사람이 법정에서 유죄 판결받는 위험에 처했습니다. 하느님의 법을 충실히 지키는 유다인들조차도 그 사람에게 매우 냉정했고, 하느님의 법을 지키지 않는 자들이 모여 있는 사회와의 접촉이라고 불순하게 생각하곤 하였습니다. 그리스도를 믿는 선한 그리스도인들은 어떠한가요? 자신의 동료 중의 한 명이 나쁜 짓을 했다고 그들도 그렇게 죄인취급을 하면서 바라보아야 하는가요? 죄는 분명히 미워해야 하고, 책임을 져야 합니다. 다만 사람은 그래서는 안 됩니다. 약한 사람들은 좋아하는 친구들에게 늘 긴장하고 조심하게 됩니다. 믿음과 신뢰가 있는 힘찬 삶을 사는 이들은 사람들을 통해 그들의 용서와 사랑이라는 보물을 선물하고 있는 것입니다.

"레위가 자기 집에서 예수님께 큰 잔치를 베풀었는데, 세리들과 다른 사람들이 큰 무리를 지어 함께 식탁에 앉았다. 그래서 바리사이들과 그들의 율법 학자들이 그분의 제자들에게 투덜거렸다. '당신들은 어째서 세리와 죄인들과 함께 먹고 마시는 것이오?' 예수님께서는 그들에게 대답하셨다. '건강한 이들에게는 의사가 필요하지 않으나 병든 이들에게는 필요하다'"(루카 5,29-31).

치매에 걸린 시어머니,
어떻게 해야 할까요?

Q 저희 시어머니가 치매에 걸리셨습니다. 당뇨까지 있어 음식 조절을 해야 하는데, 치매 탓에 더욱 스스로 조절하실 수가 없습니다. 건강을 위해선 드시고 싶은 음식을 말려야 하곤 하는데, 그러면 꼭 싸움이 납니다. 살날도 얼마 남지 않으신 어머니에게 차라리 마음껏 드시라고도 하고 싶지만, '네 엄마 아니라고 그렇게 막 하는 것이냐'라는 손가락질을 받을 것 같아 그러지도 못합니다. 십계명에도 '부모에게 효도하라'는 계명이 있는데, 과연 제가 어떻게 행동하는 게 효도하는 것인지 조언 부탁드립니다.

A 당뇨와 치매라는 이중고로 투병하시는 시어머니를 돌보시느라 얼마나 애를 쓰고 계시나요? 질문을 읽으면서 저도 돌아가신 아버지 생각으로 한동안 옛날 생각에 깊이 잠겼었습니다. 저의 아버지께서도 당뇨에 치매로 15년 이상 투병하시다가 세상을 떠나셨기에 자매님의 사연에 깊은 공감을 합

니다. 특별히 '네 엄마 아니라고 그렇게 막 하는 것이냐' 라는 말을 들을 것 같은 자매님의 걱정과 어려움도 많이 공감됩니다. 하지만 '어떻게 행동하는 게 효도하는 것일까?' 는 아주 간단하다고 봅니다. 하느님께 받은 어머니의 생명을 보존하기 위해서 의학적 원칙에 따라 효도의 행동을 해야 할 것이라고 생각합니다. 특별히 당뇨 및 치매 환자를 위한 건강식과 요양 보호 규칙에 따라서 행동하는 것이 부모에게 효도하는 것이라고 봅니다. 하지만 이렇게 실행하기 위해서 여러 가지 조건이 필요한 것도 사실이고, 가정마다 다른 현실이 분명 어렵게 합니다.

그래서 저는 그러한 의학 내지 요양 보호를 바탕으로 효도를 실행하는 데 있어서 위로와 영적인 힘이 되는 말씀을 나누도록 하겠습니다. 곧 '부모에게 효도하라' 는 십계명의 말씀을 예수님의 가르침에 따라 살펴보고자 합니다. 주님께서 전하시는 복음적인 응원에 힘을 내시고 도움이 되기를 바랍니다. 혹시 치매 전문 요양병원에 시어머니를 모시는 것이 어떨까 하는 생각을 했습니다만 여러 가지 사정이 있을 것으로 보입니다. 복음 말씀이 제시하는 영적인 위로에 힘을 내시기를 기도합니다.

가족 안에서 예수님 사랑하기
요양병원 사목을 하는 수녀님이 계셨습니다. 중증환자들을 위해 큰 희생으로 봉사하는 수녀님께 한 번은 "왜 이 어려운 일을 하시느냐"는 질문이 있었습니다. 수녀님의 대답은 간단했습니다. 그리스도를 위해서 모든 것을 하고, 환자들 속에서 예수님을 보고 알아차리기 위해서라고 말입니다. 그리스도인들에게 수녀님의 고백은 감동이지만, 믿지 않는 이들에는 스캔들 같은 대답일 수 있습니다.

우리가 참으로 시어머니를 사랑한다면, 하느님을 사랑하는 것으로 이해해도 됩니다. 우리가 가족을 사랑하는 것은 그 가족 안에 계신 그리스도를 보기 때문일 것입니다. 우리가 사람을 사랑하는데 외적인 조건만을 본다면 참 사랑을 살지 못할 것입니다. 만일 엄마가 자녀를 사랑하는 것을 외적이며 자연적인 친자관계로만 자녀가 느꼈다면 어린이는 다음과 같은 질문을 할 것입니다. "엄마! 나를 사랑하는 이유가 뭐야? 내가 엄마로부터 양육되고 보호받는 아들이기 때문이야? 그렇다면 엄마는 나를 참으로 사랑하지 않아. 엄마 스스로를 사랑하고 있을 뿐이야! 나는 오직 엄마의 소유물로 속해 있어. 만일 내가 그렇다면 어떻게 내가 엄마의 아들이야!"

모든 현자들은 충고합니다. 외면에 따라 북돋아지는 사랑은 안정스럽지 않다는 것입니다. 외적인 조건은 시간과 함께 바뀝니다. 그렇게 사랑하는 연인은 다른 연인으로 대체되고 바뀝니다. 외적인 모습을 사랑하는 자는 마음의 아름다운 재산과 매우 성실한 사랑 위에 기초된 관계를 알지 못합니다.

　사람을 사랑하는 최후의 동기가 단지 외적인 것이라고 말할 수 없습니다. 외적인 조건 때문에 사람을 사랑해서는 안 되지만, 정직하지 못한 사랑도 안 됩니다. 혼인도 사랑하기 때문이 아니라 사랑하기 위해서 하는 것입니다. 그렇지 않고 배우자가 재산 상속이 많아서 또는 부부생활의 만족도 때문에 혼인해서는 불행을 자초할 수 있습니다. 왜냐하면 이와 같은 외적 환경은 다시 변하게 되는데, 그렇다면 더 충족한 환경을 찾아갈 수 있고, 사람이 아니라 환경과 사랑을 한 것이기 때문에 그 사람과 살면서도 즉시 다른 것을 생각합니다.

　어떻게 이웃(사람)을 사랑할까요? 그것은 외적인 것 곧 환자의 혐오스러운 모습 안에 본디 하느님에 의해 창조된 하느님의 모상의 현존을 사랑하는 것입니다. 참 모상을 공경할 때 사랑받는 자가 될까요? 우리가 성당이나 야외의 십자가에 합당한 예를 드릴 때, 우리는 누구를 공경하는가요? 분명히 돌, 또는 나무, 곧 십자가를 만든 재료가 아니라 우리가 공경하는 분은 십자가를 지신 예수님입니다. 환자들을 위해 봉사하는 수녀님 역시 그 목적이 동일합니다. 십자가의 그리스도 모습을 그 환자들 안에서 보고 있습니다.

한 여인이 가난한 학생에게 선의를 베풀곤 하였습니다. 왜 냐하면 군대에 간 같은 또래의 아들이 기억났기 때문입니다. 그 학생을 보면서 아들 생각을 하였습니다. 그렇다면 그리스 도를 생각하면서 환자들을 대하는 수녀님의 행동도 이와 같은 것입니다. 왜냐하면 그리스도께서 환자와 다른 인격이 아니기 때문입니다.

바오로 사도께서 말씀하신 그리스도와 함께 그리스도인의 일치는 우리의 내적인 '나' 안으로 들어오시는 내심 깊은 친 밀함입니다. 누가 만일 내 안에 그리스도를 본다면, 그는 내가 기억하는 다른 것을 볼 수 없지만, 내 마음 안에 보다 아름답 고 소중한 것이 있음을 볼 수 있습니다.

나를 사랑하는 자는 내 안에 보다 큰 가치를 지니고 있는 것 을 인정하고 존경합니다. 곧 하느님, 성령의 궁전으로서의 가 치입니다. 만일 수녀님이 그리스도를 위하여 그리스도와 함께 환자를 돕는다면, 수녀님께서 그 일을 하시는 것은 그리스도께 서 참으로 가장 작은 이들, 그의 형제들이 되셨기 때문입니다.

아프리카에서 환자를 돌보던 사람이 일기를 썼습니다. "어 떤 자들은 거룩한 성체성사 안에서 그리스도를 공경하고, 무 릎을 꿇고 향을 드린다. 나는 그분의 환자들 속에서 그리스도 의 같은 공경을 드리고 있다. 내가 문둥병자에게 붕대를 감을 때 그들 앞에 무릎을 꿇었고, 열병환자 머리 위에 물수건을 얹을 때 나는 주님을 경배하듯이 하였다."

　복음의 본질 메시지는 '이웃(가족, 사람) 사랑'입니다. 사랑은 하느님으로부터 옵니다. 사랑하는 자는 누구든지 하느님으로부터 태어난 자입니다. 사랑하는 자는 누구든지 하느님을 아는 자입니다. 그러나 사랑하지 않는 자는 하느님을 알지 못하는 자입니다. 왜냐하면 하느님은 사랑이시기 때문입니다. 이것으로부터 우리는 그분 안에, 그분은 우리 안에 남아 있는 것을 알게 됩니다(요한 13,34-35 참조).

우리 가족, 각각 다른 종교,
이대로 괜찮을까요?

Q 저는 천주교 신자인데, 부인이 개신교 신자입니다. 일요일이면 저희는 각자 성당과 교회로 흩어집니다. 큰 아이는 천주교 세례를 시켰지만 성당에 나가지 않고, 둘째는 엄마를 쫓아 개신교에 나갑니다. 같은 하느님을 믿으니 괜찮다고 얘기하면서도 뭔가 마음이 불편합니다. 그렇지만 저나 아내나 어느 한쪽으로 합치겠다는 생각이 전혀 없습니다. 저희 가족 이대로 서로를 이해하고만 살아야 하는 것일까요?

A 한국 사회는 역사 안에서 종교다원성을 지니고 살아왔지만, 한 가정에서는 그것이 잘 통하지 않는 경향이 있습니다. 그러므로 형제님께서 "저희 가족 이대로 서로를 이해하고만 살아야 하는 것일까요?"라고 질문하셨는데, 결론처럼 말한다면 예, 그렇습니다. 이대로 서로를 이해하면서 잘 살아갈 수 있기를 기도합니다.

왜냐하면 한국에서 '똑같음' 보다 '다름'을 살기가 매우 어렵습니다. '차이'를 모르면 '차별'한다는 말이 있습니다. 그런데 한국 가정에서 음식과 의복 선호 및 취미 생활이 다르면 문제가 되지 않지만 서로 다른 종교 생활을 하기란 매우 어려운 것이 현실입니다. 물론 같은 종교의 믿음 생활을 한다면 얼마나 좋을까요. 하지만 여러 가지 이유로 다른 종교 생활을 한국에서 하는 것은 지옥과 같은 삶일 수도 있고 아주 괴로운 삶을 만들 수도 있습니다. 예를 들어 시어머니의 종교가 불교인데 큰 며느리가 개신교, 둘째 사위가 가톨릭일 때 신앙생활을 하기란 낙타가 바늘귀로 빠져나가는 것보다 매우 어려울 수 있습니다.

차이와 다름을 인정하는 훈련이 필요합니다

내년 2017년에는 종교개혁 500주년이 다가옵니다. 곧 1517년 10월 31일 비텐베르크에서 95개 조 논제를 제시하면서 종교개혁을 시작하였습니다. 하지만 종교개혁이 일어난 유럽보다 한국에서 가톨릭과 개신교 사이의 일치 문제는 너무 어렵고 서로 멀리 있습니다.

마르틴 루터(1483-1546)와 칼뱅(1509-1564)의 종교개혁 신학과 교회 교역자 및 직무는 가톨릭교회 특히 제2차 바티칸 공의회의 『인류의 빛』(교회에 관한 교회헌장)이 전하고 있는 정신과 유사한 공통점들이 많습니다. 그래서 종교개혁이 실제로 일어난 유럽에서는 가톨릭과 개신교의 신앙과 전례 및 사목적인 형태에서 대화하고 일치하는 것이 일상화되었습니다. 하지만 한국에서는 대화 교류 및 일치에 관해 활발하지도 않고, 서로 가깝게 지내지 않으며 오히려 오해와 불신으로 서로 간의 어려운 관계를 만들어 가는 것이 현실입니다.

그러므로 질문하신 형제님께서 가지고 있는 문제는 단순히 가족과 개인의 문제가 아닙니다. 한국 가톨릭과 개신교의 어려움입니다. 그러니 마음이 불편한 점을 극복하시기를 기도드립니다. 가정의 식구들 각자가 다니는 미장원이나 좋아하는 음식을 먹는 데 함께 가면 물론 좋겠지만 각자의 취향과 성향을 찾아간다고 불평하고 괴로워하지 않습니다. 종교도 불편할 필요가 없습니다. 다만 서로 인정하고 배려하면서 각자의 종교에서 배운 바를 믿고, 믿는 바를 증거하고 실천할 수 있으면 합니다.

실제로 유럽에서는 500년간의 단절에도 불구하고 가톨릭교회와 개신교회 사이에 여전히 많은 신학적 공통점이 존재하고 있습니다. 그동안 그들이 상호 이해하고 교회 일치를 위한 노력이 있었습니다. 1999년 발표된 루터교와 가톨릭교회 사이의 「의화에 관한 공동 선언」은 이러한 가능성을 잘 보여주고 있습니다.

이제 요한복음이 전하는 예수님께서 원하시는 일치를 만나 보도록 하겠습니다. 주님의 가르침에 용기를 가지시고 서로를 이해하며 종교의 다른 점 이전에 한 가족의 동질성에 감사하시고, 다른 점은 이해하며 서로 사랑할 수 있기를 기도드립니다.

복음의 가르침, 일치를 살아갑시다

"그들이 모두 하나가 되게 해 주십시오"(요한 17,21). 어디서나 우리는 일치를 위해 하나가 되어야 함을 느끼지만, 일치에 도달하는 것이 쉽지 않습니다. 최고의 일치는 나라와 모든 인간성을 뛰어넘는 보편적 일치라고 힘주어 말합니다. 일치는 참으로 아름다운 것일 수 있습니다. 그러나 그것에 도달하기에는 약점들이 적지 않게 존재합니다. 그러면 우리가 서로 차이 나는 생각의 주장을 중지할 수 있고 자유 안에서 참으로 행동하면서 일치의 목적에 도달할 수 있을까요? 때로는 합법적이라면서 권위적 행사로 일치를 밀어붙이는데 실로 이러한 모습은 인간의 권한을 제한하는 것입니다. 이 같은 일치는 우리가 추구하는 것이 아닙니다.

"아버지, 아버지께서 제 안에 계시고 제가 아버지 안에 있듯이"(요한 17,21) 서로 상호 이해는 일치라는 열매를 위한 씨앗입니다. 일찍이 아리스토텔레스는 인간 존엄성에 극히 필요한 일치에 대해서 말하면서 일치는 우정과 자유에서 태어난다고 말하였습니다. 친구 간의 우정과 개인의 자유로운 관계에서 일치가 탄생한다는 것입니다.

우정을 통한 일치의 모습은 세 가지로 나타나는데, 첫째는 즐거움을 위한 우정입니다. 즐거움이 끝난다면 우정 또한 정지된다는 것입니다. 둘째는 이익을 통한 우정입니다. 벗들 사이에 이윤이 발생하는 우정입니다. 셋째는 덕을 위한 우정입니다. 이는 우정 사이에 덕이라는 영원한 가치를 지닙니다.

우리가 도달해야 하는 일치의 모습은 세 번째 우정입니다. 곧 덕을 기초로 한 사랑(caritas)만이 서로 하나가 되게 합니다. 일치는 이렇게 완전한 사랑과 자유로운 사랑에서 태어납니다. "우리가 하나인 것처럼 그들도 하나가 되게 하려는 것입니다. 저는 그들 안에 있고 아버지께서는 제 안에 계십니다. 이는 그들이 완전히 하나가 되게 하려는 것입니다. 그리고 아버지께서 저를 보내시고, 또 저를 사랑하셨듯이 그들도 사랑하셨다는 것을 세상이 알게 하려는 것입니다"(요한 17,22-23). "아버지께서 저를 사랑하신 그 사랑이 그들 안에 있고 저도 그들 안에 있게 하려는 것입니다"(요한 17,26).

주님께서 "그들도 우리 안에 있게 해 주십시오"(요한 17,21)라고 말씀하셨듯이, 인간들은 사랑 안에서 일치를 살아갈 능력이 그렇게 많지 않은 듯 보입니다. 외적으로 표면적으로 일치의 모습을 보이지만 그것은 완전한 일치라기보다는 통합, 통일, 아니 어떤 면에서 획일적인 모습을 일치로 착각하는 경우가 적지 않습니다.

종종 우리는 사랑 안에서 가족의 일치를 발견합니다. 이 사랑은 삼위일체 하느님의 본질에서 흘러나오는 일치의 원천입니다. 우리 인간의 사랑 역시 하느님의 사랑을 닮아 하느님 안에 영원히 살아가는 한 죽지 않고 살아서 서로 완전히 하나가 되는 기적을 만들 것입니다.

사제가 미사성제 때 말하는 "이는 내 몸이다"라는 말씀은 더 이상 인간의 말이 아닙니다. 최후의 만찬에서 당신과 일치를 이루며 바로 말씀하신 그리스도의 선언입니다. 그리스도 안에서 그리스도와 함께 선언된 말씀입니다.

우리는 포도나무에 붙어 있는 가지인 '그리스도의 몸'입니다. 하느님께서 말씀하실 때 그 효과는 부족함이 없는 것입니다. 예수님은 오직 자신과 하느님께서 하나라는 것을 말씀하십니다. "아버지와 나는 하나다"(요한 10,30).

성지순례에서
맨 앞자리에 앉고 싶어요

Q 큰맘 먹고 성지순례에 갔습니다. 그곳에서 기도에 집중하며 주님께 더 가까이 가고 싶은 마음에 미사 때마다 제일 앞자리에 앉고 싶었습니다. 그런데 모두가 저 같은 마음인지라 자리 경쟁이 치열했고 다소 얼굴을 붉히게 되는 경우도 생겼습니다. 그럴 때면 자리를 맡기 위해 하는 제 행동이 이기적인 게 아닌지, 마음이 좋지 않는데요. 성지순례까지 가서 이렇게 행동하는 게 더 큰 죄를 짓는 게 아닌지 걱정도 되었습니다. 그런데 또 뒤에 앉으면 아쉽고…. 제 행동이 잘못된 것일까요?

A 아! 그러시군요. 자매님의 그러한 행동은 이기적이지도 않고, 더군다나 큰 죄를 짓는 게 아닙니다. 다만 많은 분들이 한꺼번에 성지순례를 가는 방식이 제일 앞자리에 앉고 싶은 자매님의 행동을 아쉽고 잘못된 것으로 느끼게 한 것입니

다. 그러니 성지순례 방식이 개인 그리고 가족 단위 혹은 작은 단체나 공동체 중심으로 이루어진다면 그러한 걱정과 어려움은 생기지 않을 것입니다.

그러므로 기도에 집중하며 주님께 더 가까이 가고 싶은 마음에 미사 때 앞자리에 앉고 싶은 행동은 존중받아야 합니다. 하지만 매번 그렇게 해야만 하는 것이 괜찮은 것인가는 복음 안에서 성찰을 해 봐야 합니다. 예수님께서 복음을 통해서 우리에게 말씀을 하시는 구원에 대한 큰 주제는 우리가 삶에서 만나는 '성장과 성숙'이라고 해석할 수 있습니다.

복음은 우리에게 '성장이라는 꽃의 선물'과 '성숙이라는 성령의 열매'를 전해 주고 있습니다. 복음서에서 말씀하시는 모든 비유가 '성장과 성숙'이라는 꽃과 열매를 주셔서 우리에게 당신의 '신비'와 '영적 가치'를 체험하도록 인도합니다. 성장과 성숙은 하느님의 신비와 영성적 가치를 우리에게 주시는 하느님의 선물로써 그것은 바로 '씨 뿌리는 비유', '탈렌트의 비유', 그리고 돌무화과나무에 오르는 '자캐오의 이야기' 등에서 나타납니다.

성장을 위한 훈련은 복음의 성찰과 학습을 통해서 이루어집니다. 또한 자신의 생각과 마음과 행동을 객관적으로 바라보는 훈련이며, 복음과 영성적인 가치를 공부하는 것입니다. 이는 신학공부라고 말할 수 있고, 복음이 전하는 말씀의 메시지를 학습하는 것입니다. 그럴 때 우리는 복음 안에서 성장할 수 있습니다. 그런데 성장은 그 자체가 목표가 아닙니다. 바로 성숙이 성장이 가는 길의 종착점입니다. 꽃을 피우는 것처럼 그것이 성장이라면 성숙은 꽃이 떨어지고 열매를 맺는 것입니다. 성장은 줄기나 꽃을 피우기 위해 위를 향하는 것이라면, 성숙은 열매를 맺는 것으로 아래로 내려가는 것입니다.

한편 성숙 훈련은 복음에서 발견하듯이 '깨어 있는 것' 입니다. 눈을 넓게 뜨고 깊이 바라보는 시선을 기르는 것이 성숙이고 사랑이라고 말할 수 있습니다. 그러므로 자신의 생각과 마음과 영혼을 바라보는 성찰과 학습을 통해서 성장한다면, 성숙은 이제 생각과 마음과 영혼의 눈을 크고 깊게 떠서 깊은 곳을 바라보는 것입니다.

그런데 성장과 성숙을 위한 훈련 방법은 '몰입' 입니다. 누구든지 몰입을 할 수 있습니다. 몰입은 시간을 초월해서, 시간 가는 줄을 모릅니다. 하지만 욕심을 조금이라도 내면 '몰입' 은 '집착' 이 되고, 잘한다고 더디 하면 '나태' 로 변합니다. 가장 좋은 몰입은 '자연스러운 것' 입니다.

이제 자매님은 복음의 구원주제로서 '성장과 성숙' 을 삶에서 만나 훈련을 한다면, 질문에서 자매님의 행동이 이기적인게 아닌지 또는 큰 죄를 짓는 게 아닌지 걱정을 하지 않으셔도 됩니다. 많은 사람이 단체로 성지순례를 갈 때에는 앞자리를 양보하는 것도 괜찮을 것입니다. 복음에서도 포도밭에 9시에 온 사람이나 정오 그리고 오후 5시에 들어온 사람이나 똑같이 한 데나리온의 삯을 받았으니까요. 하느님께서 주시는 품삯은 모두에게 주시는 은총과 똑같습니다. 그러니 성지순례나 성당에 가서 자연스럽게 어느 자리든 앉으면, 주님께 가까이 가는 자리가 되는 것입니다. 그러니 성지순례를 하고 성당에 들어가는 것 자체가 중요하고 이제 자연스럽게 어느 자리이든 순리대로 앉으면 됩니다. 이제 복음에서 주님께서 "끝자리에 앉아라"(루카 14,10)고 말씀하시는 영적인 의미를 살펴보면서 자매님의 질문에 영적으로 도움이 되기를 바랍니다.

"끝자리에 앉아라."

그리스도인들에게 마지막 자리는 윗자리로 가는 첫걸음인데, 각자의 명성과 힘의 주도권을 찾지 않기 때문입니다. 성당 미사의 앞자리가 텅 비어 있는 모습을 종종 봅니다. 힘과 부를 구하는 곳에서는 앞자리가 선착순으로 채워지는 데 반해, 축복을 구하는 성당의 앞자리는 늘 비어 있습니다. '끝자리에 앉아라'는 말씀을 그대로 실천하는 듯이 보입니다.

하지만 자기 삶의 위치와 능력을 드러내지 않는 끝자리는 물리적으로 마지막 자리이기보다 하느님께서 부르시는 곳이기에 영적으로는 앞자리에 해당합니다. 지체 없이 앞으로 나가야 하는 자리입니다. 그 공간은 주님께서 부르실 때, 즉시 일어설 수 있는 자리요, 주님이 부르시는 성소에 대해 책임감과 과제를 받아들이는 곳입니다. 고통의 끝자리에 있던 예언자 이사야도 주님의 부르심에 "예, 여기 있습니다"라고 응답하며 앞으로 나아가, 하느님의 부르심을 식별할 수 있었습니다.

주님께서는 "자신을 높이는 이는 낮아지고 자신을 낮추는 이는 높아질 것이다"(루카 14,11)라는 역설의 가치에 대해 말씀하십니다.

고대인들은 삶의 수레바퀴, 순환적 생활에 대해 말하곤 하였습니다. 곧 높이 올라간 사람은 내려가기 시작하는 것이고, 내려간 자들은 오르는 희망을 갖고 있다는 뜻입니다.

하지만 복음은 단순하게 순환하는 삶 이상의 심오함을 말합니다. 그리스도교 복음은 삶의 순환과 운명, 곧 우주적 힘에 맹목적으로 처해 있는 삶의 단순한 순환이 아니라, 하느님께 온전히 맡기는 섬김의 삶을 말합니다.

하느님 앞에 겸손히 머물고 섬기면 하느님께서 오히려 우리를 높이십니다. 이 같은 최고의 겸손은 예수 그리스도 안에서 발견됩니다. 삶의 순환보다는 늘 거듭된 비움으로 사는 것이 그리스도의 섬김의 삶이고, 복음의 핵심입니다. 예수님께서 먼저 하느님께 순명하고 섬김으로써 가장 중요하고도 핵심적인 찬양을 통해 영광에 참여하셨습니다.

　암 투병을 하다가 기적적으로 치유되었다는 보고를 가끔 듣습니다. 병을 상대로 분노하고 싸우면 몸은 나빠지는데, 그동안 인생에 감사하고 삶을 내려놓으면 신기하게 병은 더 이상 진행되지 않고 멈춘다고 합니다. 실제 말기 암 환자가 자신의 상태를 받아들이고 죽음을 준비하자 기적적으로 암세포의 진행이 멈추었다는 보고를 가끔 암 전문의로부터 듣습니다. 이는 삶의 포기가 아니라 삶의 마지막 자리를 인정하는 것으로, 바로 그 순간 삶의 윗자리로 다시 오르는 기적이 발생한 것입니다.

가톨릭 전례,
어떻게 교육시켜야 할까요?

Q 아이에게 가톨릭 전례 가르치기가 무척 힘이 듭니다. 아직 여섯 살이라 앉았다 일어났다 하거나, 봉헌 때 제대 앞으로 나가는 행동 등을 이해하지 못할뿐더러 미사 시간에 참례하는 것조차 힘들어합니다. 그렇다고 윽박지르거나 밖에 나가 놀라고 하면 앞으로 전례에 전혀 관심을 갖지 않게 될까 봐 걱정됩니다. 아이에게 가톨릭 전례, 어떻게 교육시켜야 할까요?

A 어른들도 온전히 이해하기 어렵습니다.

저도 매년 맞이하는 성주간의 성삼일 전례, 특히 부활대축일 가톨릭 전례를 거행하지만 항상 새롭게 느낍니다. 하물며 아직 여섯 살 자녀에게 가톨릭 전례를 가르치기가 무척 힘든 것은 당연하고 마땅하다고 생각합니다. 그러므로 전례를 가르치기도 어려운데 아이를 윽박지르거나 하면 정말 기억에 부정적으로 남을 전례 교육을 통한 일종의 상처로 남게 될 것이라고 봅니다. 또한 차라리 밖에 나가 놀라고 하면 놀러 온 것도 아닌데 놀 수도 없고, 전례에 참여하여 기도를 하러 와서는 목적에 맞지 않게 성당 밖에 나가서 있을 수도 없습니다. 이렇게 된다면 어머니의 예측대로 앞으로 전례에 전혀 관심을 갖지 않게 될 것은 너무나 분명합니다.

그러므로 여섯 살에 알맞은 전례 교육은 있을 수 없기 때문에 전례 교육의 문제가 아니라 아이가 성장한다는 측면에서 미사 전례를 자연스럽게 생활의 한 부분으로 삼고 함께하면서 가능한 설명할 수 있는 모든 표현과 관심을 기울여서 어머니께서 이해하고 전례에서 몸에 밴 것을 나누어 주면 좋을 듯합니다. 그래서 전례의 외적인 행동을 이해하기 위해 마음의 준비가 중요하고, 전례의 중심 미사에 자연스러운 참여를 하는 것이 의미가 있습니다. 결국 아이를 위한 전례 교육은 가정에서 기도 생활의 습관이라는 점을 살피고 적용해야 할 것입니다.

외적인 행동보다 마음의 준비가 중요합니다.

아이가 여섯 살이라 앉았다 일어났다 하거나, 봉헌 때 제대 앞으로 나가는 행동 등은 아이에게 이해하기 어렵습니다. 대전가톨릭대학교 1학년 신입생 신학생들은 1년 동안 영성관에서 두 분의 사제들과 함께 생활하고 있습니다. 신학교에서는 전례생활, 기도생활, 지성교육, 영성교육, 인성교육, 사목

체험, 공동체 등 많은 교육과 생활을 해야 합니다. 하지만 신학교에 처음 들어와서 1년 동안은 몸이 익숙하도록 신부님들과 함께 24시간을 함께 생활합니다. 아침 6시에 기상을 하여, 6시 반부터 성무일도 기도를 바치고 묵상기도를 한 다음 매일 미사를 봉헌하는 것으로 하루를 시작합니다. 그런데 신학생들에게 이 많은 신학교 생활에 대한 것을 먼저 설명하고 배우는 지성교육으로 시작하지 않습니다. 그저 신부님들과 함께 생활합니다. 생활에서 배우는 시선이 매우 중요합니다. 그리고 시간을 여유 있게 가져서 그 의미와 신학적인 공부를 천천히 해야 합니다.

그러므로 꼬마 아기에게 전례에 대한 자세한 신학적 설명보다는 가정에서 먼저 기도를 생활화하는 것이 선행되어야 할 것입니다. 아침저녁 기도를 중심으로 묵주기도를 함께 드리고, 돌아가신 분들을 위한 연도를 함께 드리면서 경건한 마음을 느끼도록 하는 것이 참 중요합니다. 성호경 하나도 정성껏 긋는 훈련을 한다면, 그 영적인 의미가 마음속에서 피어날 것입니다.

미사 준비는 독서와 복음말씀을 가정에서 식구들과 함께 읽는 것으로 시작합니다.

가톨릭 미사 전례는 사제의 기도에 신자들이 기도문으로 응답을 하며, 동작행위를 통해 기도드립니다. 미사 전례에서 참례자들에게 중요한 구송기도와 몸 기도는 교우들이 응답하는 기도문, 일어서고 앉으며, 무릎을 꿇고, 제단 앞으로 나가는 행위가 전부 기도입니다. 응답하는 기도문은 사제와 함께 하느님 아버지께 드리는 대화를 그리스도를 통하여 성령 안에서 하는 것입니다. 자리에서 일어서는 행위는 사제와 함께 기도할 때 그리고 자리에 앉는 것은 구약의 말씀 제1독서와 서간 제2독서의 봉독 그리고 사제의 강론을 들을 때입니다. 결정적으로 거룩한 마음과 행위로 기도드리는 것은 성찬례 때입니다. 곧 빵과 포도주가 그리스도의 몸과 피로 성변화 될 때 미사 참례자들은 무릎을 꿇는 것인데, 그때가 최고의 기도 순간입니다.

아이를 위한 가톨릭 전례 교육은 가정에서 기도생활 습관이 먼저입니다. "가톨릭 전례, 어떻게 교육시켜야 할까요?"라는 질문이 자매님이 묻는 핵심이라고 생각합니다. 미사 시간에 참례하는 것조차 힘들어하는 자녀에게 과연 어떻게 가톨릭 전례 교육이 이루어져야 할까라는 애가 타는 물음에 필자도 마음의 공감을 합니다.

물론 성당에 가서 미사 참례하면서 필요한 교육을 도와서 해야 하지만, 필자는 아이를 위한 전례 교육은 가정에서 기도생활을 하는 습관이 선행되어야 한다고 봅니다. 결국 가정에서 부모님의 기도생활에서 도움을 받을 수 있다고 봅니다. 이제 성인 교우를 위해 제2차 바티칸 공의회 전례헌장이 제시하는 가톨릭 전례에 대한 기본 가르침을 살펴보는 것으로 이 글을 마무리할까 합니다.

신심생활과 전례생활 그리고 전례에 능동적 참여

영성생활은 오로지 거룩한 전례의 참여만으로 이루어지지 않습니다. 실제로 그리스도인은 공동으로 기도하도록 부름을 받았지만, 그럼에도 또한 자기 골방에 들어가 보이지 않는 하느님 아버지께 기도하여야 하며, 더욱이 사도의 가르침에 따라 끊임없이 기도해야 합니다. 예수님의 죽음을 언제나 우리 몸에 지니고 다녀 우리의 죽을 몸에서 예수님의 삶이 드러나도록 하여야 한다고 우리는 같은 사도에게서 배웁니다(12항).

그러므로 영혼의 목자들은 부지런히 또 꾸준히 신자들의 전례 교육에 힘써, 그들의 연령, 신분, 생활 방식, 종교적 교양의 정도에 따라, 내적 외적으로 능동적으로 참여하게 하여야 합니다(19항).

복사, 독서자, 해설자와 성가대원은 진정한 전례 봉사직무를 수행합니다. 따라서 그들에게 하느님의 백성이 당연히 요구하는 이토록 위대한 봉사 직무에 맞갖은 그러한 신심과 바른 질서로 자기 임무를 수행하여야 합니다. 그러므로 그들이 전례 정신을 자기 나름으로 열심히 익히고 자기 역할을 바르게 제대로 수행하도록 교육하여야 합니다(29항).

전례에 능동적 참여를 증진하도록, 백성의 환호, 응답, 시편 기도, 따름 노래, 성가와 함께 행동이나 동작과 자세를 중시하여야 합니다. 또한 거룩한 침묵도 제때에 지켜야 합니다(30항).

백성은 공동기도 또는 신자들의 기도에 참여하여, 거룩한 교회를 위하여, 우리를 권력으로 다스리는 사람들을 위하여, 온갖 곤경에 짓눌리는 이들을 위하여, 모든 사람과 온 세상의 구원을 위하여 간청하여야 합니다(53항). 그러므로 교회는 그리스도 신자들이 이 신앙의 신비에 마치 국외자나 말 없는 구경꾼처럼 끼여 있지 않고, 예식과 기도를 통하여 이 신비를 잘 이해하고 거룩한 행위에 의식적으로 경건하게 능동적으로 참여하도록 깊은 관심과 배려를 기울입니다(48항).

사람과 함께 있는 것이
불편해요

Q 저는 가족이나 이웃, 친구 등 사람과 함께 있는 게 불편합니다. 함께 있으면 가슴도 많이 뛰고 어떻게 행동해야 할지도 난감합니다. 상대가 아무런 행동을 하지 않았는데도 괜히 주눅 들기도 하고요. 그래서 되도록 사람이 많은 곳을 피하고 꼭 만나야 할 때가 아니면 늘 혼자 있습니다. 하느님은 '인간을 사랑하라'고 하셨는데, 제 행동이 잘못된 것일까요? 잘못됐다면 어떻게 고칠 수 있을지 조언 부탁드립니다.

A 단점을 안고도 사랑하면 충분해

사연의 주요 내용을 보면, 자매님은 '사람과 함께 있는 게 불편하다. 함께 있으면 가슴도 많이 뛰고 행동의 부담이 있다. 사람 많은 곳을 피하고, 늘 혼자 있다. 그런데 그런 행동이 잘못된 것인지 그렇다면 어떻게 고칠 수 있는지'를 청하고 있습니다.

108

결론적으로 말씀드리면, 이런 어려움에도 불구하고 참으로 사람을 사랑하려는 자매님의 모습이 아름답습니다. 자매님의 마음속에서 하느님의 사랑을 바라볼 수 있기 때문입니다. 그러므로 자매님의 행동을 잘못된 것으로 판단하지 말고 그런 모습을 안고도 인생의 길에서 앞으로 나갈 수 있는 만큼 가면 될 것입니다. 곧 문제와 상처 없는 사람이 없듯이 자매님이 그럼에도 불구하고 그런 문제를 지니고도 이웃을 사랑하는 것이 중요합니다. 자신의 행동을 교정하려다가 자신에게만 몰입하여 오히려 상대방이 보이지 않을 수 있기 때문입니다. 하지만 그것이 정말 심각한 상처로 인한 것이라면 전문적인 도움이 필요합니다. 도움도 내가 완전히 치유되기 위해서가 아니라 부족하지만 온전히 살아갈 수 있는 길을 걸을 수 있는 수련을 말합니다.

　사람은 한 번에 전적으로 바뀌지 않습니다. 그렇다고 사랑할 수 없다는 뜻은 결코 아닙니다. 자신의 단점과 부족한 것을 교정하고 수정하는 것이 필요하지만 그것을 지니고도 앞으로 나가고 사랑할 수 있는 만큼 하면 됩니다. 그러면 그 사랑이 나를 움직이고, 자신에게 선물 곧 변화라는 은총의 길이 열려 더 잘 걸어갈 수 있습니다.

　하지만 전문가의 도움은 필요합니다. 자매님이 불편하고 주눅 들어 행동하는 자신을 바라보고, 살펴보며 위로할 필요가 있습니다. 그래서 자신을 가만히 바라볼 수 있는 전문가 손이 필요한 것입니다. 곧 심리상담가, 정신분석가, 잘 수련받은 영성상담가의 도움입니다. 그런데 그런 도움을 구체적으로 누구에게 어떻게 받을 수 있는지는 정말 잘 찾아야 합니다.

대화 수련이 필요해

저는 먼저 그런 행동의 뿌리가 무엇인지는 전문가들의 도움으로 시간을 두고 천천히 찾아보면서, 지금 자매님 스스로 할 수 있는 대화 훈련을 시도해 볼 것을 추천해 드립니다. 일종의 사회적 기술로서 대화를 자연스럽게 할 수 있는 훈련입니다. 특별히 대화 중에 사용하는 언어, 말에 대한 사용법입니다.

무엇을 말하는 것도 매우 중요하지만 그보다는 어떻게 그 말을 하는지가 소통을 하는 데 필요하기에 소통의 방법을 훈련받아 보는 것이 도움이 될 것입니다.

2016년 말부터 지금까지 우리나라의 절대 지도자가 지닌 어려움이 무엇입니까? 대면보고가 아닌 서면보고, 혼밥 등…. 한마디로 대화부족과 소통부재의 뿌리가 그렇게 나라의 국정을 농단하는 사태까지 벌어진 것입니다.

또한 한국의 가정이나 회사, 사회의 공동체에서는 어떻게 말을 하는가보다, 무슨 말은 하지 말아야 하는지를 파악하는 것이 필요합니다. 혹시 자매님에게 대화와 소통을 방해하는 어떤 트라우마가 생겼던 것은 아닌가? 전문가의 도움을 받아 보는 것도 괜찮습니다. 하지만 너무 걱정하지 마시고 이런 대화 훈련과 소통방식을 수련하면서 서서히 가족들과 대화해 보시면 변화의 선물을 받게 됩니다. 인생을 살면서 언제, 어디서, 무엇을, 어떻게 할 때, 기쁜 기억이 되었는지 지금 그 행복했던 장면을 대화와 소통의 기술로 발전시켜보세요. 마음먹는 것보다는 훈련이 중요합니다. 하지만 인생에서 지우고 싶은 장면들이 있습니다. 그 기억의 깊이에 따라 스스로 또는 전문가의 손이 분명 도움이 될 것입니다.

소통, 십자가 신비로

그리스도교 대화는 사회에서 이뤄지는 방법을 배제하지는 않지만, 궁극적으로 예수 그리스도의 행동과 모습에서 이해됩니다. 사회적 대화의 방법은 쌍방과 상호 간 함께 사는 상생법입니다. 곧 각자 의견을 이야기하면서도 공통분모를 찾아가는 길입니다. 매우 성숙한 모습으로 보이는 교육과 비즈니스 그리고 정치, 경제, 사회, 특별히 외교적인 분야에서 사용되는 방법입니다.

두 번째 방법은 한 사람이 일방적으로 밀어붙이는 대화입니다. 이는 폭력에 가까운 일방적인 통보와 유사합니다. 이 대화 방법은 한 사람이 주도하는 형태로서 그 대화 내용의 가치가 매우 좋고 훌륭하더라도 한 사람이 이끄는 일방통행으로 드러납니다. 이런 모습은 정치권 내지 가정불화에서 나타나는 듣지 않고 자기 말만 하는 방식입니다.

마지막 대화 소통 방법은 예수 그리스도의 방식입니다. 그 방식은 마리아와 예수 그리스도 안에서 잘 나타납니다. 먼저 마리아의 대화 방식은 처녀인 자신의 처지와 이해가 부족한 의견을 솔직하게 말을 하면서도 결국 하느님께서 천사 가브리엘을 통해 전하시는 뜻을 '주님의 종'이라고 고백하면서 자신에게 그 하느님의 뜻이 이루어지기를 받아들이고 실행합니다.

하지만 즈카르야의 소통과 대화방식은 마리아와 예수 그리스도와 다릅니다. 즈카르야는 자신이 늙은 나이에도 불구하고 자녀를 청했던 원의를 잊고 하느님께서 천사 가브리엘을 통해 전하신 자녀 출산에 대한 소식을 들었을 때, 자신은 늙었고 부인도 나이가 많다면서 하느님께서 주시는 은총의 선물을 거부합니다.

결국 그리스도교 소통과 대화의 완전한 모델은 예수 그리스도이십니다. 그분은 세상과 우리를 위해 십자가를 짊어지시면서 자신의 솔직한 감정과 생각을 드러내고 계십니다. 자신이 아버지 하느님께 쓴 잔을 마셔야 할 것인가를 물으면서도 결국 '아버지의 뜻' 대로 해 달라고 하십니다. 하지만 우리는 자신의 생각이나 처지 및 의견을 솔직히 말하기보다는 느끼는 감정만을 전달하면서 자신의 생각과 뜻대로 하는 경우를 자주 체험합니다.

그리스도교적인 대화와 소통 방식은 한마디로 예수님의 방식처럼, 십자가를 짊어지는 것, 곧 자신의 생각을 내려놓고 상대방의 뜻을 받아들이는 것입니다. 하지만 이런 것은 마음먹는다고 그대로 실행되기보다는 영성 수련을 통해서 조금씩 이루어지는데, 결국 성령에게 의탁하고 이끌리는 대로 드러나게 됩니다.

자매님의 장점은 가족이나 이웃, 친구 등과 함께 있는 게 불편하고 가슴도 뛰고 행동도 난감하며 상대 앞에서 주눅 들어 많은 사람을 피하고 늘 혼자 있는 자신을 성찰하는 것입니다. 그러면서도 '인간을 사랑하라' 는 하느님 말씀을 사는 데 자신의 태도가 잘못된 행동일까? 묻고, 그렇다면 어떻게 고칠 수 있을지 겸손히 조언도 부탁합니다. 자신감을 갖고 할 수 있는 만큼 조금씩 대화, 소통을 하도록 예수님께서 자매님을 움직일 수 있도록 기도합니다.

수도자 뒷담화,
어떻게 고해성사 하죠?

Q 간혹 이해가 되지 않는 행동을 하는 수도자들을 보면 뒷담화를 하게 되는데요. 이런 죄는 더욱 본당 고해소에서 고해하기가 곤란합니다. 신부님이 제 목소리를 알아들으시고 저를 교만하게 보실까 봐 걱정되기도 하고요. 그래서 다른 성당 고해소를 찾거나 결국 고해하지 못합니다. 이런 저 어떻게 해야 할까요?

A 목소리를 알아 교만하게 보실까 봐 걱정되기도
　본당에서 수도자에 대한 뒷담화를 고해성사하기가 걱정되신다는 것 충분히 이해합니다. 다른 성당 고해소를 찾는 것도 방법이지만 일상적으로는 어려울 수 있겠지요? 그런데 고해 사제들은 고해 내용을 고해자와 관련지어서 성사를 행하지 않습니다. 만일 그렇게 하면 고해의 성사의 인효적인 은총과 거리가 멀다고 말할 수 있습니다. 신학적으로 성사의 사효성(事效性)자체는 인효성(人效性)을 더해 그 은총이 풍요롭게 됩니다.

성사의 사효성은 하느님의 은총 그 자체이며, 인효성은 집전자의 마음의 자세와 영혼의 상태에 따라 성사의 축복이 더해지고 있는 것입니다.

그러므로 신부님이 고해자의 목소리를 알아들으시고 교만하게 보실까 봐 걱정되기도 하신다고 말씀하셨는데, 한마디로 그렇지 않습니다. 고해사제는 그렇게 말하지도 말해서도 안 된다는 것을 잘 알고 있습니다. 그러므로 이러한 걱정을 너무 하지 않아도 됩니다. 다만 고해성사 준비를 위해 성찰해야 할 점은 수도자에 대한 뒷담화를 하는 그런 사실들을 내면에서 들여다보는 것입니다.

고해성사의 형식보다는 반복적으로 이뤄지는 내적인 것들에 대한 반성과 성찰 그리고 그렇게 반복하지 않겠다는 결심이 중요합니다. 그러므로 고해성사는 이제 죄를 고백하면서도 하느님과 영적인 성찰을 성령에 이끌리는 대화 그리고 고해사제의 도움으로 영적 돌봄이 되어야 할 것입니다. 영혼을 돌보는 만남으로서 고해성사는 영성생활을 위한 동반이라는 구체적인 은혜로운 공간이 되어야 합니다.

이제 영혼 돌봄에 관한 그리스도교 전통 안에서 이루어온 성 이냐시오의 영신수련 가운데 양심성찰과 묵상법을 소개하도록 하겠습니다. 쉽지 않지만 이 방법을 가만히 살펴보고 각자 자기 스스로 적용하고 수련하시기를 기대해 봅니다.

성 이냐시오의 양심성찰

로욜라의 성 이냐시오는 양심성찰을 '자비의 수련'이라고 고백합니다. 그는 이 수련을 통해 특별성찰, 소위 양심을 성찰합니다. 성 이냐시오는 고대 전승을 통해서 이 성찰의 수련을 살고 우리에게 선물한 것입니다.

양심성찰의 목적은 윤리적인 정화이며, 영성생활의 시작과 일치하게 됩니다. 영성생활을 원하는 자들은 먼저 성 이냐시오의 영신수련의 양심 내지 의식성찰과 묵상방법을 적용해 보기 바랍니다. 잘 아는 바와 같이, 성 이냐시오 자신 스스로 이 수련을 지속하였고, 그 후 이러한 거룩한 신비수련에 도달하였습니다. 그는 양심이란, 겸손한 영적 여정의 진보와 분리되지 않는 것이라고 경험합니다. 교부들은 교회 전승에서 영적인 훈화를 다음과 같이 전하고 있습니다. 누구도 지옥에 떨어지는 죄의 감각적인 인식과 정화의 필요성으로부터 특별히 면제받는다고 생각하지 말아야 하며, 영성생활의 최고 단계에 올랐다고 느끼지 않는다는 것입니다.

하지만 기도에서 참으로 진보하는 자들에게 역시 적합한 것이—마치 영신수련에서 간단하게 기록된 것처럼—양심성찰이라는 것에 '예' 하는 옳음도 있는 것입니다. 영신수련(43)에서 양심성찰 곧 일반 성찰을 하는 방법에는 그 요점이 다섯 가지가 있습니다.

첫째, 우리 주 하느님께 받은 은혜에 대해 감사드린다.

둘째, 죄를 알고 떨쳐버릴 수 있는 은총을 청한다.

셋째, 아침에 일어나서부터 성찰하는 현재까지 시간별로, 혹은 사건별로 헤아려본다. 먼저 생각에 대해서 그리고 말에 대해서 이어서 행위에 대해서 특별 성찰에서(25) 말한 것과 같은 순서로 한다.

넷째, 잘못한 점들에 대해서는 우리 주 하느님께 용서를 청한다.

다섯째, 그분의 은총으로 이를 개선할 결심을 한다. 주의 기도로 마친다.

이 양심성찰에서 첫째 단계는 윤리적 수련에 속하는 것이 아닙니다. 하지만 하느님께서 당신의 선들과 함께 우리의 삶 안으로 들어오고, 어떻게 하느님께서 일상의 과정에서 현존하는지를 바라보는 능력, 곧 섭리의 관상을 교부적인 용어와 함께 말하게 되는 것에 속합니다.

윤리적인 측면을 지니고 있는 단계는 셋째인데, 성 이냐시오는 생각들에 대한 것을 우선 길게 성찰하도록 한 다음 단지 말과 행동에 대한 것을 성찰하도록 가르칩니다. 에바그리오의 용어를 사용하면서, 우리는 비가시적인 것들에 대한 관상, 생각들의 성찰 또는 더 고양된 기도가 상상할 수 없는 것이 아닌 내적 실천, 영들의 식별이라고 부를 수 있습니다.

성 이냐시오식 묵상

이냐시오식 묵상에 대해 말할 때, 많은 영성가들로부터 모은 예시로서 고정된 어떤 구성을 제안하겠습니다. 이 스케마는 정교한 모양으로 질서를 유지하고 영신수련에서 포함된 내용들을 모은 것입니다.

I. 묵상 전 준비

일반적 기도의 구성들: 양심의 맑음, 겸손, 관대함, 주의를 기울임.

II. 묵상 포인트들 준비, 저녁 무렵

III. 추가 사항들

– 저녁, 잠자러 갈 때, 기상 때 무엇을 묵상할 것인가? 성모송 기도.

– 아침, 기상하자마자, 묵상에 적합한 배치 배열을 합니다.

– 하느님 현존의 경험, 무릎 꿇음.

– 하느님 공경에 일치하는 묵상에 적합한 몸의 태도 취함.

– 오소서 성령님! 준비, 예비기도.

IV. 서언과 제언의 전제들

–장소의 상상: 이야기를 나누는 장소를 상상하고 또는 인식하는 장소에서 대화합니다.

–내가 원하는 것을 청하기: 묵상에서 취한 것을 원하는 목적을 위한

짧은 기도.

　로욜라의 성 이냐시오는 기도하는 사람에게 이와 같은 조직적인 스케마 그리고 제안된 조건을 통해 그들의 정신을 엮어내려는 의향을 가지고 있지 않았다는 것은 분명합니다. 이러한 구성 순서에 기계적으로 매이지 말고, 각자 능동적으로 적용할 수 있는 만큼을 실행한다면, 이 구조는 우리 영혼에 지혜를 선물할 것이라고 믿습니다. 우리는 이러한 양심성찰과 묵상의 수련을 통해서 고해성사를 형식적으로 보고 목소리를 알아볼까 하는 걱정과 두려움은 사라지고 보다 은총 가득한 고해성사를 선물로 받을 수 있다고 믿습니다.

다양한 묵주기도,
어떻게 바쳐야 은혜가 클까요?

Q '매듭 푸는 성모님께 바치는 묵주기도', '성 요셉께 드리는 9일 기도', '소화 데레사 성녀께 드리는 9일 기도' 등 '묵주기도' 종류가 굉장히 다양한데요. 왜 이렇게 다양한 묵주기도가 있는 것인지, 꼭 그렇게 그 기도대로 바쳐야만 더 큰 은혜가 있는 것인지 궁금합니다.

A 정말 말씀을 듣고 보니 묵주기도 종류가 많네요. 하지만 이탈리아 레스토랑에서 스파게티 종류가 많지만 스파게티 면은 한 가지인 것처럼, 묵주기도 역시 그 종류가 많기보다는 묵주기도의 지향이 많다고 보아야 합니다. 왜냐하면 기도는 하느님과 나누는 인격적인 대화, 곧 예수 그리스도를 통하여 성령 안에서 하느님 아버지에게 드리는 대화입니다. 하지만 매듭을 푸는 성모님, 성 요셉, 소화 데레사 성녀 심지어 예수님과 성령님도 기도 대화의 직접 상대는 아니고 예수님 안

에서 그분의 이름으로 성령을 통하여 드리는 기도입니다. 물론 예수님과 성령님께도 직접 기도를 드릴 수 있습니다.

그러나 매듭을 푸는 성모님께, 성 요셉께, 소화 데레사 성녀께 기도를 드린다는 말은 맞지 않습니다. 그렇지만 예수님과 성령님 그리고 성모님과 성인들을 통하여 기도를 드린다는 의미에서 그분들에게 바치는 기도라고 표현할 수 있습니다.

그러므로 이런 기도문들이 모두 잘못된 것이라고 말할 수는 없습니다. 기도는 본질적으로 예수님 안에서 그분의 이름으로 성령을 통하여 하느님께 드리는 기도가 그리스도교 전통이지만, 예수님과 성령님께 기도를 드릴 수 있습니다. 성모님을 포함한 성인들은 직접적인 기도의 종착점이 아니라 그분들을 통해서 곧 신학적으로 말해서 전구(轉求) 또는 대도(代禱)를 드리는 분들입니다.

그런데 질문자께서는 다양한 묵주기도를 꼭 그렇게 그 기도대로 바쳐야만 더 큰 은혜가 있는 것인지 궁금해하셨습니다. 물론 그 기도대로 바쳐야만 은혜를 받는다는 것을 부정하지는 않습니다. 하지만 묵주기도의 의미를 잘 알고 그 지향을 생각하면서 드리는 것이 더욱 적합합니다. 그러므로 묵주기도에 대한 신앙적인 의미를 말씀드려 보고자 합니다.

묵주기도 이름과 특징

묵주기도에서 로사리오 이름은 12~13세기 마리아 연가와 마리아를 주제로 한 시에서 비롯되었습니다. 장미는 성모님을 상징하는 아름다운 꽃이었습니다. 묵주기도 안에는 다양한 요소가 그들 각자 다양한 성장과정과 유래를 가지고 있습니다. 묵주기도는 정확한 기도 방법을 가지고 있습니다. 10번씩 반복되는 성모송과 그 사이마다 주님의 기도를 바칩니다. 그때 예수님의 일생에 대한 신비들을 묵상하며 기도합니다. 묵주기도는 근본적으로 반복하는 기도에 속합니다. 동시에 하느님께서 예수님의 삶을 통하여 이끄신 구원역사에 대한 묵상기도입니다. 20번의 신비에서 그리스도의 구원 신비가 전개되며 그때마다 성모송을 바칩니다.

묵주기도는 예수님의 고난과 영광에 가까이 갈 수 있도록 이끌어 주며 구원역사 안에서 마리아의 위치를 보여 줍니다. 묵주기도를 반복하는 동안 신자들은 기도의 분위기가 자연스럽게 형성되고 어느덧 신앙의 빛으로 고양됩니다. 묵주기도는 공동체뿐만 아니라 개인기도를 위해서도 중요한 기도의 형태라고 할 수 있습니다.

반복기도

반복은 모든 명상기도의 특징입니다. 하느님께 대한 동경과 기도를 통한 하느님과의 지속적인 일치는 동방 수도자들로 하여금 사막의 적막 속으로 들어가게 하였습니다. 그들은 기도를 통하여 하느님과 일치된 영적인 삶의 목표에 도달하기 위해서 노력했으며, 수도자 개개인의 고유한 실행을 통하여 완전히 독창적인 사상의 세계를 이루었습니다. 그들은 성경이나 시편의 어느 한 구절을 지속적으로 말하거나 속삭이거나 부르짖거나 하면서 오늘날 렉시오 디비나의 전형처럼 묵상하였습니다. 그 짧은 구절과 내용이 자신의 것이 되게 하였습니다. 외우는 성경 구절이 자신의 내적인 세계를 형성하게 하였습니다. 이런 수행이 그들을 죄로부터 지켜주고 좋지 않은 생각으로부터 보호해 주리라 믿었습니다. 하지만 무엇보다도 먼저 하느님과의 일치를 추구하였습니다. 수도자들은 개인적인 영적 수련에서 완전히 개인적인, 마치 감추어진 비밀스런 관상처럼 이런 구절들을 외우면서 끊임없이 기도하였습니다.

그리스도 중심의 묵상기도

묵주기도는 그리스도의 삶에서 가장 중요한 구원사건을 보여 줍니다. 동정녀께 잉태되어 나시는 것을 시작으로 하여 어린 시절, 가장 중요한 부활의 신비 그리고 복되신 동정 마리아께서 지상의 삶을 마치신 후 영혼과 육신이 함께 천상 고향으로 들어 올려짐을 보여 줍니다. 묵주기도의 신비는 신앙고백

곧 그리스도의 신비를 다른 방법으로 보여 줍니다. 묵주기도는 그리스도를 중심으로 하는 기도로서 그리스도의 인간되심과 인간의 구원에 초점을 맞추고 있는 성경에 바탕을 둔 기도입니다. 교황 바오로 6세께서 말씀하시길 묵주기도에 묵상 요소가 없다면 영혼이 없는 시체와 같을 것이라고 하셨습니다.

묵주기도는 전례와 연관성이 있습니다. 묵주기도에도 공동체적인 성격이 있는데, 이때 전례는 구원의 신비를 거룩한 표징의 베일 아래 출현시키고 현실화시킵니다. 하지만 묵주기도는 반복되는 경건한 음미를 통하여 구원역사에 대한 기억을 불러일으키며 동시에 일상을 위한 삶의 방향을 제시해 줍니다. 묵주기도는 마리아의 생애 안에 머무는 것인데, 그 생애의 내용은 그리스도이십니다. 묵주기도는 그리스도의 어머니의 눈으로, 마리아와 함께 강생의 신비와 주님의 수난과 현양을 묵상하도록 이끌어 줍니다. 묵주기도 안에서는 예수님의 생애와 인간 예수님을 묵상하지만, '십자기의 길'에서처럼 직접적으로 예수님 자신을 통해서가 아니라 마리아를 통해서, 곧 마리아의 삶의 내용으로써 예수님을 마리아의 눈으로 보고 생각하고 가슴에 간직하는 것입니다.

묵주기도는 하나의 머무름입니다. 그것을 위한 시간이 필요합니다. 외적 내적인 시간이 필요합니다. 묵주기도를 제대로 하길 원한다면, 재촉하는 모든 요소를 잠시 물리치고 침잠할 수 있어야 합니다. 묵주기도는 신망애 안에서 주님의 생애를 묵상하며 우리의 신앙을 회고하는 기도입니다. 묵주기도는 성경적 특징, 그리스도론적 내용, 공동체적 특성으로 전례와 유사하게 나타납니다. 하지만 미사 중에 묵주기도를 드리는 것은 의미 없는 일입니다.

공동체가 함께 바치는 묵주기도는 완전한 대사를 얻고, 개인으로 바치는 기도는 부분적으로 얻으며, 이때 전제조건은 입술로 외는 기도에 내적인 묵상이 함께 동반되어야 합니다. 교황 요한 23세는 묵주기도가 신자들에게 영혼의 양식을 제공해 주어야 하고 삶의 중요한 기본 요소들을 강화시켜 주어야 하며 그들의 기도와 사고에 방향을 제시해 주어야 한다고 말씀하셨습니다.

성모님은 예수님 잉태를 통하여 최고의 기쁨을 체험하였고, 예수님의 십자가상 죽음을 통하여 가장 큰 슬픔을 겪었으며, 하늘에 올림을 받음으로써 완전한 영광을 차지하였습니다. 그러므로 성모님은 우리 일상생활 안에서 겪게 되는 희로애락을 잘 아실 뿐만 아니라 또한 함께하여 주시길 원하십니다. 우리는 성모님을 전구자로 모시고 의탁할 수 있어야 합니다.

기도 응답과 치유 은사가
큰 기도회?

Q 얼마 전 기도 응답과 치유 은사가 큰 기도회가 있다고 하여 찾아 갔습니다. 그런데 생각지 못한 모습에 깜짝 놀랐습니다. 평신도가 주는 안수에 쓰러지는 사람도 있고, 기도하다 동물처럼 울부짖는 사람도 있고요. 결국 잘못된 기도회에 온 것은 아닌지 걱정하다 나와 버렸습니다. 이런 기도회의 모습이 올바른 것인지요?

A 얼마나 놀라셨습니까? 기도 응답과 치유 은사 기도회에 참석하셔서 성령기도의 체험과 광경을 처음 보시고 당황하셨나 봅니다. 성령쇄신기도는 초대교회에서 이루어진 방식의 성령체험을 재현하는 기도회입니다. 우리는 성령운동, 곧 성령쇄신운동 하면 개신교의 부흥회를 연상하고 이러한 생각 이면에는 어느 정도의 부정적인 생각이 자리하고 있음을 부인하지 못할 것입니다. 하지만 이 같은 선입견보다 먼저 성령쇄신운동에 대한 정확한 이해가 필요하기 때문에 자세히 말씀을

드리겠습니다.

성령쇄신운동

교회의 모든 운동(movement)은 교회에 부족한 부분을 쇄신하고 채우기 위해서 시작했습니다. 지난 수세기 동안 많은 교회 신심운동들이 일어나서 교회를 쇄신시켜 왔습니다. 4~5세기 경의 금욕주의운동, 성 베네딕토에 의한 수도생활, 프란치스코 수도회의 가난, 중세기 다양한 평신도운동, 종교개혁 이후 예수회 적응주의, 금세기 전례운동, 친교운동 등이 있었습니다. 운동들의 특징은 모두 복음의 기본으로 돌아가 어려운 시기에 교회의 생명을 쇄신시키는 일에 중요한 몫을 해 왔습니다.

미국 감리교파와 성결교파에서 시작되어 가톨릭 안에 들어온 성령운동은 가톨릭 전통 안에서 교회쇄신운동과 그 맥을 같이하고 있습니다. 가톨릭의 성령운동은 '성령쇄신' 곧 성령 안에서 쇄신(刷新)이고 하느님께서 그것을 역사(役事)하신다는 뜻을 담고 있습니다.

제2차 바티칸 공의회에서 은사는 교회 발전과 쇄신을 위해 유용한 은총이라고 밝혔습니다. 성령께 초대교회처럼 은사를 청하면서 개방했을 때 사람은 은사를 체험하면서 기도로 쇄신됨을 보게 되고, 초대교회의 예언, 심령언어, 치유 은사들을 경험하면서 은사 현상으로 교회가 쇄신된다고 깨달았습니다. 그러므로 '은사쇄신'(Carismatic Renewal)으로서 성령쇄신은 개인적 또는 공동체적으로 초대교회 때 오순절 성령강림을 본질적으로 체험하는 것입니다. 또 거시적인 차원에서 교회 쇄신의 목적을 지향하고 미시적으로 단 한 번의 체험이 아니라, 성령에 이끌려 그리스도 안에서 각자의 생활을 전진하며 지속적 성장을 목적으로 합니다.

안수기도

성령기도의 안수는 교회 공식적인 성사의 권위와 차이가 있고, 안수는 성령 충만과 은혜의 실현을 청하는 공동 중재기도입니다. 안수는 하느님의 선물을 풍부히 받을 수 있도록 특별한 경우 마음을 열어 놓고 기대하는 믿음에서 우러나오는 기도입니다. 그 방법은 다음과 같습니다. 봉사자들이 안수기도를 해 주는 장소로 참석자가 들어오면 함께 누구나 아는 간단한 성가를 부릅니다.

성령기도를 할 때 봉사자들이 참석자의 머리, 어깨 등 몸의 한 부분에 손을 얹고 기도를 해 줌으로써 참석자 안에 성령께서 보다 자유로이 활동하시도록 해 줍니다. 이 기도를 할 때에 앞에서 주관하는 사람은 참석자의 머리 위에 차례대로 손을 얹으며 기도하고 참석자의 뒤에서 도와주는 봉사자는 등이나 어깨에 손을 얹고 기도합니다.

참석자의 청원기도 자세는 다음과 같습니다. 원래 이스라엘 백성의 기도 자세는 두 팔을 위로 올리는 것이었고, 초대교회 신자들도 그렇게 기도하였습니다. 손바닥을 위로 향하여 두 팔을 드는 것은 마음을 열어 하느님의 은총을 받아들인다는 뜻입니다. 2~3세기부터 신자들은 팔을 십자가 모습으로 벌리고 기도했는데, 이런 기도 자세는 주님의 수난을 상징하고 죽음을 이긴 부활의 기쁨을 표시합니다. 중세 때 게르만 민족이 신자가 되면서부터 비롯된 합장하는 기도의 자세는 본래 백성이 성주에게 충성을 맹세하는 자세였으며, 이 기도자세는 하느님의 은총에 순명하겠다는 것을 표현하는 자세입니다.

예수님과 사도들이 큰 소리와 눈물로 기도했음을 생각하며 어린아이처럼 큰 소리로 하느님께 기도합니다. 그 기도는 먼저 세미나를 통하여 새로운 깨우침을 주시고 성령기도의 은사와 자신이 원하는 은사와 변화된 삶을 청합니다. 기도하는 동안 자신이 범한 잘못이 떠오르면 회개의 기도를 새롭게 할 수도 있습니다. 참석자들이 큰 소리로 자유로이 기도하는 동안 봉사자들은 참석자를 위하여 안수기도를 합니다.

성령기도의 은사를 받기 위한 협력은 다음과 같습니다. 기도하는 대부분의 사람들은 성령의 이끄심에 협력함으로써 다른 언어로 기도할 수 있는 은사인 성령기도의 은사를 받게 됩니다. 어떤 사람은 청원기도를 하는 중에 자신도 모르게 혀가 움직이면서 이상한 언어가 튀어나오는 것을 경험하기도 합니다. 그러나 보통의 경우는 성령의 이끄심에 협력할 때 성령기도의 은사를 받게 됩니다. 그러나 아무런 표징이 없는 경우라도 자신이 아는 단어가 아닌 뜻 없는 소리라도 내거나 말을 배우는 어린아이처럼 봉사자의 성령기도를 따라해 봄으로써 협력할 수 있으며, 이를 통하여 성령기도의 은사를 받을 수 있습니다. 우리가 먼저 입으로 소리를 낼 때 성령께서 그 소리를 쉽게 이상한 언어로 바꾸어 주시기 때문입니다. 대부분 사람은 스스로 쉽게 성령기도를 하게 되지만 어떤 사람의 경우는 봉사자의 도움을 필요로 하기도 합니다. 또렷한 언어가 형성될 수 있도록 목소리와 혀와 턱을 사용하여 주저함 없이 큰 소리로 협력합니다.

성령기도

성령기도는 처음에는 한두 단어만 나오거나 턱을 협력하지 않아 또렷한 말이 안 나오는 경우도 있는데, 일단 내가 알아듣지 못하는 언어가 나오면 분석하거나 의심하거나 타인을 의식하거나 소리에 신경을 쓰지 말고 주님만 바라보며 찬미하는 마음으로 계속하여야 합니다. 성령기도는 우리 자유를 존중하는 하느님이 주시는 선물이므로 자신이 자유롭게 조절할 수가 있습니다. 이상한 언어가 입으로 나올 때 이를 노래로 할 수도 있습니다. 성령의 이끄심에 따라 입에서 흘러나오는 멜로디를 따라 심령기도를 하면 그것이 심령노래가 됩니다. 심령기도와 심령노래 후 '알렐루야', '찬미찬미', '좋으신 하느님' 등 짧은 노래를 함께 부르거나, 봉사자 혹 참석자가 감사와 찬미의 기도를 바침으로써 끝마칩니다.

성령쇄신은 교회가 소유하지 않은 어떤 것을 교회에 주는 것이 아닙니다. 결론부터 말한다면, 성령쇄신이 신학적 실재 면에서 교회에 새로이 가져다주는 것은 아무것도 없습니다. 이것은 성령쇄신의 신학적 기초를 지적할 때 명백하게 해 줍니다. 교회는 성령쇄신 때문에 교회가 과거에 소유하지 못했던 것을 얻는 것이 아니라, 성령쇄신은 의식계발의 확장에 주의를 집중하는 것이며, 이 의식계발과 기대는 체험 및 전체교회 생활에 영향을 미치게 되는 것입니다.

성령의 어떤 선물들은 과거 교회 생활에서 예언, 치유, 이상한 언어, 해석 등과 같이 어떤 유형적 방식으로는 확실하지 않았지만, 현재 그것들을 지방교회의 생활 안에서 작용하시는 성령의 정상적인 현시라고 보는 신자들이 많아지고 있습니다.

그러나 그것들은 유별나거나 특출한 것이 아닙니다. 오히려 매일의 그리스도 공동체 생활에 속하는 것으로 인식해야 하며, 이 은사들만이 성령께서 주시는 선물의 모두가 아니라는 점을 인식하여야 합니다. 은사 중의 은사, 성령기도의 선물 중의 선물은 사랑이기 때문입니다. 사랑이 없으면 아무것도 아닙니다.

성령쇄신에 참여하는 사람들은 은사들을 체험하게 되고 그러한 체험을 통하여 공동체로서 하느님과 개인적 신앙 관계로 인도되었음을 알아야 합니다. 하느님께 대한 이러한 체험은 공동체적인 성격을 띠고(1코린 14,24 참조), 교회적 성격을 반영해야 합니다. 그러나 이러한 사적이고 개인적인 특성이 교회의 공동체적인 성격을 지양하고 자신들이 속한 공동체만을 위한다든지 사적 및 개인적 성격을 공동체적 성격과 대립시켜 놓는다든지 하는 집단이기주의나 개인주의에 초점을 맞추는 경우가 있는데 이러한 모습은 분명히 거부되어야 합니다.

기도 중에
자꾸 분심이 들어요

Q 기도 중에 자꾸 분심이 듭니다. 식구들 저녁은 어떤 음식으로 준비해야 할지, 친척 결혼식 부조금은 얼마를 내야 할지, 동창 모임에는 뭘 입고 가야 할지 등의 생각이 수시로 떠오르거든요. 이처럼 습관적으로 분심 중에 기도하는 것, 차라리 안 하는 게 나을까요? 어떻게 하면 기도에 집중할 수 있을까요?

A 기도 가운데 분심이 자꾸 든다는 말씀에 공감이 갑니다. 마음이 나눠진다는 뜻을 가진 분심(分心)의 종류가 많이 있지만, 그것들은 사실 금방 해결할 수도 있고, 또 해결하기 위해서는 시간과 함께 삶이 결정적으로 변화해야 할 것도 있습니다. 예를 들어, 기도 중에 혹시 갑자기 소나기가 내렸는데 바깥의 창문을 닫았는지 분심이 드는 경우가 있습니다. 한편 성당에서 기도하고 있는 가운데, 혹시 부엌에 있는 도시가스의 스위치를 잠그고 왔는지 궁금한 분심도 있을 수 있습니다.

전자의 두 종류 분심은 지금 창문을 닫는 것으로 그것이 사라져 해결되고, 그리고 즉시 집에 전화를 걸어 확인할 수 있습니다. 하지만 이웃에게 빌려준 돈을 아직 갚지 않은 채무자가 자꾸 기워 갚겠다는 날짜를 어기고 있어서 기도 중에 이러한 분심이 계속 든다면, 그것은 지금 당장 해결할 수 없습니다. 이는 돈의 문제가 해결되어야만 분심도 나지 않습니다.

그런데 질문자의 분심은 지금까지의 것과 다릅니다. 곧 저녁은 어떤 음식으로 준비할지, 결혼식 부조금은 얼마를 하고, 동창 모임에 입고 갈 옷을 어떤 것으로 정할까? 라는 생각이 떠오르는 것은 확인과 삶의 변화를 통해서가 아니라, 소위 말하는 '식별'과 '선택' 그리고 '결정'의 영역에 속합니다. 그러므로 식별할 수 있는 훈련이 필요합니다. 먼저 식별의 가치를 배워야 하는 목적과 식별하는 기도를 어떻게 할 수 있는가의 수련방법을 나눌까 합니다.

한반도 역사와 종교의 동행
우리가 살고 있는 한반도 국가는 지금까지 역사와 종교가 함께 동행을 하였습니다. 신라(B.C. 57 – A.D. 935)는 불교와 함께 천 년을 지나왔고, 고려(918)와 조선과 대한제국(–1910년)은 유교와 함께 천 년을 거쳐 왔으며, 조선후기부터 대한제국과 일제강점기 및 오늘날까지는 그리스도교와 같이 삼백 년을 걸어가고 있습니다.

천 년 불교의 길은 성불(成佛)의 가치, 곧 인간이 부처가 되는 여정을 제시하면서 역사 안에 영적인 가치를 제공하였다면, 천 년 유교는 인본(人本)의 가치, 곧 사람이 사람답게 사는 인(仁)의 길을 제시하면서 역사 안에 인간다운 가치를 제시하였다고 해석해 볼 수 있습니다.

그렇다면 그리스도교는 한반도에 살고 있는 역사 안에 무슨 가치를 제공하고 또 선물할 수 있다고 말할 수 있을까요? 한마디로 그것은 지금까지 역사에 가치를 제공했던 성불(成佛)의 길과 인본(人本)의 길을 잘 갈 수 있도록 하는 '식별'의 길이라고 말할 수 있습니다. 거룩함을 체험하면서 영적 가치를 추구하는 삶과 인간답게 살아가고자 하는 삶이 서로 갈등하지 않고, 그 두 가지 길을 함께 잘 갈 수 있도록 그리스도교 식별의 가치가 매우 중요한 이 시대와 역사에 필요한 천 년을 향하는 복음의 가치를 제공할 수 있어야 한다고 생각합니다.

기도하는 스승은 이미 내 안에 있습니다

우리 안에는 주님으로부터 받은 영적인 도구들이 많이 있습니다. 소위 인간 안에는 선험(先驗)적으로 기도를 위한 내적인 도구들이 하느님으로부터 선물 받아 간직하고 있다고 말할 수 있습니다. 그것은 주님께서 나에게 주신 인간적인 재능들입니다. 우리는 그것과 함께 기도할 수 있습니다. 곧 이성으로 기도할 수 있고, 의지로 기도하며, 상상하며 기도하고, 몸으로, 마음으로 환상으로도 기도할 수 있습니다. 하지만 영적 식별과 함께 기도해야 합니다. 그 기도의 예술을 잠시 소개할까 합니다.

1) 복음의 진리를 이해한 사람은 지성의 성찰을 통하여, 말씀을 따르고자 하는 의지로 스스로의 행동을 결정합니다. 하지만 인간의 감각과 감정이 약하면 자신 안에서 올라오는 불안과 두려움이 의지의 결정을 막거나 강요하거나 혹은 결정할 수 없도록 방해합니다. 그러므로 그런 감정에 반대로 움직이기(contra agere)를 할 필요가 있습니다. 그래서 호감이 가는 결정들을 제시하고, 감각적인 협력을 기쁘게 일깨울 수 있다면 좋습니다.

우리의 의지는 하느님 모상이 있는 인간 존재로부터 출발합니다. 은총은 모든 선의 능력을 제시하는 인간적인 의지에 그런 힘을 주고 있습니다. 그러므로 우리의 힘 안에 있는 모든 것을 할 필요가 있습니다. 온 힘을 다해 일하세요. 하지만 성취하고자 하는 관심은 주님에게 맡기세요.

2) 회개는 순간적인지 혹은 점진적이어야 하는지요? 선을 향하는 순간적인 회개를 이해합니다. 그런데 우리는 한순간 모든 것을 받아 얻기 원하지만, 오히려 이미 받은 내 안의 모

든 것을 잃지 않도록 지켜내는 것이 중요합니다.

3) 신적 경험 없이 인간 지성을 안전하게 사용할 수 있을까요? 우리 영혼을 가득 채우고 만족시키는 것은 많은 것을 아는 데 있지 않고 어떤 것을 내적으로 느끼고 맛 들이는 데에 있습니다. 이성이 눈에 보이는 환한 빛을 느끼지 못한다면 영적인 선물은 전혀 받지 못할 것입니다. 곧 그리스도께서 하신 인식은 추리하는 영혼이 아니라 바라보는 영혼을 강하게 요구하도록 동반하셨습니다. 이성으로 판단하지 말고 이성으로 바라보아야 합니다.

4) 상상하며 기도하는 것은 이콘 성화 앞에서 하는 기도처럼, 현존하는 인격과 함께하는 대화와 같습니다. '신적 위대함 앞에 머물기'를 선호하면 좋습니다. 그런 심리표상은 본질적인 기도의 대화 측면의 발전을 돕기 때문입니다. 하지만 내가 깊이 바라는 것은 기도의 과정에서 하느님 스스로 나에게 계시하기 원하시는 것입니다.

5) 사람은 죄를 포기하고, 하느님에게 회개하는 순간, 영적 세상과 함께 하느님께 대한 매력과 공감이 공존합니다. 이는 하느님과 사람 사이의 가족과 같은 관계 그리고 사람의 고유성은 창조주와 함께 있다는 것을 의미합니다. 우리는 이 동질의 고유성에 주의를 환기시키면서 그러한 삶 안으로 들어가고, 우리 안에 있는 신적인 신비들을 이해할 수 있습니다. 그

러므로 마음의 감각은 계시와 위로의 친밀한 원천이 됩니다. 마음에 친밀하게 있는 하느님의 영은 우리 안에 늘 머물러 있는 기억을 나타내어 밖으로 풀어내는 감각의 바람에 잠시라도 현존할 수 있습니다.

식구들 저녁은 어떤 음식으로 준비할지, 친척 결혼 부조금은 얼마를 내야 할지, 동창 모임에는 뭘 입고 가야 할지 등은 어떤 면에서 분심이 아니라 생각입니다. 수시로 생각이 떠오르는 자신의 모습을 먼저 판단하거나 자책하지 마세요. 또한 이처럼 습관적으로 분심 중에 기도하느니, '차라리 안 하는 게 나을까? 어떻게 하면 기도에 집중할 수 있을까?'를 비난하지 마세요. 생각이 들면서도 기도할 수 있습니다.

주님의 눈, 마음, 생각으로 자신을 관상해 보세요. 그리고 마음 가는 대로 하세요. 먹고 싶은 음식 맘대로 먹고, 부조금도 마음 가는 대로 그냥 내세요. 입고 싶은 옷 입고 동창모임 나가세요.

진심으로 바라는 마음의 내 감각이 내 안에서 느끼는 하느님의 원의입니다. 마음이 맑은 사람이 행복합니다. 그가 하느님을 볼 것이기 때문입니다(마태 5,8 참조).

경제적 형편으로
봉헌금 내기가 어려워요

Q 남편이 퇴직하고 사업을 시작했습니다. 그런데 몇 달째 수입이 없습니다. 아이들 학비에 부모님 병원비까지 지출만 늘어 점점 대출 빚이 쌓여갑니다. 어쩔 수 없이 조금씩 후원하던 곳도 다 끊었습니다. 성당에서 후원해 달라는 곳이 오면 도와줄 수 없어 고개부터 숙어집니다. 결국 봉헌금도 내기 어려워 미사에 참례하기 민망하고 싫어집니다. 경제적 어려움으로 미사에 빠지는 것도 죄인지 궁금합니다.

A 경제적으로 얼마나 어려우신지요? 경험하지 않은 사람은 이해하기 어려울 수 있겠다는 마음이 듭니다. 남편의 퇴직으로 새로운 사업을 시작했는데도 몇 달째 수입이 없는 것은 지출이 또 늘어난다는 것인데, 설상가상으로 아이들 학비와 부모님 병원비까지 늘어나는 상황에서 대출 빚이 쌓여간다는 말씀을 두고 '엎친 데 덮친 격'이라는 것이 아닌가 생각

합니다.

얼마나 고생이 많으십니까? 고생은 이미 주님께서 말씀하신 대로 가장 작은 이들 가운데 한 사람에게 해 준 것이 예수님 당신에게 하신 것이라는 최후의 심판 때의 말씀과 같은 의미라고 믿습니다. 그러니 자매님은 이미 주님 수난과 아픔을 봉헌하고 계십니다. 후원하던 곳도 끊어졌고, 성당에서 후원해 달라고 오면 도와줄 수 없어서 고개부터 숙어진다는 그 마음이 예수님의 마음이고, 도움을 청하는 분들에게 이미 영적인 봉헌을 하고 있는 것입니다.

봉헌금을 내기 어려워 미사에 참례하기가 민망하고 싫어진다는 고백은 충분히 공감 가고 무척 안타까운 마음이지만 봉헌금을 내지 못하는 것과 미사참례는 다른 문제입니다. 오히려 지속적으로 미사참례를 방해하는 그런 생각이 나쁩니다. 진실로 봉헌금을 낼 수 없다고 해서 마음의 봉헌과 신앙의 봉헌까지 막을 수는 없는 일이기 때문입니다. 그러므로 경제적인 어려움 때문에 미사에 빠지는 것이 죄인지 궁금해하셨는데, 그런 생각이 죄일 수 있습니다. 왜냐하면 물질적인 봉헌만으로 미사에 참석하려는 것은 아닌가 생각하기 때문입니다.

물질적인 것만이 봉헌금이 아니라 마음, 신앙, 봉사, 영혼의 봉헌이라는 풍요로운 가치를 통해서 미사에 참석할 수 있는 것입니다. 그러니 당당하게 성당에 나가셔서 미사참례하시고 말씀을 듣고 영성체해서 영적인 에너지를 나누어 받아 열심히 사업을 하시면 됩니다. 이제 봉헌에 대한 바른 이해를 위해서 신학적이고 영적인 봉헌을 자세히 살펴볼 것이니 힘을 내시고 더욱 열심히 성당에 나오셔서 미사의 은총 가득히 받으시길 바랍니다.

봉헌, 거룩한 베풂

인간은 이웃에게 선물한 것만 하늘에서 자신의 소유가 될 수 있습니다. 모든 선한 일이 하늘의 보물로 저축되기 때문입니다. 하지만 하늘의 보물은 물질이 아니고, 그 공적은 인간과 분리될 수 없으며, 이 보물은 인간의 완덕, 명예로서 바로 영원한 하늘에서 나타납니다.

인간의 보물은 영생에서 마치 하느님의 모상처럼 빛이 납니다. 하늘에 보물을 쌓는다는 것은 봉헌생활로서 이 땅 위에서 보이지 않는 자신의 성숙함과 마음의 아름다움이 하늘에서 가시적으로 보인다는 뜻입니다. 봉헌의 의미로서 헌금이란 그저 자기의 관대함이나 아량, 그리고 자신의 우월성을 드러내는 것으로 시사되지 말아야 합니다.

러시아의 영성 지침서에는 도움을 청하는 가난한 사람이 있을 때 다음과 같은 충고를 주도록 기록되어 있습니다. 가난한 자가 도움을 청하러 올 경우에, 먼저 "자신이 주님의 십자가의 징표를 보여주시오.", "그리고 가방에 손을 넣으시오.", "그리고 형제에게 무엇인가를 나누어 주시오.", "형제여, 하느님께서는 나에게 축복을 주셨습니다.", "내가 무엇인가를 당신을 위해 나누겠소.", "받으시오, 그리고 나를 위해 기도를 해 주시오."

회교도들도 비슷한 형식을 가지고 있습니다. "알라께서 나에게 축복을 주셨습니다.", "나와 함께 그분의 축복을 나누시오."

인간의 봉헌은 이와 비슷한 마음, 영혼의 상태로 소모되지 않는 하느님의 보석의 역할을 하기 위해 하느님 안에 들어가는 것입니다.

복음 성경은 "가난한 과부 한 사람이 와서 렙톤 두 닢을 넣었다"(마르 12,42)고 말합니다. 렙톤 두 닢은 오늘날의 화폐단위로 7~80원가량의 값어치입니다. '시간은 금이다'라고 말합니다. 한 시간에 노동의 값이 얼마인가요? 매일 노동을 하는 사람은 일 분 일 초를 허비하기가 아깝습니다. 그런데 우리는 하루에 얼마나 쪼개진 작은 시간들을 버리고 있는가요? 시간 죽이기, 시간 때우기…. 곧 버스 기다리는 시간, 중요한 전화를 기다리는 시간, 사장님과 면담하기 위해 줄을 서서 기다리는 시간들입니다.

시간이 금이라면 이 같은 시간들이 바로 가난한 과부 한 사람이 헌금한 렙톤 두 닢에 해당하는 시간들입니다. 하루라는 계획의 주머니 속에 떨어뜨리고 잃어버린 렙톤 두 닢의 시간들입니다.

이 시간들을 어떻게 주워 모아 봉헌할 수 있을까요? 이 시간들을 잘 모아서 하느님의 보석함에 던져야 할 것입니다. 좋은 시간, 그러나 짧은 시간을 단순하고 귀한 그리고 마음에서 우러나오는 기도의 시간으로 헌금할 수 있습니다.

하늘 나라 화폐

오늘날 세상에서 가장 가치를 자랑하는 나라의 화폐는 유럽의 유로나 미국 달러입니다. 그것만 가지면 세상 어느 나라든지 여행할 수 있습니다. 고대 그리스 사람들은 죽어서 무덤에 시신을 묻을 때 죽은 이의 입에다 동전을 넣는 관습이 있습니다. 죽음의 바다를 건너갈 때 뱃삯으로 내라는 돈이랍니다. 그런데 그리스도교 신앙을 사는 자들은 세상을 마치고 하느님 나라로 여행을 떠날 때 어떤 화폐 단위의 돈이 필요할까요? 요한 금구 성인은 우리가 사랑(caritas)이라는 화폐로 영원한 생명을 얻는 여행을 떠날 수 있다고 말씀하였습니다.

보물은 재산이 아닙니다. 재산은 살고 일하기 위해 필요한 것입니다. 보물은 무엇인가요? 재산과 달리 보물은 영적이라 보이지 않습니다. 그리스도교 윤리는 필요한 재산과 남은 재산을 어떻게 구별해야 하는가를 질문합니다. 바실리오 성인께서는 남은 재산은 우리의 재산이 아니라, 가난한 자들에게 속한 재산이라고 말씀하셨습니다.

또한, 요한 금구 성인께서는 자선봉헌에 대해 구체적으로 말씀하셨습니다. "가난한 자에게 자선하는 돈은 이 세상의 은행에서 영원한 세상으로 저금하는 것입니다. 그곳에서 우리가 사랑으로 전달한 것을 찾을 수 있습니다."

버린 사람은… 받을 것이다

대 그레고리오 교황께서는, 베드로가 나서서 예수님께 말한 "보시다시피 저희는 모든 것을 버리고 스승님을 따랐습니다"(마르 10,28)에 대해서, 과연 베드로는 무엇을 버렸는지? 물으십니다.

베드로는 어부였을 때, 고기잡이하던 배를 버렸습니다. 실로 교회의 역사에서 많은 이들이 자신의 것을 포기하였습니다. 5세기 로마시대 귀족 부자 가문의 젊은 멜라니아 성녀는 자신의 전 재산을 가난한 이들에게 나누어 주고 그녀는 수도생활을 시작하였습니다. 대 그레고리오 교황께서는 말씀하십니다. "예수님을 위해 무엇을 버렸느냐가 중요한 것이 아니라, 그 정신, 그와 같은 영으로 살아가는 것이 중요합니다."

흔히들 우리들은 큰 것을 버릴 수 있다고 생각합니다. 그러나 단지 우리는 작은 것만을 버리고, 습관이 된 행동 방식을 비판받습니다. 수도 생활과 신앙생활에서 버린다는 것은 끊어 버리고 제거하는 외적인 것이라기보다는 내면, 곧 내적으로 충만한 자유를 살아가는 성취의 길입니다.

우리 아들
냉담 풀게 해 주세요

Q 아들이 냉담을 합니다. 어릴 때는 복사도 서고 열심히 신앙
생활했는데, 군대 갔다 오고 회사 생활하면서 성당에 나가지 않습
니다. 성가정을 이루며 살았으면 좋겠는데 결혼하고 나서는 종교
의 필요성마저 못 느낀다고 합니다. 이런 아들이 하루빨리 주님 품
으로 돌아오도록 기도하지만 아들은 꿈쩍도 하지 않습니다. 어떻게
하면 좋을까요?

A 무엇보다 먼저 어머니의 마음을 깊이 공감합니다. 특히
어릴 때 성당에서 미사 복사도 잘 서던 아들이 군대 갔다 오고
회사 다니면서 성당에 나가지 않는데, 설상가상으로 결혼한
후 종교의 필요성마저 느끼지 못한다고 하니, 얼마나 어머니
의 마음이 아프십니까? 어머니는 주님 품으로 아들이 돌아오
도록 기도하지만 꿈쩍도 하지 않는다고 하니 정말 답답한 심
정을 누가 알겠습니까?

하지만 아들이 단지 성당에 다니지 않는다고 염려만 할 문제는 아니라고 생각합니다. 가만히 그 속을 들여다보면 분명 간단하지 않은 일들이 있어 보입니다. 어째서 아들이 소위 냉담을 하는가라는 단순한 이유보다 도대체 무슨 일이 있었고, 어떤 경험이 아들을 그렇게 하도록 두었는지를 이해할 필요가 있습니다. 단지 성당에 왜 나가지 않는지를 걱정할 것이 아니라 그렇게 무관심하고 결혼한 다음에도 일관되게 신앙생활을 하지 않는 데 무슨 어려움이 있었고 어떻게 그것이 지속되고 있는지, 그렇게 하도록 두는 아들의 내면 속 움직임이 무엇인지, 대화를 통해서 생각을 나눌 필요가 있습니다.

다시 말해서 아들이 냉담한다, 종교의 필요성을 느끼지 못한다 등 아들에 대한 믿음을 판단하지 말고 그렇게 하도록 만든 계기나 어떤 사건이 그런 행동과 결정을 하도록 움직였는가? 내면에 있는 무슨 말 못 할 사정이 있었는가? 그 팩트(사실)를 체크하고 분별할 필요가 있습니다. 아들을 위해서 판단이 아니라 식별이 필요합니다.

사람은 어릴 때 신앙생활의 감각과 어른이 된 다음의 신앙 감각은 완전히 다릅니다. 군대생활, 회사생활, 결혼생활로 이어지는 일련의 과정에서 분명 신앙에 대한 어떤 부정적이거나 당황스런 사건의 경험은 인간관계에서 어떤 작용을 했을 것으로 보입니다. 그러므로 아들을 위해 계속 기도하면서 아들이 신앙생활을 할 수 있도록 지속적으로 노력해야 하지만, 선행될 것은 아들의 내면 이야기를 편하게 들어볼 수 있고 대화할 수 있는 기회를 마련하는 것이 적합할 것이라고 생각합니다.

물론 부모님과 자녀 사이에서는 진솔한 대화가 자연스럽게 이어지기가 참으로 어렵습니다. 그래서 신앙 상담, 인생 상담을 제대로 도와줄 수 있는 사제나 수도자에게 도움을 청하는 것이 좋을 것이라고 봅니다. 영적 상담이나, 일반 상담을 받아보는 것도 괜찮다고 생각합니다. 물론 좋은 상담가를 만나는 것이 중요하지만, 아들이 거기에 응할 수 있도록 신중하게 초대해야 합니다. 기도와 가족들의 준비된 도움으로 그렇게 하도록 협조가 필요할 것입니다.

그래서 저는 삶에서 마주하는 사건과 만남 그리고 관계를 잘 이어가기 위한 식별에 대한 일종의 로드맵과 같은 과정을 소개하고자 합니다. 한국교회에서 많은 신심단체와 성경공부 및 기도모임을 통해서 신자들은 신앙생활을 하고 있습니다. 그런데 현실에서는 대화와 회의 그리고 만남과 일에서 함께 인격적인 관계를 맺으며 살아가는 데 매우 큰 어려움을 겪는 것이 사실입니다. 그런 어려움 가운데 하나가 서로를 받아들이고 상대방의 의견과 자신의 견해를 주고받는 인격적인 존중보다는 늘 '옳고 그른 것이 무엇이고, 맞고 틀린 것이 이것이며'

하면서 판단과 심판을 넘어선 단죄하는 현실이 이어지기 때문입니다.

우리 삶을 풍요롭고 행복하게 만드는 비법이 있다면 모든 대화와 만남과 일에 있어서 맞느냐 틀리냐의 이원론적인 심판과 판단을 내려놓고, 있는 그대로 사실과 진실 그리고 자신의 견해를 나눌 수 있는 식별훈련이 그 중심에 있어야 할 것입니다. 이제 그리스도교 식별이란 무엇이고 어떻게 그 훈련을 할 수 있는가를 간단하게 나누고자 합니다.

식별, 살아 있고 현존하는 복음입니다

그리스도교는 사랑의 종교입니다. 성경의 첫 장부터 우리는 "빛이 생겨라"(창세 1,3)는 말씀을 듣습니다. 우리는 빛이 사랑이라고 이해할 수 있습니다. 그런데 하느님께서는 창세기 2장에서 선과 악을 알게 하는 나무열매를 먹지 말라고 하십니다. 이 선과 악을 알게 하는 나무를 먹지도 손대지도 말라는 뜻은 만나는 모든 일과 사람의 판단을 중지하라는 말씀으로 이해합니다.

하지만 인간은 그 열매를 먹으면서 판단의 죄를 짓습니다. 특히 복음서에서 예수님과 대화하는 바리사이파와 율법학자, 사두가이파, 비유 이야기 속의 종들 심지어는 예수님의 제자들도 판단의 죄를 자주 범합니다. 우리는 판단과 함께 신앙생활을 복음대로 살아갈 수 없습니다. 그러므로 판단이 아니라 식별을 해야 합니다. 식별은 바로 하느님, 주님 그리고 비유 이야기 속 주인의 시선이고 생각이며 견해입니다. 이제 식별에 대한 주님의 시선을 하나하나 살펴보겠습니다.

식별은 무엇일까요? 사람과 사건에 대한 통계와 대수적인 방법의 결과가 아니라 그런 과정이 오히려 식별이라고 말할 수 있습니다. 하지만 식별이란 그런 수량적 집합과 계산하는 방법이라기보다는 우리 앞에 살아 있고 현존하는 복음자체라고 말할 수 있습니다. 그러면 식별의 기준이란 무엇일까요? 당연히 복음말씀의 핵심 가치인 예수 그리스도의 강생과 파스카 신비입니다. 우리가 만나는 사람과 사건에서 드러나는 식별에 대한 기준은 예수 그리스도의 강생과 파스카 신비인 비움과 충만의 영적 가치라고 말할 수 있습니다. 겸손과 비움 그리고 영광과 찬미의 토대에서 식별이 이루어져야 할 것입니다.

그렇다면 식별하는 방법 그것은 무엇일까요? 바로 해석입니다. 우리말에도 꿈보다 해몽이 좋아야 한다고 말하듯이, 식별의 방법은 신학적인 훈련을 바탕으로 하는 해석입니다. 물론 바른 식별을 위해서 신학을 공부하는 것이 필요합니다. 그러나 신학적인 해석을 위해서는 그러한 자격을 가진 사제나 신학자에게 식별에 대한 상담이나 조언을 구하면 됩니다. 그러므로 식별의 방법에서 해석도 다양한 차원과 수준이 요청되기에 우리들은 신앙생활을 하였던 경험에 따라 해석할 수 있는 생활 해석을 하면 될 것입니다.

그러면 식별의 시간은 언제일까요? 바로 타이밍입니다. 복음에서 "종들이 집주인에게 가서, '주인님, 밭에 좋은 씨를 뿌리지 않았습니까? 그런데 가라지는 어디서 생겼습니까?' 하고 묻자, '원수가 그렇게 하였구나.' 하고 집주인이 말하였다. 종들이 '그러면 저희가 가서 그것들을 거두어 낼까요?' 하고 묻자, … 그는 이렇게 일렀다. '아니다. 너희가 가라지들을 거두어 내다가 밀까지 함께 뽑을지도 모른다. 수확 때까지 둘 다 함께 자라도록 내버려 두어라'"(마태 13,27-30). 밀밭에 가라지가 생긴 순간을 포착하지 못하고, 종들은 그저 가라지들을 뽑아내려고 판단하고 있습니다. 하지만 식별의 시간을 놓쳤을 때 가라지를 뽑아내다가 밀까지 제거될 수 있으니 밀을 위하여 수확 때까지 그냥 둘 것을 집주인은 식별하고 있습니다. 이렇듯 식별의 순간은 식별의 과정에서 매우 중요한 것입니다. 종의 판단이 아니라 집주인의 시선이 바로 식별이고 그 적절한 시간이 매우 중요합니다. 집주인의 시선을 기르는 것이 식별을 기르는 훈련입니다.

그러면 식별의 목적은 무엇일까요? 식별은 빠르기라는 속도의 문제가 아니라 바른 방향(direction)을 잡기 위해서입니다. 그러므로 바른 방향을 위해서는 영적 지도자와 함께 영적 동반을 통해 식별해야 합니다. 그렇다면 식별의 장애물은 무엇일까요? 한마디로 식별을 해 나가는 데 있어서 방해 자체를 말하는데, 우리는 이것을 신학적으로 악마의 움직임이라고 해석할 수 있습니다. 이냐시오의 영신수련에서 두 가지 깃발로 악마의 움직임으로부터 영향을 받은 분별을 통해 위로와 실망을 발견하듯이 우리가 하고자 하는 것을 방해하는 것은 악으로부터 기인한다고 볼 수 있습니다.

그러므로 우리는 인생의 여정에서 사람과 사건을 통해 만나는 길에서 가장 먼저 이루어지는 판단을 내려놓고, 식별을 시작하는 데, 만나는 사안과 사건 내지 인간관계에서 드러나는 여러 가지 삶의 주제에 대해 검증할 필요가 있습니다. 우리가 살아가면서 여러 물건들, 곧 냉장고, 자동차, 집, 일상적으로 옷 같은 일상용품과 전자제품을 구입하려 해도 자세하게 검증하듯이 사람과의 관계에서도 실험하고 확인하는 것이 아니라 식별(검증)하는 것은 필요합니다. 마지막으로 검증을 잘할 수 있는 4가지 질문을 말씀드리면서, 일상에서 이 질문들을 스스로에게 던지며 사랑의 검증을 하고 식별의 삶을 살아가기를 초대해 봅니다.

1. 내가 하는 사랑을 판단하지 않고 검증(식별)하고 있는가?
2. 나는 열매를 맺는 사랑을 하고 있는가?
3. 나는 그 사랑의 진리를 선포하고, 나누고 있는가?
4. 나는 그 사랑과 함께 동반 혹 동행하고 있는가?

절제와 나눔을
꼭 해야 하나요?

Q 어릴 때 가난하게 살아서 그런지 힘든 게 싫습니다. 그래서 겨울에 난방도 많이 합니다. 사고 싶은 물건은 꼭 사야 합니다. 사순 시기, 대림시기에 절제를 해야 한다고 하지만 몸이 고달프거나 하고 싶은 걸 못하면 마음이 강퍅해집니다. 이웃을 사랑하고 나누라고 하는데 저는 제 자신의 어려웠던 시절을 지금이라도 보상해 주고 싶습니다. 이런 제가 이기적인 걸까요?

A 아! 그렇군요. 이해합니다. 힘든 것을 좋아할 사람은 별로 없을 것이라고 생각합니다. 힘든 게 싫어 겨울에 난방도 많이 하고, 절제를 해야 한다는 이야기를 들어도 사고 싶은 물건은 꼭 사야 하고 그렇게 하지 못하면 마음이 완고하고 고집이 강해진다고 하신 마음 충분히 공감합니다.

하지만 그렇다고 자신이 이기적인 것이 아니냐는 판단은 내려놓는 것이 옳다고 봅니다. 자신의 이러한 생각과 행동을 판단하지 말고 자세히 바라보고 이해하려는 자세가 중요합니다. 이러한 생각과 행동과 감정이 지속적으로 계속된 것이 언제부터인지, 어떤 계기나 사건이 있어서 그렇게 하고 있는지, 자신도 모르는 무슨 기억이나 혹시 불편함과 상처를 받아서 그렇게 생각하고 행동하는 것은 아닌지 자세히 살펴보아야 합니다.

대개는 이성적으로 자신의 이런 행동을 판단하고 후회하면서 또는 '난 본래 그래' 하며 그냥 면죄부를 내리기도 합니다. 그러므로 이성으로 자신의 생각과 행동 그리고 느낌의 감정들을 자세히 바라보아야 합니다. 그리고 그것들을 이해하려는 자기 성찰을 깊게 하는 것이 요청됩니다. 인간이 생각하고 행동하며 느끼는 것은 분명한 이유 그리고 사건이든 사고든 여러 가지 원인이 있을 수 있습니다.

자신을 바라보고 이해하기

많은 사람들은 생각과 마음이 많이 아픕니다. 특별히 가정에서 부부관계, 자녀관계, 직장에서 동료들과의 관계 심지어 성당에서 교우들과의 관계에 어려움이 많습니다. 이러한 어려움의 토대에는 남성과 여성, 부모와 자녀가 서로에 대해 모르고, 그것을 이해하는 데 장애가 많다는 것입니다.

그 가운데 여러 장애가 되는 형태들이 있지만 두 가지만을 나누어 보겠습니다. 하나는 자기애적이고 자기중심적 관계를 취하는 경우입니다. 예를 들어 남편은 부인을 투명인간 취급하는 경우가 있습니다. 여기에는 대개 남편들이 부인에 대한 사랑이란, 직장 잘 다니고 돈 잘 벌어다 주는 것으로 생각하는 것입니다. 물론 그것이 부정될 수는 없지만 사실 사랑은 인격적인 소통으로 확인되고 느껴지는 것입니다. 그런데 남편이 매사를 혼자 결정하면서 부인을 결과적으로 투명인간으로 만드는 것은 또한 남편의 유년시절 과거에 제대로 돌봄을 받지 못해 자기중심적인 태도가 생겨난 것 때문일 수 있습니다.

한편 둘째로 친화력이 없고 자신의 내면으로 움츠리는 태도를 보이는 사람은 오히려 자기를 스스로 힘들게 해 가족들에게도 힘든 그 모습이 전달됩니다. 이는 인간관계의 어려움이 과거의 자기 삶에서 균형과 조화를 유지하는 경험이 없어서 그렇다는 것이 정신의학의 설명입니다. 예를 들어서 부모의 자녀에 대한 양육이 일관성을 보이지 않기 때문이랍니다. 부모는 자녀가 예쁠 때나 그렇지 않을 때나 부모역할이 같아야 하는데, 기분에 따라 달라지는 말과 감정과 행동이 문제라는 것입니다. 곧 용돈을 줄 때도 일관성을 유지해야 한다고 말합니다.

그러한 관계가 나아지려면 어떻게 해야 할까요? 자기중심적인 사람은 상대방, 예를 들어 가정에서 남편은 자신의 일방적인 태도와 말로 부인이 어떠한 마음과 생각이 들지를 깊이 이해해야 합니다. 또한 부인은 어느 정도 남편이 이러한 어려움을 가지고 있다는 것을 인정하며 그를 좀 도와주는 차원에서 그가 모르는 심정을 이해할 수 있도록 표현하는 노력이 요청됩니다.

이제 절제와 이웃사랑에 대한 복음적인 이해를 자세히 나누고자 합니다. 절제하고, 이웃을 사랑하는 것은 자기 자신에 대한 자세한 이해와 함께 이루어지는 선물로 드러납니다. 단순히 내가 어려서 가난하고 어려운 삶에 대한 보상 내지는 내가 너무 이기주의라 그렇게 강퍅하게 산다고 판단하지 말고, 내 영혼을 내 방식대로 추리하지 말며, 하느님의 빛을 통해 자신의 영혼을 자세히 바라보면 분명 하느님의 은총으로 복음 안에서 절제하고 이웃을 사랑하는 삶을 살아갈 수 있다고 믿습니다. 그러므로 절제와 이웃사랑에 대한 복음의 가르침을 나누고자 합니다.

절제

"너희는 단식할 때에 위선자들처럼 침통한 표정을 짓지 마라"(마태 6,16). 단식은 음식을 자제하는 것만이 아니라 넓은 의미에서 단식의 근본인 절제와 포기와 지배가 드러나야 합니다. 모든 것, 창조된 것, 감각, 느낌, 돈, 명예 등을 지나치게 탐욕스럽게 추구하지 말아야 함을 뜻합니다. 이러한 절제가 우리 신앙인들의 삶을 슬프게 할 수 없습니다. 이는 그리스도인이 세상의 변화를 원하는 방법이기 때문입니다. 하느님께서는 자기 스스로 시작해서 기쁨으로 선물하는 자를 사랑하십니다. "저마다 마음에 작정한 대로 해야지, 마지못해 하거나 억지로 해서는 안 됩니다. 하느님께서는 기쁘게 주는 이를 사랑하십니다"(2코린 9,7).

전통적으로 사막의 수도자들에게 절제에 대한 수덕생활의 지침은 세 가지를 특별히 강조합니다. 첫째, 달성하고자 하는 목적에 걸맞은 행동을 해야 합니다. 둘째, 몸의 건강이 목적이고 그로 인한 노동할 수 있는 힘으로 생활해야 합니다. 셋째, 몸은 정신과 마음 곧 기도할 수 있는 상태를 유지해야 합니다.

수도원에서 있었던 음식에 대한 일화가 생각납니다. 한 수도자가 기도 중에 예수님의 환시를 보았다며 소리를 지르더랍니다. 그것을 지켜보던 수도원장은 주방담당 수도자에게 "그에게 고기 좀 먹이라!"고 주문을 하였답니다. 이런 경우는 셋째 지침에 해당되는 것입니다. 대중적인 격언이 생각납니다. "우리는 먹기 위해서 사는가? 살기 위해서 먹는가?" 그렇습니다. 우리는 살기 위해서 먹습니다. 옛 성인들이 말씀하시길 "건강한 몸에 건강한 정신"(Mens sana in corpone sano)이라고 했

습니다. 이 말은 참으로 우리에게 올바른 방향을 제시하고 있
습니다.

이웃사랑과 보상

"혼인 잔치 손님들이 신랑과 함께 있는 동안에 단식을 할 수
야 없지 않으냐?"(루카 5,34)초기 수도자들의 역사를 읽어 보면
그들이 어떤 방법으로 단식을 하고 있는지 알 수 있습니다. 단
식이 지니고 있는 의미란 무엇일까요? 하느님께서는 혹시 초
대된 사람을 위해 식탁을 꾸미듯이 세상을 준비하신 것은 아
닌지요? 그러면 우리는 공짜로 그분의 선물을 받아야 합니다.
이웃사랑이 바로 보상 자체라고 이해할 수 있습니다.

곧 단식을 하기 위한 그리스도교 가르침의 첫째 이유와 원리
는 이웃사랑(caritas)입니다. 많은 사람들이 죽어가고 있고, 풍
요 속에 살아가는 자가 다른 이들을 위해 한 끼를 기꺼이 포기
합니다. 다른 이유도 항상 이웃사랑(caritas)입니다. 이웃사랑
이란? 삶의 참 필요들이 거대하지 않고 살아가기 위해 조금으
로 충분하다는 것을 보여 주는 것입니다. 이웃사랑이란? 어떤
행복과 정직한 환경을 축제로 승화하기 위해 친구들과 식탁에
앉도록 초대하는 것입니다. 예수님께서 그렇게 하셨습니다.
사십일 동안 단식하셨지만 역시 그 많은 식사에 참여하셨습니
다. 모든 이들의 선을 위해 말씀을 하시곤 하였습니다.

필자는 지난여름 캐나다 앨버타주 에드먼턴 대교구의 마리아 센터를 방문하였습니다. 동방영성을 서방교회에서 살아가는 마리아 센터는 캐서린 휴엑 도허티 여사(1896–1985)에 의해 설립된 마돈나 하우스입니다. 마돈나 하우스는 복음의 정신 안에서 사랑의 공동체를 이루는 곳입니다. 선교의 성공 여부는 결코 그 성과에 있지 않으며 오로지 전적으로 공동체 성원들이 서로 사랑하느냐 하는 데 달려 있습니다.

마리아 센터에는 'I am third'라는 문구가 중앙에 걸려 있습니다. 이는 하느님께서 첫째이고, 이웃이 둘째이며, 나는 셋째라는 뜻을 가지고 있는 것입니다. 그러므로 자신을 바로 바라보고 이해하면서 복음 안에서 예수 그리스도의 말씀과 가르침 그리고 행동을 통해 분명 우리는 자신의 과거의 삶 때문이 아니라 지금 복음의 예수님 때문에 나누고 절제하며 살아갈 수 있다고 믿어야 할 것입니다.

가사노동이
너무 힘들어요

Q 저는 맞벌이에 가사 노동이 익숙지 않아 식기세척기, 로봇
청소기 등 되도록 노동을 줄일 수 있는 가전제품들을 구입합니다.
그런데 프란치스코 교황님의 회칙 『찬미받으소서』에서 "창조 때부
터 우리는 노동이라는 부르심을 받았습니다. 인간의 노동을 점진적
인 기술 발전으로 대체하려 해서는 안 됩니다. 이는 인류에게 해악
을 끼칠 것입니다. 노동은 반드시 필요합니다"라는 말씀을 읽었습
니다. 노동을 최소화하려는 저의 행동이 잘못된 것인지요?

A 맞벌이하시면서 회사일과 집안일 그리고 육아와 교회
의 봉사활동 등을 하는 요즘 현대인들은 많이 분주합니다. 그
래서 집안일을 돕기 위해 식기세척기, 로봇청소기 등 현대의
기계 협력을 받으면서 살아가고 있습니다. 필자도 그런 상황
에서 가전제품을 구입할 수밖에 없는 점을 충분히 공감하고
이해합니다. 그런데 질문자가 말씀하셨듯이 프란치스코 교황

께서는 생태회칙 『찬미받으소서』를 통해 인간의 노동에 대한 성소(聖召)를 말씀하시며, 인간이 성소(聖召)로 받은 노동을 기술 발전으로 대체하지 말라고 경고하시고 있습니다.

　질문자께서는 결국 노동을 최소화하려는 행동이 잘못된 것인가를 묻고 있습니다. 하지만 필자 역시 분명하게 그것이 '잘못된 것이다, 아니다'라고 부분적으로 잘라 말하는 데 어려움이 있지만, 그것이 잘못된 것이라고 말하는 데는 매우 중요한 원인이 있습니다. 결국 노동과 인간기술 관계의 뿌리에 생태적 위기가 있고 그것을 극복할 지구의 생태영성을 살펴봐야 합니다. 사실 우리가 살고 있는 '공동의 집'인 지구의 생태위기 문제가 심각합니다. 그러므로 필자는 현대인들을 위한 지구의 생태위기 문제를 구체적으로 찾아보고, 우리 지구를 살릴 수 있는 공동의 대안을 나누고자 합니다.

생태위기는 인간 중심 개발(開發)에서 왔다

　아프리카 루안다의 잠언입니다. "누구도 한 잔의 우유에 돌을 던지지 않는다." 지금도 우리 '공동의 집'을 파괴하는 돌을 우리가 계속 던지고 있습니다. 특별히 날씨 변화와 환경 위기에 관한 연구의 대부분은 서방에 의해 만들어졌고 인도되었습니다. 그럼에도 그것으로 위기가 악화되고 있는 현실이 매우 안타깝습니다. 이런 생태위기의 의미를 지구인으로서 우리는 어떻게 알아들어야 할까요? 바로 하느님께서는 우리가 공동의 집과 대화하고, 우리 '공동의 집'의 치료를 위한 프란치스코 교황의 권고를 깊이 이해하면서 우리 기원에로의 회복, '쇄신'에로 우리를 새롭게 초대하고 있습니다.

하느님께서 창조하신 세상을 바르게 사용하는 윤리문제를 위한 새로운 경계를 제시하고 있는 학문이 있는데, 그것은 바로 생태학(Ecology)입니다. 지구는 벌써 생태문제로 병들어 있습니다. 환경이 박탈된 원인이 매우 복합적인 문제들로부터 온다는 것은 분명하기 때문에 다양한 지역의 영역들에서 우리는 서로 배울 필요가 있습니다.

분명한 것은 증가하는 환경파괴가 인간 활동에 최대한 책임이 있다는 것입니다. 과도한 인간 중심의 지구개발이 생태위기의 핵심원인입니다. 교황 프란치스코는 회칙 『찬미받으소서』에서 적고 있습니다. "우리 공동의 집인 지구가 점점 더 엄청난 쓰레기 더미처럼 변해가고 있어 보입니다"(21항). 땅이 커다란 목소리로 부르짖고 있는 동안, 망가지는 지구의 잔해 속에 남아 있는 수많은 가난한 사람과 남자와 여성들이 있습니다. 늘어나는 지구의 파괴를 최소화하기 위해 공동 해결과 실천을 찾아내고자 노력하면서 창조적 연대로 화해하는 응급조치가 절대로 필요합니다. 이를 위해 우리가 가전제품을 사지 않는 문제도 의미가 있지만 그뿐만 아니라 공동의 집인 지구의 병든 모습을 정확하게 파악하고 그 대안을 찾아 함께 연대해 구체적인 인간의 삶이 변화되어야 할 것입니다.

　프란치스코 교황은 우리에게 경고합니다. "만약 우리가 파괴한 모든 것을 바로잡게 하는 생태론을 발전시키고자 한다면, 어떠한 학문 분야나 지혜를 배제할 수 없습니다. 여기에는 종교와 그 고유한 민족의 언어도 포함됩니다"(63항).

　기술과학 홀로 지구와 인간존재에 가하는 생태적 공격을 막아낼 수 없습니다. 우리의 글로벌 마을은 최악의 상태이고, 환경 훼손에 의해 무겁게 상처를 입었습니다. 여전히 최악의 상태가 도달하고 있습니다. 우리는 온실 효과가 우리에게 고통을 줄, 기후변화의 넘치는 힘의 경험을 하고 있습니다. 우리의 운명을 살해하고 있는 바다 오염과 산성비로 옮겨가는 유황 산화물과 탄소에서 피할 수 없는 현재의 이산화탄소 결과들이 바닷속 현실이 되었습니다. 곧 남태평양 솔로몬 군도의 5개 섬들이 이미 침몰됐습니다. 바다는 아프리카 가나의 어떤 도시들 해변을 삼켜버렸습니다. 마샬군도 역시 갑작스럽고 절박한 위험 속에 있습니다. 세계은행 김용 총재는 2014년이 마지막 15년 동안 기록된 가장 무더워진 한 해였다고 확언하고 있습니다. 그는 다음과 같이 지적하고 있습니다. "세상은 인간존재와 동물들이 견딜 수 있는 가운데 생리학적 한계들에로 도달하는 극단적 온도를 기록하고 있는 중이다."

땅, 물, 가스, 동물, 숲 등 천연자원의 불법사용과 남용이 과도한 탐욕, 농업 그리고 강력한 사육, 탈산림화의 원인이 되었습니다. 사하라 남부 아프리카 국민의 70% 이상이 그들의 식량을 위해 숲으로 뒤덮은 땅과 산림에 의존하고 있습니다. 시골가정들의 일용품들이 산림에서 옵니다. 땅, 숲, 산림들은 전방적인 에너지 60%정도를 공급하고 있습니다. 사람은 성장에 있어서 그 가족들을 부양할 수 있도록 경작이 가능한 땅을 확장하는 목표에 숲들을 취할 것입니다.

인류에게 해악을 끼칠 생태위기와 지구를 위한 생태영성

지구의 증대된 빈곤과 인류에 해악을 끼치는 생태위기는 존재하지 않는 누구로부터 오는 '원죄'의 모습입니다. 창조 때 인간은 죄의 남용으로 죄 안에 결합되었습니다. 이렇게 인간들이 벌이는 세상의 파괴는 원죄의 동기로서 피할 수 없게 예상되었습니다.

이 원죄에서 벗어나기 위해 우리는 대부분의 기초 필수품들이 풍족하지 않아야 하고, 식기세척기, 로봇청소기 등 가전제품들의 구입을 조절해야 합니다. 우리 지구의 한계 자원들의 보호와 가난한 자들의 권리와 존엄성을 위한 고려를 강력히 요구합니다. 『찬미받으소서』에서 프란치스코 교황은 땅의 가난한 자들뿐만 아니라 땅 자체를 파괴하는 자들처럼 바라보고, 각자 삶의 양식을 재검토하도록 모든 이들을 초대합니다. 프란치스코 교황은 "우리가 마지막 2세기 동안처럼, 남용하였고, 우리 공동의 집을 공격했다"(53항)고 고백합니다. 이제 우리가 자연세상을 위해 자비와 사랑의 배려 안에서 우리의 시선들을 확장하고 신성한 노동을 하는 것이 절대로 필요합니다. 참으로 더 이상 우리가 땅을 사랑하고 존경하지 않으면 다른 것을 참으로 사랑할 수 없습니다.

생태적 위기와 강한 개인주의 시대에 우리는 인간관계를 다시 해석해야 합니다. 우리 지구 공동의 집 사람들은 창조와 함께 상호성을 향해, 연대적 관계를 형성해 가며 세상을 배우도록 초대되었습니다. 생명은 영적 물적 나라들의 내면에 그리고 그들 사이에 있는 총체성과 우주적 조화의 보증입니다. 지구에 살고 있는 자연과 사회 사이에 나눌 수 없는 관계가 있다는 점입니다. "우리가 '환경'이라고 말할 때 이는 자연과 그 안에 존재하는 사회가 이루는 특별한 관계를 의미하는 것입니다. 그래서 자연을 우리 자신과 분리된 것이나 단순한 우리 삶의 틀로만 여기지 못하게 됩니다. 우리는 자연의 일부이며, 자연에 속하므로 자연과 끊임없는 상호 작용을 합니다"(139항)라고 프란치스코 교황님께서 말씀하십니다. 다른 말로, 자연과 더불어 상호성과 존중과 함께 한다면 풍성한 삶을 살 수 있게 됩니다.

"맞벌이에 가사 노동을 줄이려고 식기세척기, 로봇청소기의 가전제품들을 구입하는 것이 노동을 최소화하려는 잘못된 행동인지?"라는 질문자의 소박한 물음이 이제 지구 공동의 집의 생태위기와 그 대안 영성에로 확장되기를 바라는 마음을 가져봅니다. 우리 모두 지구 공동의 우리 집을 살리기 위해 일상에서 사람들과 함께 그 영성으로 서로 연대하는 길이 세상에서 참으로 노동을 하는 인간으로서 삶을 이어가고 있는 것이라고 말할 수 있을 것입니다.

결혼과 종교,
두 마리 토끼를 잡고 싶어요

Q 부모님은 꼭 천주교 신자와 결혼해야 한다고 합니다. 그런데
진지하게 만나고 있는 사람이 천주교 신자가 아닙니다. 마음에도
없는데, 결혼을 위해 가톨릭 세례를 받는 것도 싫다고 합니다. 종교
때문에 헤어져야 하는지, 아니면 부모님 뜻을 거스르고 결혼을 밀
어붙여야 하는지 판단이 서지 않습니다. 도와주세요.

A 공감과 대화를 통한 자유로운 동의

천주교 신자와의 결혼을 강하게 바라시는 부모님, 그리고
마음에도 없는 가톨릭 세례받는 것을 싫어하는 배우자 될 상
대, 한편 부모님의 뜻을 거스르고 결혼을 밀어붙여야 하는지
판단이 서지 않는 당사자, 참으로 어렵고도 힘든 상황입니다.
그런데 어느 쪽을 선택하여도 다 같이 바라는 바를 해결해 줄
수 없다는 것이 분명해 보입니다. 그러므로 각자의 뜻을 존중
하면서도 하나씩 서로 바라고, 받아들일 수 없는 부분을 구체

적으로 식별해서 선택과 집중을 하는 방법을 취하는 것이 가장 합리적이고 관계를 맺어갈 수 있다고 생각합니다.

부모님은 천주교 신자와 결혼시키려는 그 원의를 살펴볼 필요가 있습니다. 또한 배우자가 될 상대의 뜻을 살펴 이해할 필요도 있습니다. 즉, 스스로 선택하여 종교에 입문하기보다는 결혼을 전제로 한 조건부, 마음에도 없는 가톨릭 세례를 받기에 어떤 어려움이 있는가를 이해할 필요가 있습니다. 그런데 무엇보다 중요한 점은 오늘 질문하시는 당사자 입장입니다. 부모의 뜻을 거스르고 밀어붙이느냐? 종교 문제로 배우자 될 상대방과 헤어져야 하느냐? 어느 쪽 한 가지를 선택할 수 없는 상황에 직면한 질문 당사자가 가장 난처한 입장입니다. 그렇기 때문에 부모님, 배우자 될 상대 그리고 본인이 어떻게 대화를 통해 합의하고 자유로운 동의로 이 어려운 관계의 문제를 헤쳐 나가야 할지 정말 힘들겠다는 생각을 합니다.

그러므로 부모님에게는 결혼을 전제로 한 세례의 어려움을 느끼는 자에 대한 바른 이해, 배우자가 될 상대에게는 세례를 받고 천주교 혼인을 원하는 부모님의 뜻을 옳게 전달하는 것이 필요합니다. 다시 말해서 부모님과 배우자 될 상대가 서로 뜻이 다른데, 배우자 될 상대에게는 천주교 세례를 받고 올리는 혼인의 뜻을 잘 전달하는 것이 필요하다고 봅니다. 하지만 이것도 결혼을 전제로 하면 그 자체로 받아들일 수 없는 입장이라, 결정적으로는 천주교 신자가 되는 문제 안에 해결과 꼬임이 함께 있으므로 부모님과 배우자 될 상대 가운데 누군가 양보하거나 포기해야 문제가 해결됩니다.

이제 문제 해결을 위해 정면 대결이 아닌 제3의 방법을 찾아본다면, 어떤 점에서 이것도 부모님 방식에 가깝긴 하지만, 일단 결혼을 하고 부모님의 뜻을 진지하게 받아들여 천주교를 이해하면서 자신이 세례를 결혼조건이 아니라 스스로 받아들일 수 있는 시기와 방법을 찾아보는 것입니다. 그러므로 필자는 배우자 될 상대를 위해 세례란 무엇인가? 그 의미를 간단하게 나누고자 합니다. 이 글을 통해 부모님은 상대방을 또 배우자 될 상대는 부모님의 뜻을 이해하는 데 도움이 되기를 기도하는 마음으로 전합니다.

세례는 파스카 해방의 새로운 사건

구약에서 세례를 뜻하는 하느님의 많은 징표들이 나타납니다. 이스라엘 백성이 이집트에서 탈출해 홍해바다를 건너는 해방사건, 시나이 광야를 지나는 여정, 약속의 땅에서 요르단강을 건너는 표징들을 통해서 세례의 뜻 '새로움'이 드러납니다. 출애굽 해방사건의 특별한 징표는 구원의 상징과 약속에서 드러나는 새로움의 사건입니다. 모든 역사는 많은 위험을 안고 있지만, 그 고통과 질곡에서 하느님은 당신의 백성을 새로 나게 구원하였습니다.

그리스도인들은 구약의 출애굽에서 교회의 삶과 모든 그 구성원들의 구원을 새로움의 상징으로 읽어내고 있습니다. 홍해를 건너가는 파스카는 세례, 곧 죄의 종살이에서 해방되는 새로움의 상징입니다. 이스라엘 백성은 사막의 광야인 고통의 여정을 통해 새로움의 땅, 가나안으로 들어가는 체험을 합니다. 그러면 광야에서 사람들이 겪는 최고의 큰 위험은 무엇일까요? 그것은 잔인한 맹수가 아닙니다. 이는 새로움을 향하는 길을 잃어버리고, 배고파 죽을 것 같은 유혹입니다. 우리 가운데 아무도 우리 인생의 광야에서 새로움으로 가는 구원이 현실화되도록 인도되는 길을 알지 못합니다. 사실 우리는 살아 숨 쉬는 여정에서 늘 누군가 나의 손을 잡고 새롭게 인도하고 계십니다. 그분이 바로 하느님이십니다. 그곳에서 우리는 삶의 큰 징표, 새로움을 관상해 볼 수 있습니다.

세례는 맑게 새로남입니다

"너희의 속은 탐욕과 사악으로 가득하다"(루카 11,39). 씻는 것은 인간 육체에 쌓인 외적인 먼지와 흙을 제거하는 것입니다. 같은 모양으로 윤리적 의미에서, 죄 또는 나쁜 생각은 마음에서 외적인 것인데 우리는 어떻게 그것으로부터 벗어나 그것을 씻어낼 수 있을까요? 종교인들은 씻어낼 수 있어 '예' 라고 말하면서 정화를 위한 신앙을 표현하고 있습니다. 그러나 모든 잘못들이 물로 씻어질 수 있는 것은 아닙니다. 셰익스피어의 『맥베스』 소설에서 살인자는 손을 계속 씻고 있습니다. 피의 더러운 흔적들이 항상 보이기 때문입니다.

힌두교인들은 갠지스 강물에서 씻고 있습니다. 그들에게 그 강은 거룩한 강입니다. 그런데 그 강물이 그리스도인들에게 정화되는 세례의 물과 같은 상징일 수 있나요? 그리스도교 세례의 물은 거룩한 것이 아니라 교회의 말씀과 정화의 힘에 의해 축성된 보통 물입니다. 그래서 사제는 축성된 그 물을 사람에게 부으며 "나는 성부와 성자와 성령의 이름으로 세례를 줍니다"라고 말합니다.

깨끗이 씻어진 마음과 정신은 하느님의 은총, 세례자의 신앙고백을 통해 선행하려는 원의를 선물받습니다. 신적인 말씀과 인간적인 말씀은 서로 하나가 되는 만남을 통해서 우리가 마음을 씻고 물 안에서 새롭게 태어나 창조됩니다.

복음에서 먹기 전에 손을 씻는 것은 유기체인 몸에 유독할 수 있는 세균을 위생학적으로 소독하기 위해서만이 아니라 종교적인 의미를 가지고 있습니다. 곧 우리는 생각들을 통해서도, 정신 안으로 들어가는 것에서도 주의를 기울여야 합니다. 우리는 많은 생각을 우리 안에 들어가게 두지만 씻지는 않는 경향이 있습니다. 곧 우리에게 다가오는 것을 정확히 바라보고, 생각 안에 하느님으로부터 받은 선물, 자유를 간직하고, 하느님의 말씀에 의해 의롭게 되어야 합니다.

영적인 정화는 생각을 조절하는 능력을 의미합니다. 어떻게 구체적으로 그렇게 할 수 있을까요? 함께 자리에 없는 부재중인 사람에게 의롭지 못한 판단 또는 혼란하게 하는 소식을 우리는 종종 듣습니다. 행동 이전의 생각에 선이 머물고 있는지 살피고 질문하는 것이 우리에게 좋고 중요합니다. 마음과 정신은 우리에게 마치 거울과 창문의 유리와 같습니다. 맑은 거울이 나를 바라보고 맑은 유리가 하느님과 세상을 바라보게 합니다.

세례 때 이마에 물을 부음은 마음의 정화, 내적인 정화가 삶으로 충만하게 성장하는 것을 의미합니다. 우리가 세례로 새로남은 하느님 백성에 소속되어 있는 것을 강조하고 있는바, 이는 구약에서 할례의 의미와 연관되고, 계약에서 나타내는 생명의 증거입니다.

세례 때 우리는 사제로부터 "무엇을 청합니까?"라는 질문에, "신앙을 청합니다"라고 응답합니다. 사제는 "신앙은 우리에게 무엇을 줍니까?" 하고 묻습니다. 그러면 우리는 "영원한 생명을 줍니다"라고 대답합니다. 세례는 신앙 안에서 영원한 생명으로 '새롭게 태어남'입니다.

삶은 시간과 함께 지나갑니다. 그렇다고 단지 시간이 삶에 의미를 주지는 않습니다. 우리가 삶에서 만나는 모든 사람들은 언젠가는 떠나고 죽습니다. 그러나 하느님은 영원하시고 결코 우리를 떠나지 않으십니다. 우리는 하느님을 신앙 안에서 만나면서 영원한 생명 안으로 새롭게 들어가는데, 그것이 이미 지금 여기에서 세례를 통해서 이루어지고 있습니다.

바오로 성인은 세례받은 이방인들에게 다음과 같이 말하고 있습니다, "그러나 이제, 한때 멀리 있던 여러분이 그리스도 예수님 안에서 그리스도의 피로 하느님과 가까워졌습니다"(에페 2,13). 세례성사는 그리스도의 참 포도나무에 우리를 접붙인 성사입니다. 영성체는 우리의 살아 있는 유기체 안에 그리스도의 생명이 수혈 주입되는 불멸의 음식입니다. 고해성사, 병자성사 등 치유의 성사는 썩기 시작한 가지를 치료하는 약입니다.

이 모든 가지들은 목표가 분명합니다. 바로 그리스도와 함께 그분 안에서 있는 것입니다. 초기교회에서 첫 축복은 바로 세례입니다. 이 세례와 함께 하느님의 축복은 인간적인 협력에 일치합니다. 그러므로 혼인은 세례받은 부부가 서로 협동하고 일치하며 가정 안에서 새롭게 탄생하는 공동 축복의 출발점이고, 하느님 축복의 초대에 부부가 함께 동의하는 응답입니다.

아이에게 세례를
언제 주어야 하나요?

Q 아들이 결혼을 하였는데, 손주들에게 세례를 시키지 않습니다. 왜 그러냐고 했더니, 아이들이 다 커서 천주교를 긍정적으로 받아들일 의향이 있을 때 세례를 받게끔 하고 싶다는 것입니다. 제 마음 같아선 몰래 데려가서라도 세례를 주고 싶지만, 그렇게 할 수도 없고…. 더 강요할 수도 없어 눈치만 보고 있습니다. 이런 상황 어떻게 극복할 수 있을까요?

A 커서 긍정적으로 받아들일 의향

손주들에 대한 신앙을 아주 귀하게 여기는 자매님의 마음을 느낄 수 있습니다. 한편 결혼한 아들이 자녀에게 세례를 시키지 않는 모습에, 어머니는 얼마나 마음이 불편하시고 마땅치 않으신지 느낍니다. 아버지가 자녀에게 세례를 시키지 않는 이유로 "아이들이 다 커서 천주교를 긍정적으로 받아들일 의향이 있을 때 세례를 받게끔 하고 싶다"고 말하는데요.

그렇다면 그 말을 뒤집어 보면, 아이들이 다 커서 천주교를 긍정적으로 받아들일 의향이 없다면, 세례를 받지 않아도 된다는 말로도 이해되는군요. 분명한 것은 모든 사람이 이 세상에서 태어날 때, 누구도 태어나겠다고 긍정적인 의향이 있을 때 세상에 탄생하지는 않았습니다.

필자도 21년 전 본당 신부를 할 때부터 성당에서 혼인하는 예비 신랑, 신부가 찾아와 혼배 문서를 작성하면서, 자녀에 대한 세례와 신앙교육에 관해 질문하면 적지 않은 젊은 부부들이 이구동성으로 이렇게 말하곤 했습니다. 신앙은 자유로운 개인의 의향으로 선택할 문제라고 말입니다.

그런데 인생에서 역시 의향이 있어 선택할 수 있는 것도 분명 존재하지만, 인간의 본질적인 부분에서는 의향과 선택이 중요하지만, 반드시 모든 것이 인간 자신의 결정으로 이루어지는 것만 존재하지는 않습니다. 예를 들어 인간 생명의 시작과 끝 곧 탄생과 죽음은 인간의 몫이 아니라 하느님의 몫이기에 인간의 권한을 넘어섭니다. 이런 것을 그리스도교 신앙에서는 '부르심'이라고 말합니다.

낙태금지법 폐기

예를 들어 2017년 11월 국회 청원에 오르며 이슈가 되었던 낙태금지법 폐기 청원에 대한 문제가 그렇습니다. 일부 국민들이 여성 자궁의 개인 소유를 주장하면서 낙태금지법 폐기를 청원하고 있는데, 사실 이러한 움직임은 분명 낙태금지법이 원치 않은 임신을 한 여성에게만 고스란히 책임문제가 전가되고 불이익을 당하기 때문에 국가, 남성, 사회, 종교가 함께 원치 않는 임신에 대한 공동 책임에 대한 입법을 하는 것이 되어야 합니다.

한국사회는 OECD 국가에서 낙태, 자살 등 생명을 끊는 비율이 최고로 보이고 있습니다. 이에 대한 것도 생명과 죽음의 권한은 인간이 아니라 하늘에 있는 인간 최고 존엄성과 깊은 관련이 있습니다. 다시 말해, 선물로서 죽음이 다가오기 전에 죽지 말아야 합니다. 또한 선물로서 죽음이 다가오기 전에 죽이지 말아야 합니다. 생명과 죽음은 인간이 아니라 하느님께 권한과 책임이 있기 때문입니다. 그런데 한국 사회는 생명의 시작과 끝, 탄생과 죽음에 대해 인간이 얼마나 함부로 결정하고 판단을 많이 하고 있는 실정에 있습니까.

너는 복이 될 것이다

다시 본래의 논점으로 돌아가면, 자녀가 세례를 받고 안 받고의 결정과 그 권한과 책임은 부모에게 있는 것이 아니고, 아기에게 있는 것도 아닙니다. 다시 말해서, 인간인 우리가 그것을 받는다 안 받는다 결정할 권한이 없는 것입니다. 생명과 죽음도 다가오는 하느님의 선물로서 인간이 결정하고 의향이 있어서 선택하는 것이 아닙니다. 인간은 다가오는 하느님의 선물을 "예" 하고 응답하면 됩니다. 그러므로 세례에 대한 것은 결정과 선택의 문제가 아닌 하느님의 선물로 다가오고, 하느님 축복의 초대에 응답하는 "예"가 우리 인간의 몫입니다. 그러므로 유아세례에서는 어린아이가 응답할 수 없으므로 부모가 친히 자녀를 책임 있게 양육하고 인격적으로 성장할 수 있도록 돕도록 대리하여 "예" 하고 응답해야 하는 것이 부모의 몫이 됩니다.

이런 점에서 필자는 성경에서 하느님의 부르심과 인간의 응답, 곧 믿음의 조상과 믿음의 모범인 두 사람을 소개하려고 합니다. 첫째는 구약에서 믿음의 조상, 아브라함의 부르심과 응답입니다. 하느님께서 아브라함에게 말씀하십니다. "네 고향과 친족과 아버지의 집을 떠나, 내가 너에게 보여 줄 땅으로 가거라. 나는 너를 큰 민족이 되게 하고, 너에게 복을 내리며, 너의 이름을 떨치게 하겠다. 그리하여 너는 복이 될 것이다"(창세 12,1-2). 물론 아브라함은 하느님의 부르심에 무척 갈등하였을 것입니다.

그렇지만 아브라함은 아버지를 모시고 고향을 떠납니다. 하란에서 아버지를 하느님 품에 보내드리고, 가나안에 도착하자 재산 분쟁으로 조카 롯과 헤어지는 고통을 겪습니다. 이때 하느님께서 아브라함의 믿음을 다시 한번 어루만져 주십니다.

아브라함의 믿음이 완벽해서 하느님의 부르심에 아브라함 신앙의 의향이 긍정적으로 생겨 믿음의 조상이 된 것이 아닙니다. 고통스럽고 의심스러우며 불안한 아브라함의 믿음을 하느님께서 어루만져 주시고 위로해 주시며 함께 동행을 하시기에 불완전했던 아브라함의 믿음이 성장할 수 있었습니다. 하느님께서 셀 수 없이 많은 자손을 주시겠다고 하셨지만, 99세가 된 아브라함은 자식 하나 없었습니다. 이런 상황에 아브라함도 믿음이 약해지고 의심스러울 때도 많았습니다. 하지만 실수하고 의심하는 아브라함에게 하느님은 친히 오셔서 믿음의 마음을 다독여 주십니다(창세 15장 참조). 그렇지만 아브라함은 이러한 어려움에도 하느님을 정면으로 부정하고 거부하지는 않습니다.

"예, 주님의 종입니다. 말씀하신 대로 저에게 이루어지기를 바랍니다."

둘째는 신약에서 믿음의 모범, 마리아의 부르심과 응답입니다. 마리아는 처녀입니다. 마리아는 자신에게 하느님으로부터 아기를 청하지도 않았습니다. 그런데 천사는 마리아에게 나타나 말씀합니다. "'은총이 가득한 이여, 기뻐하여라. 주님께서 너와 함께 계시다.' 이 말에 마리아는 몹시 놀랐다. 그리고 이 인사말이 무슨 뜻인가 하고 곰곰이 생각하였다. 천사가 다시 마리아에게 말하였다. '두려워하지 마라, 마리아야. 너는 하느님의 총애를 받았다'"(루카 1,28-30).

"마리아가 천사에게, '저는 남자를 알지 못하는데, 어떻게 그런 일이 있을 수 있겠습니까?' ⋯ 마리아가 말하였다. '보십시오, 저는 주님의 종입니다. 말씀하신 대로 저에게 이루어지기를 바랍니다'"(루카 1,34.38).

신앙에로 초대하는 하느님의 부르심에 아브라함과 마리아와 같이 자유로운 동의를 거쳐 응답하는 것을 우리는 신구약 믿음의 조상과 믿음의 모범을 통해 보았습니다. 우리는 하느님의 모습을 닮도록 완벽하게 창조된 존재이지만, 세상을 살아가면서 의심과 어려움과 갈등을 겪으면서 그 모습을 잃어버리게 됩니다. 하지만 걱정하지 말 것은 하느님께서 줄곧 우리를 다시 초대하시고 우리의 믿음을 다독여 주시는 은총을 내려 주신다는 사실입니다.

아브라함도 인간적인 완벽한 믿음 때문이 아니라 하느님의 도움과 동행 그리고 은혜를 믿기에 부족하지만 그 부르심에 지속적으로 성장하는 믿음을 살아갔습니다. 마리아도 천사의 말씀을 듣고 몹시 놀랐으며, 도대체 이것이 무슨 뜻인가 하고 곰곰이 생각하였습니다.

신앙의 초대에 대한 인간의 응답은 맹종도 아니고 그렇다고 자신의 결정도 아닙니다. 그렇다면 무엇일까요? 교회가 지속적으로 말하고 있는 것은 '우리의 응답'이라고 고백합니다. 물론 '자유로운 동의를 통한 응답'입니다.

오늘 질문하신 물음에서 아이들이 다 커서 천주교를 긍정적으로 받아들일 의향이 있을 때 세례를 받게끔 하고 싶다는 아이 아빠의 생각은 그리스도교 신앙의 의미를 다시 한번 깊이 느껴보고 성찰하면 좋겠다는 말씀을 드리고 싶습니다. 긍정적으로 받아들일 의향은 바로 아버지께서 그런 믿음의 삶을 지금부터 자녀와 함께 인격적으로 살아가는 것이고, 그 응답이 바로 아브라함과 마리아의 응답 "예"라고 말씀드립니다.

신앙은 유산입니다. 특히 부모가 신앙인일 경우가 그렇습니다. 재산도 유산일 경우에 자녀에게 적법한 상속이 이루어지는 것처럼, 신앙의 유산은 더욱 부모의 신앙생활을 어려서부터 함께 나누는 살아 있는 유산 상속이 요청된다고 믿습니다.

누군가를
돕는 일이란?

Q 나름 장애인 단체나 어렵게 사는 이들을 위해 기부합니다. 그런데 막상 노숙자나 장애인을 만나게 되면 먼저 손을 내밀게 되진 않습니다. 이런 모습이 모순된 것 같은데, 막상 닥치면 행동으로 옮겨지지 않습니다. 제 행동 어떻게 개선할 수 있을까요?

A 교우분들은 본당이나 교구의 봉사단체나 신심단체모임 그리고 소공동체에서 여러 가지 다양한 모양으로 봉헌금을 내어 모인 금액으로 장애인 단체나 독거노인 그리고 어려운 분들을 위해 사랑의 나눔을 실천합니다. 또한 개인적으로 전국에 있는 수도회 후원회, 선교단체, 봉사모임 및 성당건립 등을 위해 아낌없이 봉헌을 생활화하고 있습니다.

오늘 묻고 계신 질문에서 나름 장애인 단체나 어렵게 사는 이들을 위한 공동체를 돕는 것과는 상대적으로 막상 노숙자나 장애인을 만나게 되면 먼저 손을 내밀게 되진 않는다고 말씀하십니다. 이런 모습이 모순된 것 같은데, 막상 닥치면 행동으로 옮겨지지 않는다고 고백하시면서 어떻게 그런 행동을 개선할 수 있겠는가를 묻습니다.

충분히 공감이 갑니다. 분명한 것은 아직은 우리나라가 서양과 달리 개인주의 문화라기보다 공동체 또는 조직 중심으로 움직이는 집합체 문화라서 개인 대 개인으로 도네이션을 하는 데 어려움을 가지고 있는 것이 사실입니다. 이와 같은 행동을 어떻게 개선할 수 있을까라는 물음에 우리는 구약보다는 신약성경의 복음 속에서 그 해답을 발견하고 실천할 수 있다고 봅니다. 복음의 가치는 구약의 집단 내지 공동체 중심, 곧 이스라엘 백성 전체를 아우르는 집단 구원의 정신과는 새롭게 작은 이 하나에게 해 준 것이 나에게 한 것이라는 마태오 복음의 최후의 심판 정신, 잃은 양 한 마리, 은전 한 닢 등 개인 하나하나의 구원을 위한 가치를 제시하고 있습니다. 그러므로 우리도 지금 구체적으로 나의 도움을 필요로 하는 자의 이웃이 되어 주는 착한 사마리아 사람이 되는 삶이 요청됩니다.

기부문화의 복음적 가치

프란치스코 교황님은 2014년 8월 16일 한국을 방문하시고 꽃동네에서 한국의 평신도 사도직에 종사하는 교우들에게 복음의 풍요로운 가치를 증거하도록 다음과 같이 나누셨습니다.

"오늘 교회는 복음이 지닌 구원의 진리와 사람의 마음을 정화하고 변모시키는 복음의 능력, 그리고 일치와 정의와 평화 안에서 인류 가족을 일으켜 세우는 복음의 풍요로움을 보여주는 평신도들의 믿음직한 증언을 필요로 합니다. 특별히 저는 가난한 이들과 도움이 필요한 이들에게 다가가는 일에 직접 참여하는 여러 단체의 활동을 높이 치하합니다. 한국의 첫 그리스도인들이 보여준 모범처럼, 신앙의 풍요로움은 사회적 신분이나 문화를 가리지 않고 우리 형제자매들과 이루는 구체적인 연대로 드러납니다."

교황님은 자선 사업을 넘는 인간 증진을 위한 평신도로 초대하십니다. "활동은 자선 사업에 국한되지 않고 인간 성장을 위한 구체적인 노력으로 확대되어야 합니다. 자선뿐만 아니라 인간 증진으로 확대되어야 합니다. 가난한 이들을 돕는 것은 반드시 필요하고 좋은 일이지만, 그것으로 충분하지는 않습니다. 저는 여러분이 인간 증진이라는 분야에서 더 많은 노력을 기울여 주시도록 격려합니다."

교황님은 "스스로 가난한 교회가 돼라!"고 말씀하십니다. 한국 사회는 화려한 경제성장을 이룬 반면 부의 양극화라는 어두운 면을 가지게 되었습니다. 한국 교회 역시 급격히 성장을 하면서 가난한 사람들이 발을 들여놓기 쉽지 않은 구조가 되어버렸습니다. 교회가 가난하지 않으면 불의와 부패에 맞서는 '예언자적 직무'를 소홀히 하게 될 위험이 있습니다. 교황이 바라는 교회는 '가난한 이들을 위한 가난한 교회'입니다. 우리는 가난한 이들에게서 많은 것을 배울 수 있습니다. 우리는 모두 가난한 이들에 의해 복음화되어야 합니다.

교회 공동체의 뿌리인 구약성경의 히브리인들은 본디 가난한 사람들의 집단을 말합니다. 신약성경의 최후심판에서 예수님께서 양이 되는 구원의 길은 가장 보잘것없는 가난한 사람 하나에게 해 준 것입니다(마태 25,40 참조). 가난한 이들과의 연대는 자선도 아니고 우리들의 성소(聖召)입니다. 자기 자신의 삶에 빠져 가난한 이들과 가까이할 수 없다고 말하면 안 됩니다. 우리는 더 이상 시장의 눈먼 힘과 보이지 않는 손을 신뢰할 수 없습니다. 정의의 증진을 경제성장을 전제로 하면서도 더 나은 소득분배와 일자리 창출도 넘어서 가난한 이들의 온전한 진보를 분명히 지향하는 결정, 계획, 구조, 과정을 요구해야 합니다. 교황은 "자신의 생활 방식에 따라 관심을 더 쏟아야 하는 다른 일들이 많아서 가난한 이들을 가까이할 수 없다고 어느 누구도 말해서는 안 됩니다"(『복음의 기쁨』, 190-192항)라고 강조합니다.

봉헌생활

"내가 바라는 것은 희생 제물이 아니라 자비다"(마태 12,7).

나라마다 부패지수가 다르게 나타납니다. 대개는 부패의 원인이 되는 것을 잘 알고 있는 데서 발생합니다. 아는 자들 사이, 친구들 사이에서 편애함으로써 부패가 발생하는데, 공직사회에서도 친인척 혈연, 학연, 지연 등에서 부패가 발생하는 것과 같습니다. 기본이 되어야 하는 것은 어떠한 희생도 그 과정이 깨끗하고 바르며 정의롭게 이루어져야 합니다.

율법의 목적은 하느님을 위한 사랑입니다. 그런데 그 사랑이 이웃을 위한 사랑과 분리될 수 없는 것입니다. 또한 이웃을 사랑하기 위해 하느님을 배반할 수 있을까요? 긍정적으로 바라보는 사람이 바리사이의 생각과 반대해서 말하길 "사랑은 계명보다 더 가치가 있습니다." 이웃 사랑은 하느님 사랑에서 떨어질 수 없습니다. 하느님께서 이웃을 사랑하듯이 우리가 이웃을 사랑한다면 사랑은 모든 계명보다 더 가치가 있습니다. 세상의 눈이 아니라 하느님의 눈으로 보아야 그 사랑이 보일 것입니다(마태 12,1-8 참조).

부족한 한 가지를 뛰어넘어라!

구약성경에서 완전한 사람은 역시 의로운 자입니다. 의로운 사람은 모든 율법계명을 지키는 사람, 마치 요셉과 같은 인물입니다(마태 1,19 참조). 음악을 공부하는 사람은 화성악을 공부하여야 합니다. 화성악은 조화의 규칙을 배우는 것이지만, 화성악을 배웠다고 모두 작곡을 하는 것은 아닙니다. 작곡가 지망생들은 새로운 창조적인 음악을 만들고 표현하기 위해서 화성악을 배우는 것은 시작에 불과한 것을 압니다.

행복한 삶에서도 동일합니다. 단순히 기록되어 있는 규칙과 법을 지키는 것에 머무르지 말고 그것을 넘어설 때 행복합니다. 곧 법과 규칙을 넘어서서 지금 굶주리고 우는 사람에게 관심과 사랑을 살아가야 합니다. 사랑은 규칙과 의무의 한계를 넘어섭니다. 요즘 우리에게 부족한 하나는 규칙과 법적 의무를 잘 지키면서도 그 한계를 넘어선 나눔의 사랑실천인데, 그것이 많다면 적지 않은 이들이 행복할 것으로 믿습니다.

그리스도 계명도 같은 목적을 가지고 있습니다. 위험에서 보호하고 의로운 방법으로 살아갈 필요가 있습니다. 예수님을 찾아온 젊은이에게 부족한 하나는 이것을 넘어선 사랑이었습니다(마르 10,17-27 참조).

작은 일에 충실하라!

콜카타의 성녀 마더 데레사 수녀는 "우리는 이 세상에서 위대한 일을 할 수 없다. 단지 위대한 사랑을 갖고 작은 일들을 할 수 있을 뿐이다"라고 말하였습니다. 데레사 수녀는 거창한 일을 한 것이 아니라 지금 여기서 삶을 불행하게 마친 사람들을 거두는 아주 작지만 아름다운 일을 한 것입니다. 그 작은 일이 세상을 변화시키는 원동력이 된 것입니다. 우리에게는 세상을 바꿀 만한 힘도 없지만, 세상을 좀 더 밝은 곳으로 만들기 위해 맨 앞에 직접 나설 필요 또한 없습니다. 우리가 할 수 있는 일이라곤 지금 당장 실천할 수 있는, 작은 실천들뿐입니다. 그러나 사소한 봉사조차 행동으로 옮기기란 결코 쉬운 일이 아닙니다.

필자는 2007년 안식년을 용인의 한 수도원에서 지냈는데, 그곳에 노인 요양원 '행복한 집'이 있어서 일요일마다 미사를 봉헌하였습니다. 처음에는 그들을 위해 주일미사를 해드린다는 생각이었지만, 시간이 지나면서 그들이 나를 위해 함께 미사에 참례한다고 느꼈습니다.

기부금에 대해서도 대기업들처럼 많이 내는 것만이 위대한 행동이 아니라 요양원에서 1시간 동안 자원봉사를 하거나 스스로 부양할 수 없는 누군가를 위해 오천 원짜리 선물을 하는 것 또한 위대한 행동입니다. 우리는 이제 혼자 의미 있는 작은 일을 하는 것에 자신감을 가질 수 있습니다. 혼자 할 수 없을 때 가까운 이웃들과 함께 용기를 내어 작은 것부터 실천해 보는 것도 좋습니다. 친구들이나 동호회원들 가족들과 함께 우리가 할 수 있는 일을 찾아보는 것이 필요한 용기입니다.

영성체 대신
안수 괜찮은가요?

Q 고해성사를 보지 못해 미사 때 성체를 못 모시게 되었습니다. 그런데 간혹 예비신자들은 성찬례 때 성체를 영하는 대신 안수를 받잖아요? 혹 세례받았지만, 영성체 할 수 없는 상황에선 영성체 대신 안수를 받고 들어와도 되는지요?

A 안수기도는 비통상적 축복기도입니다

아! 영성체를 하지 못했지만 그래도 요즘 미사 영성체 때, 사제가 예비신자들과 유아들에게 축복을 하는 안수를 받고 싶은 마음, 정말 공감하고 그렇게 하면 얼마나 좋을까? 하고 필자도 생각합니다. 물론 제가 본당 신부라면 그렇게 하고 싶을 정도입니다. 그런데 가만히 생각해 보면, 안수기도는 좋은 것이니 축복을 받아야 한다든지, 또는 받아서는 안 된다고 말씀을 드리기보다는 안수기도에 대한 정확한 교회 전승 안에서의 의미, 그리고 성체성사의 신비에 대한 올바른 이해가 선행되

189

어야 합니다.

간혹 어느 본당에서는 영성체를 하지 않고 앉아 있는 사람들이 영성체하러 나가는 사람들을 방해한다는 이유로 모두 나와서 안수기도를 받으라고도 합니다만, 이는 신중하게 생각해야 합니다. 하여간 영성체를 하지 못할 때, 안수기도가 그것을 대체할 수 없습니다. 그러한 이유를 상세하게 말씀드리고자 합니다.

영성체와 안수기도는 서로 다르게 구별되는 교회론적인 이유가 있습니다. 영성체는 교회의 본질이 드러나는 그 공동체 존재의 의미로서 그리스도의 현존에 참여하는 친교의 행위이고, 안수기도는 사도로부터 이어오는 전승에서 교회의 조직이 구성되고 형성하는 데서 이어지는 축복입니다.

안수(按手)는 사람의 머리에 손을 얹어 축복하는 행위인데, 하느님의 영 또는 권한을 부여하는 표시로 축성과 축복 예식 때 행합니다. 안수기도는 사제가 기도를 받는 사람의 머리 위에 손을 얹고 기도하는 것이지만, 반드시 성직자가 아니라도 할 수 있습니다. 그러나 본래의 의미는 성령께서 기도를 받는 사람에게 내려오기를 간구하는 것입니다. 그래서 천주교에서 성직자들이 서품을 받을 때 성령송가를 부르면서 반드시 안수를 받습니다. 한국에서는 일반적이지 않지만, 가끔 미국의 성당에서 성령기도를 할 때 파견, 치유기도를 받는 자에게 그리

고 결혼식에서도 신랑과 신부에게 안수기도를 해 주는 경우가
있습니다.

가톨릭교회에서는 주교, 사제, 부제 서품 때 안수기도를 하
고, 특별히 사제 서품에서 사제단의 일치된 안수기도는 교회
로부터 이어오는 매우 중요한 사도적인 전승이 됩니다. 한편
신자들을 위한 견진성사에서 주교는 안수기도를 합니다. 이처
럼 안수기도는 통상적으로 이루어지는 것이 아니라 위와 같이
특별한 의미의 예식 때 이루어지는 축복기도입니다. 이제 교
회 사도성 안에서 안수기도를 상세하게 알아보고 이어서 영혼
의 양식, 성체성사에 참여하는 뜻을 살펴보고자 합니다.

교회 사도성에서 드러나는 축복, 안수기도

안수기도는 사도적인 계승 곧 사도로부터 이어온 교회 공동
체의 전승(傳承)에서 일종의 법적 형식을 따라서 합법적인 직
권자인 주교들이 주교 성품식에서 '함께' 이어 바치는 예식으
로 공공연하게 나타났습니다. 안수기도는 주교들이 교회의 전
통전례예식에서 '이어 바치는 축복기도'입니다. 어느 순간부
터 계속 전수하기 어려웠던 이 같은 기도의 계승 방식은 결국
교회의 사도성(使徒性)에 양보되었고, 교회는 총체적으로 예수
님의 부활에 관한 사도적 증언을 전수하는 의무를 자각하게
되었습니다.

그러면 사도성의 의미가 무엇인지를 살펴보아야 합니다. 교회는 자신을 사도적이라고 자각해 왔으며, 사도는 부활하신 주님을 만방에 증언하도록 곧 선교 직무의 사명을 받은 이들을 가리킵니다. 사도성은 두 가지 관점에서 이해될 수 있는데 첫째는 사도들의 '증언'과 일치합니다. 둘째는 사도들의 '직무'를 이어받아 사람들에게 예수 그리스도를 통한 구원의 복음을 전하는 소명을 포함합니다. 그러므로 사도성은 사도들의 '증언과 직무'로 요약할 수 있습니다.

사도적인 소명을 위해 주어지는 많은 은총의 카리스마 중에서도 사도 시대 이후 더욱 중요하게 부각된 교회의 직분으로는 감독직(주교직), 장로직(사제직), 부제직이 있습니다. 이 세 가지 직분이 본질적으로 교회의 창립과 병행하는데, 이러한 사도성에서 안수기도는 중요한 전승으로 자리매김해 왔습니다. 예를 들어 안수기도로 이어오는 교회의 사도성에서 주교직은 사도의 본래적인 후계자로 대변되고, 사제직은 공동체의 차원에서 혹은 일정한 소명을 따라서 주교를 대리하며, 부제직은 직접적으로는 교회의 복음 선포와 관련된 소임을 도맡게 된 직분입니다. 그러므로 안수기도는 사도들의 증언과 직무를 공적으로 교회 공동체에 드러내는 교회론적인 축복기도입니다.

그러므로 영성체를 하지 못한 대체로 안수기도를 받는 것은 그 본래의 의미를 축소시킨다고 볼 수 있습니다. 성체성사에 적극적으로 참여하는 영성체를 하도록 교회 공동체 구성원들은 초대받고 있는 것입니다. 그렇기 때문에 현실적으로 이루어지고 있는 미사전례 가운데 영성체를 하지 못하는 유아들과 예비 신자들에게 안수축복을 하는 것은 성체성사에 참여하지는 못하지만 안수기도를 통해 교회 구성원으로 초대받고 있는 것으로 해석해 볼 수 있습니다.

영혼의 양식, 성체성사에 초대된 우리

영혼 돌봄을 위한 교회의 보물은 고해성사입니다. 한국 천주교회에서 고해성사는 미사 직전 삼십 분 동안 즉결심판을 받는 것 같은 모습으로 진행되고 있는 현실입니다. 하지만 고해성사야말로 교회의 전승에서 영혼 돌봄 곧 영적 식별을 통해 받는 은총의 최고봉입니다. 영적 동반으로서 고해성사는 이미 「묻고 답하고」의 그 전(前) 호를 통해 소개하였습니다. 따라서 지금은 우리 모두가 초대된 영혼의 양식, 성체성사에 대해 알아보고자 합니다.

고해성사를 한 다음 영혼의 양식인 성체성사에 참여하는 영성체는 교회가 예수 그리스도를 통해 나누는 일용할 양식입니다. 사실 교회는 성찬례를 통해 제정되었고, 신앙의 공동체는 그리스도-몸-존재를 관할 주교의 성찬례 행위를 통해서 완전하게 실현합니다. 이 관할 주교는 다른 선임 주교들의 안수를 통해서 그 직무를 받아들이고 수행합니다. 이러한 "공동체들이 가끔 작고 가난하거나 흩어져 살더라도, 그 안에 그리스도께서 현존하시며, 그분의 힘으로 하나이고 거룩하고 보편되며 사도로부터 이어오는 교회가 이루어집니다. 사실 그리스도의 몸과 피를 나누어 받는다는 것은 다름이 아니라 바로 우리가 받아 모시는 그것으로 우리가 변화되는 것"(『교회헌장』 26항)입니다.

교회는 성만찬에 다 함께 참여하는 공동체를 의미하며, 교회의 미사는 본질적으로 교회의 신심을 대변합니다. 또한 그리스도는 당신 자신을 성찬례의 제물로 바치는 곳에 존재합니다. 교회는 성찬례 안에서 완전하게 실현됩니다. 교회는 그리스도의 몸 이상의 의미를 띨 수 없기 때문입니다. 이렇게 가톨릭교회의 교회에 대한 생각은 성찬례를 중심으로 합니다. 그러므로 고해성사를 보지 못해 미사 때 성체를 못 모시게 되었다는 점은 이해하지만 그럴수록 즉시 고해성사를 하고 영성체에 참여하는 것이 중요합니다.

미사 중에 예비신자들과 유아들이 사제로부터 받는 안수기도를 청하는 마음은 공감하지만 영성체를 대신하는 것은 안수기도의 사도적 전승과 영성체의 교회론적 의미와 거리가 멀기 때문에 그렇게 할 수 없다고 말할 수 있습니다. 다만 사목적인 배려로서 우리가 접할 수 있는 안수기도의 대표적인 모습은 사제 서품을 받은 새 사제로부터 받는 안수축복기도입니다. 그리고 성령기도에서 파견과 치유의 의미에서 받는 안수축복기도가 이루어집니다. 더 나가서 혼인성사 때, 신랑 신부에게 축복을 주는 안수기도를 행할 수 있습니다.

이제 정리를 하자면, 안수기도는 두 가지로 말할 수 있습니다. 공통적인 것은 성령의 감도를 통해 이루어진다는 것입니다. 한 가지는 사도적 전승의 형태로서 주교, 사제, 부제 서품을 통해서 이루어지고, 다른 한 가지는 사목적인 형태에서 파견과 치유로서 드러납니다. 바로 새 사제의 안수기도, 성령기도의 안수기도, 혼인성사에서의 안수기도 등이라고 말할 수 있습니다.

성체, 하루에
몇 번까지 영할 수 있나요?

Q 영성체는 하루에 2번까지 하라지만, 간혹 행사가 겹쳐 미사를 여러 대 드리게 되는 경우가 있습니다. 장례식, 결혼식, 특전미사 등…. 이왕 미사를 드리니 매번 영성체를 하고 싶은데, 정말 하루에 꼭 2번만 성체를 영해야 하는 것인지요? 그 이상은 참아야 하는지 궁금합니다.

A 물론 하루에 두 번 이상 미사를 드리는 경우는 사제도 드물고 교우들도 그렇습니다. 그렇지만 장례식, 결혼식, 특전미사를 하루 동안 드릴 기회가 간혹 생길 수 있다고 생각됩니다. 이럴 때는 말씀하신 대로 이왕 미사를 드리니 매번 영성체를 하고 싶다는 마음, 공감이 갑니다. 실제로 그럴 경우가 일년에 얼마나 자주 생길지 모르지만, 있는 것도 사실입니다. 오히려 본당의 수녀님들이 종종 2번 이상 영성체를 할 미사에 참여할 수 있다고 봅니다.

그런데 무엇보다 한국 천주교회 사목 지침서 규정은 미사에 온전히 참여하는 신자에게 하루 두 번의 영성체를 할 수 있다고 말하고 있습니다. 이는 신자들에게만 해당되는 것이 아니라 사제들에게도 미사집전에 대한 제한을 규정하고 있는데 바로 거룩한 성체성사 거행의 남용을 막기 위해서입니다.

이제 성체성사 거행과 참여에 관한 교회의 가르침과 성체성사의 성경과 영성, 그리고 성사적인 의미를 살펴보고자 합니다. 그러므로 이를 적용하여 실천할 수 있기를 바랍니다.

교회의 가르침

성체성사는 하느님 경배와 신앙생활 전체의 극치이고 원천으로서 다른 모든 성사들과 교회의 모든 사도직 활동이 성체성사를 지향하며 그 안에서 응집됩니다(교회법 제897조). 그러므로 그리스도교 신자들은 성체성사에 능동적으로 참여하고 정성을 다해 자주 영성체하며 최상의 흠숭으로 경배하면서 성체에 최고 존경을 드립니다(교회법 제898조).

한국교회는 선교지의 사목적 상황을 고려하여 특별히 사제는 사목적 필요에 따라서 평일 세 번까지, 주일과 의무 축일에는 네 번까지 미사를 집전할 수 있도록 허가받고 있습니다(한국 천주교 사목 지침 제71조). 하루에 거행할 수 있는 성체성사의 횟수를 제한하고 있는 것은 지극히 거룩한 성체성사 거행의 남용을 막기 위해서입니다. 그러므로 사제들이 개인적 선호나 몇몇 신자나 단체들의 요구에 따라 같은 날 너무 많은 횟수의 성체성사를 거행하는 것은 바람직하지 않습니다.

한편 신자들이 하루에 할 수 있는 영성체 횟수도 법으로 금지되지 아니하는 영세자에게는 누구에게나 영성체가 허락되어야 하지만(교회법 제912조), 한국교회의 경우 같은 날 여러 대의 미사에 온전히 참여하는 사람이라도 두 번만 성체를 영할 수 있도록 하고 있습니다(한국 천주교 사목 지침 제79조).

영성체(communio)의 영적 의미

이와 같은 교회의 가르침에 배경이 되는 영성체 의미를 성경의 가르침을 토대로 영적으로 살펴 영성체 준비에 도움이 되기를 바랍니다. 영성체는 하느님 그리고 형제인 사람들과의 화해이고 만남입니다. "네가 제단에 예물을 바치려고 하다가, … 먼저 그 형제와 화해하여라"(마태 5,23-24). 제단에 예물을 바치는 봉헌은 하느님을 향한 화해의 행동으로서 모든 종교 안에 존재합니다. 구약에서도 그렇고 신약은 그 의미를 더욱 심화하고 있습니다. 진정한 화해는 사랑의 행동입니다. 하느님을 위한 사랑은 이웃을 위한 사랑에서 분리될 수 없기 때문에 형제와 화해 없이 하느님과 화해할 수 없습니다.

이는 그리스도교 봉헌의 핵심을 나타내고 있는 바로 성체성사를 말합니다. 다른 사람들과 화해를 원하지 않는 사람은 제정된 교회의 일치 성사로서 성체성사의 목적을 거부하는 것이 됩니다. 미사전례 막바지 영성체를 하기 전에 '평화의 인사를 나누는 것'은 특별히 진지한 화해의 순간을 체험하는 것입니다(마태 5,20-26 참조). 그러므로 영성체를 매번 여러 번의 미사 때마다 하고 싶다면, 복음서에서 말하는 성체성사의 영적인 가치, 이웃과의 화해를 미사 밖에서 여러 번 실행하기를 권합니다. 그렇게 한다면 영성체의 정신을 생활화하는 것이라고 봅니다.

우리의 일용한 양식

"하늘에서 너희에게 빵을 내려 준 이는 모세가 아니다. 하늘에서 너희에게 참된 빵을 내려 주시는 분은 내 아버지시다"(요한 6,32). 성체성사는 우리 삶의 여정을 위한 음식입니다. 전통적으로 가톨릭교회는 주님께 가는 길을 마지막 이 세상에서 준비하는 병자들에게 주님의 성체를 영해드리는 아름다운 성사를 거행했습니다. 소위 종부성사, 곧 노자성체(viaticum)입니다.

그런데 병자들 가운데 이 노자성체를 영하는 종부성사를 간혹 기피하는 경향을 보이곤 했습니다. 왜냐면 병자나 가족들이 죽을 때 받는 성사로만 보는 오해에서 나온 것입니다. 물론 죽음을 적극 원하는 자는 없습니다. 소위 종부성사는 죽음의 성사가 아니고 주님을 모시는 영원한 생명을 받는 성사인데 말입니다. 그러나 2차 바티칸 공의회 이후 병자성사는 환자의 상황에서 종종 받을 수가 있습니다. 그러니 환자들에게 환자 봉성체를 자주 권해드리는 것은 그들의 영신 사정에 매우 유익하며 실제로 하느님의 영원한 생명을 받아들이는 신앙 행위입니다.

"너희가 사람의 아들의 살을 먹지 않고 그의 피를 마시지 않으면, 너희는 생명을 얻지 못한다"(요한 6,53). 피를 마신다는 표현은 강해 보이고, 혹자들에게는 부정적인 반응을 일으키게 합니다. 구약의 옛 백성들은 피 안에 영혼의 자리가 있다고 믿어왔습니다. 생명은 피의 확산과 함께 퍼져나갑니다. 그러나 피는 역시 강한 일치의 상징이기도 합니다. 실제로 학연 지연 혈연 가운데 어떤 인연이 강한가요? 피는 물보다 더 진하다는 말이 있습니다. 피의 결합으로 가족관계가 됩니다.

안티오키아의 이냐시오 성인께서도 "성체성사의 빵과 포도주를 먹고 마시는 것은 그리스도의 몸과 영혼으로 들어가는 것이다"라고 말씀하셨습니다. 현대 영성가들도 구별되고 떨어져 있는 사실로서 몸과 정신을 말하는 것을 피하고 있습니다. 그들은 '예수님의 같은 피가 되고, 존재' 하는 표현을 종종 사용합니다.

거룩한 영성체로 우리는 실로 영원한 생명 안으로 들어가 그

리스도의 친족이 됩니다. 하느님은 우리의 참 아버지, 마리아
는 우리의 참 어머니, 이웃들은 우리의 참 형제자매가 됩니다.
왜냐하면 우리 모두 안에 같은 피가 돌고 있기 때문입니다. 이
렇듯 우리의 매일 양식은 성체성사입니다. 이 양식을 매일 주
님께서 주시는데 찾아 받아먹는 것은 우리의 노력이며 몫입니
다(마태 6,7-15 참조).

쪼개진 삶을 "기억하고 행하여라"

예수님께서 말씀하신 "나를 기억하여 이를 행하여라"(루카
22,19)에서 모든 것이 분명해집니다. 예수님께서는 십자가에
못 박혀 돌아가신 구세주 당신을 기억하고 그 십자가 죽음 사
건을 계속해서 이 미사성제와 세상의 미사성제로 행하라는 말
씀입니다.

구약의 히브리인들은 파스카 양을 봉헌하고 가족들과 함께
음식을 나누어 먹습니다. 구약의 파스카 희생제는 다양한 천
상의 천사들과 함께 사람들이 풍요롭게 봉헌할 수 있었습니
다. 히브리인들은 파스카 양을 봉헌하고 먹는데, 그들은 죽음
에서 해방된 그들의 조상들을 기억합니다. 곧 이집트에서 하
느님의 힘이 맏아들들을 죽였을 때, 그들 아버지들이 거주지
들을 보존하곤 하였습니다. 왜냐하면 문들이 양의 피로 표시
되었기 때문입니다. 따라서 파라오의 종살이에서 빠져나오게

되었고, 약속의 땅을 향해 떠났습니다. 출애굽 해방 체험을 한 조상들을 기억하는 것입니다.

미사를 거행하는 제단에서 사제들은 세상의 어떤 부자도 분배할 수 없는 선물들을 나누고 있습니다. 오늘은 예수님께서 돌아가시기 전에 교회와 아버지께서 아들로 채택하신 자들에게 주신 빛나는 유산을 기억하는 그날입니다. 그렇다면 사제가 성체를 쪼갠다는 것은 무엇을 의미할까요? 죽음입니다. 누가 나의 몸을 쪼갠다면 나는 과연 어떠할까요? 쪼개진 성체를 받아먹은 우리도 역시 자신의 몸을 쪼개며 살아야 합니다. 쪼개지고 나누어진 삶을 살 때 우리는 서로 풍요로운 삶 속에서 복됨을 체험할 것입니다(요한 13,1-15 참조).

이처럼 영성체를 매번 미사 때 참으로 원하시면 일상의 삶에서 내가 나의 것을 나누고 내 삶을 쪼개는 성체성사의 삶을 실행하는 것이면 그 횟수는 많으면 많을수록 충분합니다.

그러므로 세례성사는 그리스도의 참 포도나무에 우리를 접붙인 성사라면, 영성체는 우리의 살아 있는 유기체 안에 그리스도의 생명이 수혈 주입되는 불멸의 음식입니다. 고해성사, 병자성사 등의 치유의 성사는 썩기 시작한 가지를 치료하는 약입니다. 이 모든 가지들은 목표가 분명합니다. 바로 그리스도와 함께 그분 안에 있는 것입니다.

제가
비인간적인가요?

Q 인간보다 동물이 더 좋습니다. 사무실에서 사람들에게 치이고 가족들과 대화하다 보면 마음 상할 때가 더 많습니다. 반면 집에서 키우는 강아지나 고양이는 종일 저를 기다렸다가 만나면 그렇게 반가워할 수가 없습니다. 그러다 보니 사람보다 동물에게 더 관심이 가고 좋아하는 것을 주고 싶습니다. 가족과 이웃에겐 그보다 소홀해지는 게 사실이지만 서로 상처 주는 일은 그만큼 줄어드는데…, 제가 비인간적인 걸까요?

A 저는 오랫동안 「묻고 답하고」 코너를 통해 신앙과 영성 그리고 기도생활에서 궁금하게 여겨왔던 질문에 답을 해 왔습니다. 그런데 이번 질문은 기존과 같은 질문이라기보다 심리상담 또는 정신 분석에 해당하는 유형이라는 생각이 듭니다.

저는 질문자께서 묻는 내용에 충분히 공감이 가고, 또한 적지 않은 분들에게도 해당이 되는 것이라고 생각합니다. 그러므로 필자는 그리스도교 신앙을 전제로 편안하게 질문자의 이야기 내용을 중심으로 도움이 될 수 있는 생각을 항목별로 조목조목 풀어나가려고 합니다.

사람보다 동물이 더 좋습니다

질문자께서는 동물이 더 좋은 이유가 무엇이라고 생각하고 계실까요? 아마도 동물들은 자매님의 마음을 상하게 하는 말을 하지 않기 때문일까요? 다시 말해서 동물은 사람들처럼 배신을 하지 않기 때문이라는 생각을 해 보았습니다.

일상생활에서 종일 자매님을 기다렸다가 반가워하는 강아지와 고양이의 모습을 보면 누구라도 좋아하지 않고는 배길 수가 없을 거라고 생각합니다. 동물이 그렇게 반길 때 자매님은 얼마나 마음이 충만하고 행복한 순간이겠습니까?

자신을 기다리고 반가워하는 누군가를 좋아하는 것은 너무나도 자연스럽고 당연한 일일 것입니다. 그렇게 기쁘게 기다리는 누군가가 인간이든 동물이든 관계없습니다. 동물을 더 좋아하는 것이 문제라기보다는 자매님이 반갑게 맞이해 주기를 원하는 마음이 가득하다는 것을 아는 것이 중요할 듯합니다.

루카 복음 15장 돌아온 아들의 비유를 통해서 볼 때, 가족이란 언제라도 반갑게 맞이해 줄 수 있는 공동체라는 것을 잘 압니다. 사람들은 인생을 살아가면서 자신을 인정하고 받아들이는 존재가 있을 때, 성장하고 발전해 나가며 과거와 현재 받았던 크고 작은 상처들이 치유되는 것입니다.

사람에게 치이고 가족들과 대화할 때 마음 상하는 일 많아

어떤 대화를 나눌 때 마음이 상하는지요? 그 대화가 내 마음에 어떤 상처를 주는지 성찰(省察)해 보면 조금 자신을 이해하는 데 도움이 될 것입니다. 어떤 말을 듣게 되면 내게 상처가 되지 않고 들을 수 있을지에 대해서도 그렇습니다. 흔히들 사람들은 자신에 대해 부정적인 말을 하면 마음이 상하게 되어 있고, 자신에 대해 긍정적인 말을 들으면 부담은 수그러지면서도 마음이 한결 가볍다는 것을 느낍니다.

그런데 가족은 가깝다는 이유로 거칠고 함부로 내뱉는 말들을 쉽게 하기도 하는데, 이러한 대화방식은 그 누구에게도 상처가 됩니다. 그렇기 때문에 대화방식이 매우 중요합니다만, 그에 못지않게 중요한 것은 대화에 담긴 의미를 알아차리는 것입니다. 가족들이 내게 전하고자 하는 말의 의미가 무엇인지를 성찰해 보는 것은 이런 이유로 매우 중요한 일일 것입니다.

집 강아지 · 고양이가 그렇게 반가워해

힘들게 일하고 귀가했을 때 나를 반기는 강아지와 고양이를 어떻게 좋아하지 않을 수가 있을까요? 이러한 동물들을 좋아하고 사랑하는 자매의 마음이 얼마나 따뜻한 분인지를 알 수 있네요. 어쩌면 강아지와 고양이는 반갑게 들어오는 자매님의 얼굴을 보며 화답을 하는 것일 수도 있습니다. 이렇듯이 가족들과 사람들과의 관계도 이런 모습이기를 내적으로 기다리고 있다는 것을 알아차릴 필요가 있습니다. 그러니까 그런 자신의 생각과 그런 느낌을 마음에 품고 있다는 사실을 바라보는 것이 중요합니다. 그리고 그런 마음의 느낌과 생각의 시선을 잘 살펴서 이젠 동물들과의 관계로부터 가족과 사람들에게로 그런 마음과 사고의 시선을 확대하는 연습이 필요할 것입니다. 이러한 연습은 혼자 할 수 있으면 좋지만 그렇지 않다면 심리상담가들의 도움을 받을 수 있을 것입니다.

가족 · 이웃에겐 소홀해지는 건 사실

자매님의 말씀처럼 사랑이 없어서라기보다는 서로에게 상처를 주는 것을 피하기 위한 자매님의 방법이라 봅니다. 하지만 가족 이웃에게 소홀해지는 것에 자매님의 마음이 쓰이는 것은 더 나은 관계를 원하고 있다는 것을 나타내는 것이 아닐까요? 가족과 어떻게 지내고 싶은지, 이웃과 어떤 관계로 지내고 싶은지를 잘 살펴보고 이를 위해 자매님이 할 수 있는 일들이 무엇이 있을지에 대해서도 알아보고 점검하면서 실천해보는 용기가 필요할 것으로 보입니다.

외적으로는 서로 상처 주는 일은 그만큼 줄어드는 것이 사실이지만, 그 내면에는 상처 대신 기쁨과 위로와 희망을 원하고 있는 줄도 모릅니다. 더군다나 이러한 자매님의 태도와 행동이 비인간적일까요? 라고 묻는 것도 실은 편안한 인간적인 관계를 염두에 두면서 가까워지고 싶은 내면의 원의를 표현하고 있다고 생각합니다.

이제 예수님의 치유방법, 두 가지를 소개하면서 자매님 안에 주님의 은총이 충만해서 참으로 바라고 있는 가족과 사람과의 관계가 한층 성장하고 성숙할 수 있도록 기도하고 응원합니다.

예수님의 치유방법을 소개합니다

우리는 예수님의 치유방법을 복음서(요한 5,1-16)를 통해서도 만날 수 있습니다. 예루살렘의 벳자타라는 못 주변에는 많은 병자들이 누워 있었습니다. 서른여덟 해나 병을 앓는 사람이 있었습니다. 예수님은 오랫동안 누워 있는 그를 보시고 "건강해지고 싶으냐?"(요한 5,6)묻습니다. 하지만 그는 그 못 속에 넣어 줄 사람이 없고 사람들이 자신보다 먼저 내려가, 자신이 치유 받지 못했던 이야기를 합니다. 주님은 거두절미하고 "일어나 네 들것을 들고 걸어가거라"(요한 5,7)하고 치유하십니다. 그러자 그 사람은 곧 건강하게 되어 자기 들것을 들고 걸어갔습니다. 안식일이었던 그날에 유다인들이 병이 나은 사람에게 "당신에게 그것을 들고 걸어가라, 한 사람이 누구요?" 하고 물었습니다. 하지만 병이 나은 이는 그분이 누구이신지 알지 못하였습니다. 그 뒤 병이 나은 이는 예수님을 성전에서 만났습니다. 그러자 주님께서는 "자, 너는 건강하게 되었다. 더 나쁜 일이 너에게 일어나지 않도록 다시는 죄를 짓지 마라" 하고 말씀하십니다.

자! 예수님의 치유방법은 무엇일까요? 먼저 사람들로부터 38년 동안 따돌림을 받았던 병자를 찾아가서 대화한 것입니다. 하지만 병자는 사람들을 믿지 못할 뿐만 아니라 대화할 줄을 모릅니다. 왜냐하면 38년 동안 사람들을 접촉하고 대화할 수 없었기 때문에 예수님과의 대화도 자연스럽게 이루어지지 않았습니다. 그래서 병자는 말을 걸어오는 예수님께 자신이 못에 들어가지 못한 이야기를 계속하고 있는 것입니다. 그것을 알아차리고 예수님은 들것을 들고 가라며 즉시 치유를 하십니다.

그런데 병자는 중풍이 치유되었지만 자신을 치유해 준 사람이 누군지는 관심이 없습니다. 여러 해 동안 사람들이 자신에게 관심이 없었기 때문입니다. 자신을 치유해 준 자가 누구인지를 모르는 것은 당연한 일이었을 겁니다. 주님은 말씀하십니다. 너에게 나쁜 일이 일어나지 않도록 죄를 짓지 말라고 당부하십니다. 이는 외적인 중풍 병은 치유되었지만 이제 사람들과 관계를 잘 맺는 내적인 힘을 기르는 것이 더 이상 죄를 짓지 않는다는 의미를 가르치십니다.

자매님께서 사람보다 동물을 좋아하는 것은 문제가 없고 나쁜 것은 아닙니다. 주님은 38년 동안 치유를 받지 못해 생긴 내적인 병 곧 사람과의 관계를 잘 하지 못하는 죄를 짓지 말라고 초대하십니다. 주님께서는 자매님께도 이와 같은 초대를 드리고 있다고 믿고 싶습니다. 주님께서 인격적으로 자매님을 만나기를 원하십니다. 이제 자신을 잘 반기는 데 익숙하지 않은 사람들 곧 가족이나 친구 및 이웃 사람들에게 주님처럼 천천히 반겨보실 것을 권고해 드리고 싶습니다.

또 한 가지 예수님의 치유방법은 나병 환자를 고치시는 데서 발견할 수 있습니다(마태 8,1-4). 어떤 나병 환자가 다가와 예수님께 엎드려 절하며 말하였습니다. "주님! 주님께서는 하고자 하시면 저를 깨끗하게 하실 수 있습니다." 예수님께서는 손을 내밀어 그에게 대시며 말씀하셨습니다. "내가 하고자 하니 깨끗하게 되어라!" 그러자 곧 그의 나병이 깨끗이 나았습니다. 나병 환자가 깨끗하게 나은 치유의 과정을 보면, 나병 환자가 바라며 외친 말을 예수님께서 그대로 반복해서 말씀하신 것입니다.

그렇습니다. 공감과 경청 그리고 상대방의 말을 반복하는 데서 치유가 발생합니다. 물론 주님께서는 손을 내밀어 대시었습니다. 상대방이 원하는 바를 받아들일 때 치유는 일어납니다. 자매님께서도 주님의 치유방법을 할 수 있는 대로 실행해 보시면 분명 좋은 선물을 받을 수 있을 것입니다.

친한 교우에게
사기를 당했어요

Q 성당에서 만난 교우에게 사기를 당했습니다. 많이 믿고 의지했던 사이라 충격이 더 큽니다. 그 이후론 성당에 나가기도 싫고 성당 신자들도 신뢰할 수 없게 되었습니다. 어떻게 해야 제 상처가 치유되고 마음의 평화를 다시 얻을 수 있을까요? 앞으로는 어떻게 바른 식별을 할 수 있을까요?

A 아! 일어나지 말아야 할 일이 발생하였군요.

저는 안식년을 맞아 지난 1월부터 4월 말까지 남미 한인성당, 북미, 오세아니아 그리고 여러 지역의 성당을 다니면서 사도 바오로처럼 선교지 방문을 하며 교우들의 신앙생활을 많이 접하였습니다. 그곳에서도 안타깝게 성당 교우들 사이에 사기를 당해 무척 어려웠던 경험을 한 분들이 계셨습니다. 특히 외국의 한인성당 공동체에서 신앙생활을 하는 교우들은 전 세계로 이사를 하며 이동하고 있어서 안타까운 사기를 국제적으로

당하는 경우가 종종 있습니다.

제가 직접 사기 피해를 입은 교우에게 들은 다음의 이야기가 교우들 사이에서 사기를 당하지 않는 예방에 도움이 될 수 있을 거라 생각하면서 간략하게 말씀드리고자 합니다.

한 신자 가족이 다른 지역에서 이사해 와서 열심히 성당에서 신앙생활을 했습니다. 가족들과 함께 성당을 잘 다니며 견진을 받게 되었고, 여유가 있는 재력가이면서 아주 신앙심이 깊은 가족에게 대부 또는 대모를 청했답니다.

열심한 마음으로 그들은 대자, 대녀 관계를 유지했습니다. 그리고 몇 년을 지속적으로 신앙 안에서 대부 대자의 관계를 유지하면서 비즈니스를 시작했습니다. 그때 대부 가족의 경제적인 도움을 실제로 받았습니다. 대녀, 대자들 가족들은 성당에서도 아주 열심히 봉사했습니다. 그들은 성가대뿐 아니라 구역 반 봉사 및 신앙과 봉사를 완전하게 하면서 믿음을 쌓아갔습니다. 그런데 대부 가족들의 명의와 재력의 도움을 받아 운영하던 사업체를, 어느 날 계획된 대로 전부 다른 사람에게 팔아넘기고 그 본당을 떠나 사라졌습니다. 수년 동안 믿음과 신뢰를 주기 위해 계획한 대로 철저히 대부모 관계를 이용했고, 본당의 봉사활동에도 철저히 한 후 어느 날 증발한 것입니다.

이렇게 믿고 의지했던 관계는 한순간에 단절되었습니다. 질문자께서도 그 충격이 너무 큰 나머지 성당에 나가기도 싫고 성당 신자들도 신뢰할 수 없게 된 것 충분히 이해합니다. 하지만 제가 말씀드린 이야기의 경우는 일종의 먹튀입니다. 질문자의 경우는 어떻게 이루어진 사기인지 구체적으로 알 수 없으나, 질문자의 요청대로 '어떻게 상처를 치유하고 마음의 평화를 다시 얻을 수 있을까?' 라는 질문과, 또한 미래를 위해서 '어떻게 바른 식별을 할 수 있는가' 에 초점을 맞춰 말씀을 드리겠습니다.

상처 치유와 마음의 평화

일반적으로 상처 치유와 마음의 평화를 위해서는 이 분야의 전문 상담가 그리고 영적 지도자, 곧 사제, 수도자를 찾아가서 벌어진 모든 일에 대해 상세하게 말씀드리는 것이 필요합니다. 팩트 중심의 이야기를 하면서 마음속 깊숙이 받았던 상처들, 그리고 감정과 느낌까지도 세밀하게 말씀을 드리는 것이 중요합니다. 이런 과정이 선행되어야 하는 이유는 공감이 필요하기 때문입니다. 공감을 받기 위해서 나에게 벌어졌던 사실과 심리 및 영적인 내·외적인 상태를 말씀드리는 것입니다.

그리고 어떻게 이런 사기를 당할 수밖에 없었는지를 성찰합니다. 다시 말씀드리면, 내 입장에서 무엇을 하지 말았어야 했고, 어떻게 사기를 당했나를 세밀하고 섬세하게 다면적으로 분석할 필요가 있습니다. 이것을 우리는 직면이라고 말합니다. 이런 과정은 반드시 전문적으로 도움을 줄 수 있는 경험 많고 이 분야의 임상이 충분한 영적 지도자를 찾아가야 합니다. 교구 사무처 혹은 사목국에 이런 사실로 영적인 치유를 받고자 문의하는 것으로도 좋은 해결의 길을 만날 수 있습니다. 대부분의 교구에는 이와 관련된 부서 및 사회복지 전문시설들이 있기 때문에 도움을 받을 수 있습니다.

　마지막 치유 단계는 충분한 사랑을 받는 것입니다. 하느님과 성령의 인도와 감도로 지지와 격려를 받는 것입니다. 물론 가족들과 성당의 사목자, 수도자의 지지와 격려도 절대적입니다. 특별히 본당 공동체에서 일어난 사실만으로도 본당은 위원회를 설치하여 즉각 대응과 치유를 위해 대응해야 합니다. 하지만 이를 위해 사랑과 회복 그리고 지지와 격려를 위해 말씀과 성령의 위로를 받는 것이 치유의 길입니다. 곧 구체적으로 성경필사 및 성경통독, 영적 지도, 성체조배, 고해성사, 피정 등 그리스도교 영적 치유 프로그램을 통해서 마음의 평화를 얻을 수 있습니다.

　바른 식별

　'앞으로는 어떻게 바른 식별을 할 수 있을까?' 에 대해 말씀을 드립니다. 우선 식별은 악으로부터 이겨내는 능력과 힘을 말합니다. 더욱 중요한 식별은 이겨내는 것에 앞서 악들이 무엇인지를 정확하게 바라보는 것입니다. 구약성경에서 악, 곧 원수는 이스라엘 사람이 아닌 이방인이었지만, 신약성경에서는 사람이 더 이상 원수가 아니라 죄와 나쁜 생각, 악습 등이 우리가 극복해야 할 원수입니다. 그러므로 내 생각 곧 나쁜 생각, 악령을 정확하게 바라보는 것이 필요합니다. 모든 선과 악은 생각을 통해서 다가오기 때문입니다.

민던 사람이 사기를 칠지 안 칠지 사전에 그런 나쁜 생각을 바라볼 수 있다면 얼마나 좋을까요. 하지만 이 식별 훈련은 먼저 자기 자신을 바라보는 것 곧 내 생각에 어떤 나쁜 영이 암시하는지를 바라보는 것입니다. 이를 위해 자기 자신의 의지를 내려놓고 내 안에 드러나는 나쁜 영을 관찰하는 것이 필요합니다.

실제로 상대방이 언제 어떻게 악한 행동으로 다가올지 전혀 알 수 없습니다. 그럴 때 매우 중요한 것은 그 사람의 마음과 생각을 알아차리는 것입니다. 이는 대화를 통해서 그런 감각을 느낄 수 있습니다. 하지만 악령은 선한 모습 또는 천사의 모습으로 변장하여 접근할 수 있습니다. "사탄도 빛의 천사로 위장합니다"(2코린 11,14). 그러니 외적인 식별보다 매우 어려운 것은 상대방 마음과 영혼 안에 품고 있는 나쁜 생각을 알아차리는 것입니다.

초기 동방교회의 8가지 악습들은 악령에 의해 제시된 생각들이 들어온 것이고, 동방교회의 영향을 받은 서방교회는 7죄종으로 악령이 생각에 영향을 준다고 믿었습니다.

악마에 의해 제시된 생각들은 다음과 같습니다. 동방교회의 8가지 악습, 나쁜 생각들은 탐식 · 음욕 · 탐욕 · 낙담 · 분노 · 태만 · 허영 · 교만이고, 서방교회의 7죄종은 교만 · 인색 · 음욕 · 분노 · 탐욕 · 질투 · 나태입니다. 일반적으로 8가지 악습들은 심리적이고 영적인 특징을 드러냅니다. 7죄종은 다분히 대상관계를 통해서 드러나는 죄의 특징을 가지고 있습니다.

그럼에도 불구하고 교만이라는 악습과 죄는 최고로 위험한 악의 뿌리라고 볼 수 있습니다. 그러므로 모든 악습들과 죄를 다 없애버렸다고 해도, 교만이 남아 있다면 그것이 다시 나머지 악습들과 죄들을 만들어 새끼를 치고 있는 것입니다. 따라서 상대가 악의를 품고 나에게 접근한다면, 교만의 최고 천적인 겸손이라는 천사의 모양으로 위장하여 다가올 수 있습니다. 그러므로 이유 없이 겸손을 가장해서 접근하는 자는 우선 경계의 선입견을 가져볼 필요가 있습니다.

이런 방법의 식별 수련은 먼저 자기 자신에게 적용해 볼 필요가 있습니다. 다시 말해서 내 생각과 마음을 바라보는 수련입니다. 하느님께서는 내 생각과 감정을 통해서 말씀하시기 때문입니다. 한편 악령도 내 생각과 감정을 통해서 다가옵니다. 나쁜 생각은 분명 악령과 자기의 자유로운 의지 그리고 자기애 및 이기주의에서 옵니다. 그런데 이런 이기주의와 자기애가 나를 방해하고 있습니다. 이처럼 이런 훈련을 충분히 한 다음에 자신에게 사기를 치러 다가오고, 유혹하며 오는 사람의 이기주의와 자기애를 발견할 수 있어야 합니다.

그리고 어느 정도 식별의 자기수련이 이루어지면 조심스럽게 그 적용을 나를 상대해 오는 유혹자들에게 해 볼 수 있습니다. 그런데 분명한 것은 전문 영적 지도자에게 일종의 상담 및 슈퍼비전을 받아야 합니다.

지금까지 간략하게 사기를 당했던 어느 교우의 경험을 나누었고, 영적인 치유와 마음의 평화를 위한 방법을 함께 소개하였습니다. 치유의 단계는 공감, 직면, 사랑입니다. 이 세 가지 분야가 영적으로 전문화되기를 바라고 있습니다. 이 모든 것이 매우 중요하지만, 바른 식별은 우리가 이 세상을 살아가는 데 핵심이 되는 그리스도교 복음의 가치가 됩니다.

주님을 뜨겁게
느끼고 싶어요

Q 주일미사뿐 아니라 평일미사도 되도록 빠지지 않습니다. 레지오에 가입하여 묵주기도도 빼먹지 않고요. 봉사활동도 하고 반모임에도 적극적입니다. 그런데 언젠가부터 미사에 참례해도 기도를 해도 마음이 뜨겁지가 않습니다. 습관이 돼버린 건지 속상합니다. 어떻게 하면 제가 다시금 뜨겁게 주님을 체험할 수 있을까요?

A 주일미사, 평일미사, 레지오 마리애에서 묵주기도, 봉사활동, 반모임 등 매우 적극적으로 신앙생활을 하고 있군요. 그런데 언젠가부터 미사에 참례해도, 기도를 해도, 마음이 뜨겁지가 않다는데, 그렇다면 이전에는 마음이 언제 어떻게 뜨거웠을까요? 기도를 할 때도 가슴이 언제 어떻게 뜨거웠나요? 기도하고 미사에 참례할 때 뜨겁지 않으면 안 될 만한 이유가 있을까요? 있다면 무엇일까요? 그런데 질문자의 질문 요지는 어떻게 하면 다시금 뜨겁게 주님을 체험할 수 있겠느냐는 청원입니다.

뜨겁게 주님을 체험하기를 바라는 원의에 대해 충분히 이해합니다. 그런데 복음에서 마리아와 마르타의 이야기를 통해 우리는 관상과 활동의 신앙생활에 대해 잘 알고 있습니다. 우리는 뜨거운 열정으로도 신앙생활과 기도생활을 할 수 있습니다. 바로 하느님께서 뜨거운 열정을 선물로 주셨기 때문입니다. 그런데 하느님께서는 또한 열정의 상대적인 가치인 침묵, 곧 영적인 고요함도 우리에게 선물로 주셨습니다. 그러므로 뜨거운 기도생활뿐 아니라 고요와 침묵 안에서 느끼는 기도체험도 우리에게는 필요한 하느님의 은총입니다.

미사와 레지오 마리애의 묵주기도, 봉사활동, 반모임들에서 하느님께서 각자에게 주신 영적인 감각을 발견하는 것이 필요할 것입니다. 『제2차 바티칸 공의회 평신도 교령』 4항에서 평신도 사도직의 영성도 각자 고유한 영성생활의 특성을 충실히 갖도록 노력하라고 권고합니다. 이제 제2차 바티칸 공의회가 말하고 있는 평신도 사도직의 영성에 대해 간략하게 살펴보는 것으로 질문에 대한 응답을 하고자 합니다.

평신도 사도의 영성생활
평신도 사도직의 결실은 그리스도와 평신도의 살아 있는 일치에 달려 있습니다. 이는 모든 신자에게 공통된 영적인 도움으로 특히 거룩한 전례의 능동적인 참여에서 그 힘을 얻고 있습니다(『전례헌장』, 11항).

신자들은 영성생활을 이유로 가정을 돌보지 않거나 다른 세속 일을 소홀히 해서는 안 됩니다. 이러한 생활은 믿음, 바람, 사랑의 끊임없는 실천을 요구하고 있기 때문입니다. 신앙인들은 오로지 신앙의 빛으로 또 하느님의 말씀을 묵상함으로써, 언제 어디서나 그분 안에서 '우리가 숨 쉬고 움직이며 살아가는'(사도 17,28 참조) 하느님을 깨닫고 있습니다. 이로써 신앙인들은 모든 일에서 하느님의 뜻을 찾고, 가깝거나 멀거나 모든 사람 안에서 그리스도를 알아볼 수 있습니다. 이것으로 우리는 현세 사물의 참 의미와 가치를 그 자체로써 또 인간 목적에 관련시켜 올바로 판단할 수 있는 것입니다.

영성생활에 참여하는 신앙인들은 미사, 기도, 봉사, 그리고 반모임을 하면서 무엇보다 주님이신 그리스도를 인격적으로 만나는 체험을 하면 됩니다. 오히려 주님께서 우리를 만나기를 원하십니다.

우리는 겸손하신 그리스도를 본받아, 잘난 체하지 않고(갈라 5,26 참조) 사람보다는 하느님의 마음에 들도록 노력하며, 언제나 그리스도를 위하여 모든 것을 버리고(루카 14,26 참조) "누구든지 내 뒤를 따라오려면, 자신을 버리고 제 십자가를 지고 나를 따라야 한다"(마태 16,24)고 하신 주님의 말씀을 기억해야 합니다. 이러한 영성생활에서, 일치하는 그리스도께서는 우리들이 서로 그리스도인의 우애를 다지기를 바라며 어떠한 어려움 속에서도 도와주십니다.

이러한 평신도들의 영성생활은 혼인과 가정생활, 독신이나 수절생활, 건강 상태, 직업과 사회 활동에 따른 특성을 지녀야 합니다. 그러므로 평신도들은 타고난 자질과 재능을 자기 상황에 알맞게 끊임없이 열심히 갈고 닦아야 하며, 성령께 받은 은혜를 활용하여야 합니다.

그뿐만 아니라 자신의 소명에 따라 교회가 승인한 단체나 조직에 가입한 평신도들은 그 고유한 영성생활의 특성을 충실히 갖추도록 노력하여야 합니다. 또한 평신도들은 직업의 전문 지식, 가정과 사회에 대한 책임감 그리고 사회생활과 관련된 덕, 곧 정직, 정의, 성실, 친절, 용기를 존중하여야 하며 이러한 덕행 없이는 진정한 그리스도인 생활이 이루어질 수 없습니다.

이 같은 사도적 영성생활의 완전한 모범은 사도의 모후이신 복되신 동정 마리아이십니다. 성모님께서는 모든 사람과 마찬가지로 지상에서 사시는 동안, 가정을 돌보시고 일에 파묻혀 지내시면서도 언제나 당신의 아드님과 밀접히 결합되셨으며 구세주의 활동을 매우 독특한 방법으로 도와주셨습니다.

복음화와 성화 사도직이란 무엇일까요?(『평신도 사도직 교령』, 6항)

평신도들은 교회의 이상을 수행하며, 교회와 세상 안에서, 영적 질서와 현세 질서 안에서 자신의 사도직을 이행합니다. 신자이며 동시에 시민인 평신도는 이 두 질서 안에서 지속적으로 한 그리스도교 양심의 지배를 받아야 합니다(『평신도 사도직 교령』, 5항).

교회와 그 모든 지체의 사도직은 말과 행동으로 그리스도의 복음을 세상에 드러내고, 그분의 은총을 전달해 주는 것을 목표로 합니다. 평신도들도 "진리의 협력자"(3요한 1,8)가 되기 위하여 수행하여야 할 대단히 중대한 역할을 지니고 있습니다. 이 점에서 평신도 사도직과 사목 교역은 서로 보완하여야 합니다.

참된 사도직은, 믿지 않는 사람들을 신앙으로 이끌어 주는 것이든, 신자들을 가르쳐 굳세게 하여 더욱 열정적으로 살아가도록 격려하는 것이든, 말로 그리스도를 선포할 기회를 찾는 것입니다. 평신도들이 각자 타고난 재능과 지식에 따라, 교회 정신대로 그리스도교 원리를 밝히고 옹호하며, 이 시대의 문제들을 올바로 적응시켜야 할 자신의 역할을 더욱 열심히 수행하도록 이 거룩한 공의회는 진심으로 권고합니다.

현세 질서의 그리스도교회란 무엇일까요?(『평신도 사도직 교령』, 7항)

현세 질서를 이루는 것들, 곧 삶의 행복, 가정의 선익, 문화, 경제, 예술과 직업, 국가 제도, 국제 관계 그리고 이러한 것들의 발전과 진보 등 이 모든 것은 인간을 그 궁극 목적으로 이끄는 수단일 뿐 아니라, 그 자체로 보든지 현세 질서 전체의 한 부분으로 보든지, 하느님께 받은 고유 가치를 지니고 있습니다.

사람들이 현세 질서를 바로 세우고 그리스도를 통하여 하느님께 나아갈 수 있도록 힘껏 도와주는 것이 온 교회, 곧 신앙인 공동체의 임무입니다.

사목자들은 창조 목적과 세계 이용에 관한 원칙을 분명하게 밝혀주고 현세 질서가 그리스도 안에서 바로 세워지도록 도덕적 영성적 도움을 주어야 합니다. 현세 질서는 그 고유한 법칙을 그대로 간직하면서도, 더 높은 그리스도교 생활의 원리에 맞게, 그리고 다양한 시대, 장소, 민족의 상황에 알맞게 개선되어야 합니다. 이러한 사도직 활동 가운데 그리스도인의 사회 운동이 가장 중요합니다.

자선 사업(『평신도 사도직 교령』, 8항)이 영성생활과 무슨 관계가 있나요?

사랑의 실천은 온갖 이견을 넘어서 하느님의 모습대로 창조

223

된 이웃 사람에게서 하느님의 모습과 그리스도를 보아야 합니다. 가난한 사람들에게 베푸는 것은 무엇이든 실제로 주님이신 그리스도께 드리는 것입니다. 그런데 무엇보다 도움을 받는 사람의 자유와 품위를 최대한 존중하여야 합니다. 먼저 정의의 요구를 충족시켜야 하고, 정의에 따라 이미 주었어야 할것을 마치 사랑의 선물처럼 베풀어서는 안 됩니다.

평신도들은 사적이든 공적이든 국제적이든 사회 원조 사업과 자선 활동을 소중히 여기고 힘껏 도와 곤경 속에서 살아가는 모든 사람과 민족에게 효과적인 도움을 주며, 선의를 지닌 모든 사람과 함께 이러한 활동에 협력하여야 합니다.

다시금 뜨겁게 주님을 체험할 수 있을까?

질문자는 언젠가부터 미사에 참례하고 기도를 해도 마음이 뜨겁지가 않다며, 습관이 돼버린 건지 속상해합니다. "어떻게 하면 제가 다시금 뜨겁게 주님을 체험할 수 있을까요?" 하고 묻습니다. 결론적으로 말합니다. 사랑하십시오. 그러면 뜨거워집니다. 교회는 야전병원이라고 프란치스코 교황은 말합니다. 병원에는 사랑을 필요로 하는 많이 아픈 사람이 옵니다. 교회가 바로 그러해야 합니다. 기존의 본당 구조는 국가를 운영하는 구조, 곧 국가의 장관직과 같은 복지분과, 전례분과, 교육분과 등 전문 분과들로 가득 차 있습니다. 당연히 필요합니다. 그런데 신도들이 모여 공동체를 이루는 본당이 교황님의 말처럼 병원의 구조를 띤다면, 그곳에서 많은 사랑의 열정이 요청되기에 우리 신앙의 열정이 절대로 요청됩니다.

대부를 서도
될까요?

Q 성당에서 봉사를 하다 보니, 대자가 많아졌습니다. 그런데 그들이 이사를 가기도 하고 저도 이사를 하면서 연락이 끊어지는 일이 생겼습니다. 심지어 기억나지 않는 대자도 있습니다. 이런 상황에서 또 대부를 서달라는 부탁을 받습니다. 이젠 거절해야 할까요? 아니면 또다시 대부를 서야 할까요?

A 대부(代父)

우리에게 잘 알려진 영화 「대부」(代父)는 말론 브란도가 주연한 미국 영화입니다. 1972년에 상연한 「대부」를 우리는 한국 영화관에서 볼 수 있었습니다.

「대부」는 뉴욕 마피아 조직 중 어느 두목의 일생을 그린 영화입니다. 한마디로 불한당들의 피 튀기는 삶이 펼쳐지는 영화입니다. 그런데도 사람들은 왜 그 영화를 좋아하는 걸까요? 누구에게나 잠재의식 속에 숨어 있는 욕망의 얼굴을 이 영화에서 볼 수 있기 때문이 아닐까 하고 생각을 합니다.

한몫, 큰돈을 잡기 위해 수단과 방법을 가리지 않고, 걸림돌이 되는 사람은 가차 없이 제거하는 마피아 수법에서 인간 속에 숨어 있는 검은 욕망과 유혹은 대리만족을 느낄 것입니다.

"절대 거절하지 못할 제안을 할 거야." 스스로에게 대화하는 마피아 대부 말론 브란도의 유명한 말입니다. 거절했을 때 어떤 대가가 주어진다는 것을 상대방에게 이미 보여주었기 때문에 확신에 찬 말입니다. 그들에게도 가족 사랑은 유별납니다.

말론 브란도는 셋째 아들의 조카 유아세례 때 대부를 섭니다. 정장을 하고 엄숙한 성당 안에서 사제 앞에 서 있습니다. 사제가 아기 이마를 물로 씻을 때 그는 십자 성호를 함께 긋습니다. 그런데 그의 머릿속에는 자기 부하의 임무를 생각하고 있습니다. 그 임무란 어느 배반자를 찾아 죽이는 일입니다. 물론 그의 부하는 실수 없이 임무를 수행합니다.

필자 머릿속에 남아 있는 가장 인상적인 장면은 대부 말론 브란도의 죽는 장면입니다. 그도 보통 할아버지들처럼 네 살짜리 손자와 정원에서 놀아줍니다. 그러다 큰 나무를 비잉 돌던 말론 브란도가 퍽 쓰러져 큰 대자로 뻗습니다. 심장마비였습니다. 손자는 할아버지가 장난으로 그러는 줄 알고 키득키득 웃으며 좋아하였습니다.

두목은 직접 손에 피를 묻힌 적은 없습니다. 그의 심중을 알아차려 부하들이 다 알아서 죽이고 죽어가지 않았나 싶습니다. 그 두목이 순진무구한 손자의 해맑은 웃음과 함께 일생을 마쳤다는 것은 무엇을 의미하는 걸까요?

대부는 세례 때 옆에 있는 들러리일까요?

대부에 대한 영화 생각이 나서 영화 이야기를 먼저 해 보았습니다. 영화 「대부」에서 말론 브란도는 손자의 할아버지이면서 세례 때 대부를 섰는데, 그 역할이 단지 손자와 함께 놀아 주는 역할뿐일까? 하고 생각해 봅니다.

오늘의 주제를 묻고 있는 질문자 역시 이사를 많이 하고 서로 연락이 끊어져 가는 환경에서 대부를 서야 할지 망설이는데, 정말 그럴 수 있다는 공감이 크게 다가옵니다. 그런데 대부는 성사나 견진성사를 받는 남자의 종교상의 남자 후견인을 뜻합니다. 또한 어떤 분야에서 오랫동안 활동해서 영향력이 가장 큰 남자를 비유하는 표현이기도 합니다. 물론 성당에서 대부를 선다는 의미는 전자를 말하고 있습니다.

이제는 옛날과 달리 물리적으로 먼 거리감이 SNS 등으로 가까워져 소통이 전혀 불가능하지 않은 환경인 것은 분명합니다. 그러므로 무엇보다 기도로 기억하고 응원해 주는 것이 중요합니다. 또한 대자 모임을 만드는 것은 적절하지 않은 듯하지만, 피정이나, 순례 그리고 의미 있는 봉사활동에 부담

없이 영적으로 초대하는 형태로 신앙의 삶을 도와주는 후견인처럼 하시면 될 것입니다. 복음에서 예수님께서 보여주신 제자들과의 영적인 관계를 부담 없이 실천할 수 있는 방법을 선택하면 충분하다고 봅니다. 이제 대부의 역할과 자세가 복음의 시선으로 이루어지길 바라면서 다음의 글이 도움 되길 바랍니다.

대부(代父)도 부르심을 받은 사도이다

위대한 사람들은 자신을 대신할 수 있는 제자를 형성하도록 사람들을 찾습니다. 그러나 그들의 능력까지 줄 수는 없습니다. 유명한 과학자 파스퇴르는 프랑스 시골에서 여름휴가를 보내며, 저녁이면 그 마을 본당 신부님과 체스를 두곤 하였습니다. 토요일이 되자 본당 신부는 주일 강론을 준비해야 하는 부담을 갖게 되었습니다. 불편한 모습을 보고 파스퇴르가 무슨 일이냐고 묻자, 본당 신부는 내일 강론 때 교회 공동체가 하느님으로부터 왔다는 기원을 설교해야 하는데, 당신이라면 어떻게 설명하시겠냐고 물었습니다.

파스퇴르는 한동안 생각을 한 후, 제가 사람들에게 말해도 되겠냐고 물었습니다. 본당 신부는 그렇게 하라고 했습니다. 주일 강론 시간, 파스퇴르는 입을 열었습니다. "교우 여러분, 여러분 마을에서 열두 명의 젊은이를 선택하시오. 그리고 두

해 정도 당신이 알고 있는 모든 것을 모두 가르치시오. 그리고 하나는 뉴욕으로, 다른 하나는 런던으로, 셋째 젊은이는 시드니, 그다음은 남아프리카로 파견하시오. 그다음 2000년이 지난 다음 여러분들이 그곳을 가서 보시오. 그곳 사람들이 그들의 무엇인가를 아직도 알고 있는가를 말이요."

인간적으로 열두 사도는 지금보다 훨씬 안 좋은 상황에 있었습니다. 그러나 우리는 지금 그들의 이름을 기억하고 있습니다. 그들은 교회의 기둥이 되었습니다. 왜냐하면 그리스도의 힘과 능력이 그들과 함께 있기 때문입니다. 주님은 약속하셨습니다. "내가 세상 끝 날까지 언제나 너희와 함께 있겠다"(마태 28,20). 대부가 주님의 말씀을 믿고 대자들을 위해 기도로 기억하는 것만으로도 제자들은 힘이 될 것입니다.

대부, 주님의 표징을 이해하는 자이다

율법 학자와 바리사이들이 "스승님, 스승님이 일으키시는 표징을 보고 싶습니다"라고 말합니다. 그들은 구약에서부터 징표를 찾아다녔습니다. 구약에서의 징표는 해방과 자유를 가져다주는 출애굽이고, 출애굽 해방을 현재화하도록 시나이에서 맺은 계약의 내용, 곧 율법과 제사법을 제대로 지키는 것입니다. 그런데 그들은 그 징표를 모르는 척하고 있는지, 아니면 아예 잊어버렸는지, 그렇지 않다면 예수님을 떠보

230

느라고 그랬는지 하여간 예수께서 일으키는 표징을 요구합니다. 하지만 예수님께서는 그들의 속임수를 알아차리는 듯 다음과 같이 말씀하십니다. "악하고 절개 없는 세대가 표징을 요구하는구나! 그러나 요나 예언자의 표징밖에는 어떠한 표징도 받지 못할 것이다"(마태 12,39). 주님은 율법 학자와 바리사이가 요구하는 징표를 단박에 거절합니다. 다른 징표가 없고, 있어서도 안 된다는 것을 보여줍니다. 왜냐하면 구약의 징표는 출애굽 파스카이고, 그 구약 징표의 완성이 신약의 징표인 십자가 파스카를 통해 완성되기 때문입니다. 그것을 주님께서 다음과 같이 설명하십니다.

"요나가 사흘 밤낮을 큰 물고기 배 속에 있었던 것처럼, 사람의 아들도 사흘 밤낮을 땅속에 있을 것이다." 이 말씀으로 신약의 파스카인 십자가의 죽음과 부활이 율법 학자와 바리사이가 보고 싶어 하는 징표라고 말씀하신 것입니다. 이어서 주님은 말씀하십니다. "심판 때에 니네베 사람들이 이 세대와 함께 다시 살아나 이 세대를 단죄할 것이다. 그들이 요나의 설교를 듣고 회개하였기 때문이다." 주님께서는 이제 율법 학자와 바리사이에게 징표 중의 징표를 받아들이도록 회개의 삶으로 나오기를 초대하고 있습니다(마태 12,38-42 참조). 이처럼 대부는 예수님의 징표를 이해하고 살아가는 자입니다.

어떤 이가 예수님께, "보십시오, 스승님의 어머님과 형제들이 스승님과 이야기하려고 밖에 서 계십니다." 하고 말하였습니다. 그러자 예수님께서 당신께 말한 사람에게, "누가 내 어머니고 누가 내 형제들이냐?" 하고 반문하십니다.

누가 예수님의 가족이냐는 문제는 사실 매우 민감하면서도 중요한 신앙적인 뜻이 담겨져 있습니다. 특히 생물학적으로 바라보는 가족 형제들에 대한 의미가 아주 민감하기 때문입니다. 다시 말해서 예수님의 생물학적인 형제들이 '있었다', '아니다'라는 추측성 해석들로 오해될 수 있는 실제로 예민한 질문이 될 수 있기 때문입니다.

예수님께서는 이런 가족에 대한 주제가 후에 민감하게 될 것을 예측하셨는지, 다음과 같이 말씀하십니다. "당신의 제자들을 가리키시며 이르셨다. '이들이 내 어머니고 내 형제들이다. 하늘에 계신 내 아버지의 뜻을 실행하는 사람이 내 형제요 누이요 어머니다.'"

우리는 여기서 아주 절묘한 예수님의 대답을 듣고 있습니다. 예수께서는 당신의 제자들을 가리키며, 어머니고 형제들이라고 말씀하시면서, 생물학적 가족 관계를 뛰어넘어 신앙적이고 영적인 의미의 가족론을 말씀하고 계십니다. 예수님의 가족, 곧 어머니와 형제와 누이는 하늘에 계신 하느님 아버지의 뜻을 실행하는 사람이라는 분명한 정의를 내리십니다. 그러므로 우리도 하느님 아버지의 뜻을 실행할 때, 분명 예수님의 가족이 되는 것입니다(마태 12,46-50 참조). 대부는 하느님의 뜻을 이해하고 실행하는 자입니다.

축복받지 않은 성물,
사용해도 괜찮은가요?

Q 지인이 성지순례를 다녀왔다며 묵주를 선물해 주었습니다. 축복은 받지 못했다고 저더러 받아서 사용하라고 합니다. 그런데 자꾸 잊어버려 오래도록 축복받지 않은 상태로 거실에 놓여 있습니다. 한번은 사용하던 묵주가 끊어져 그 묵주를 사용하기도 했습니다. 묵주나 십자가 등 성물을 축복받지 않은 채 사용하거나 집에 모셔두어도 되는 것일까요?

A 묵주를 선물 받으셨군요. 하지만 축복받는 것을 잊고 거실에 놓아두다가 그 묵주를 사용하기도 하셨군요. 기도를 하면서도 얼마나 마음 불편하셨을까 생각해 봅니다.

우선 축복받지 않은 성물을 잠시 집에 놔둘 수는 있겠지만, 성화나 성물 그리고 모든 전례도구들은 그 자체로 전시를 하거나 소유를 하기보다는 그 목적이 기도하는 데 있다는 것을 말씀드리고 싶습니다. 그러므로 전례용품들을 사용하고 바라보면서 전례적인 행위를 하려면 반드시 신부님께 주님의 축복 곧 축성(祝聖)을 받아서 사용해야 합니다. 이것을 교회에서는 준성사(準聖事, sacramentalia)곧 신자들의 영신적 유익을 위해서 예수 그리스도께서 제정한 성사를 모방한 것으로서 하느님의 은총이 내리도록 하는 거룩한 행위나 물건 등을 말합니다. 준성사의 목적은 이를 통하여 그리스도의 현존을 더욱 깊이 인식함으로써 하느님을 찬미하며 흠숭하기 위한 것입니다. 준성사는 크게 축성과 축복, 구마의 세 가지 종류로 구별됩니다. 이는 성사와는 달리, 준성사를 받는 이의 믿음과 신심의 정도에 따라 은총이 주어집니다.

그러므로 자꾸 축복받는 것을 잊어버려 오래도록 거실에 놓아두는 것도 피해야 하지만, 성물을 보석 등과 같이 소유와 현시로 사용해선 안 됩니다. 성물의 목적에 따라 합당한 기도를 하고 그 안에 들어 있는 신앙과 신심의 의미를 이해할 필요가 있습니다.

예수님께서도 사도들을 파견하며 그 의미의 근본적인 가치 곧 파견의 본질을 말씀하시듯이, 성물 묵주로 기도하는 데에서도 하느님의 축복으로 기도하는 것이 더욱 본질적인 가치라는 것을 이해해야 합니다. 때문에 축성된 묵주로 기도하는 것이 근본적인 가치이듯이, 이제 특별히 예수님의 파견을 받은 사도들의 마음 자세와 묵주기도를 드리면서 "은총이 가득하

신 마리아님!" 하고 기도드리는 마리아가 어떻게 하느님의 축
복과 은총을 충만히 받았는가를 살펴보고자 합니다.

파견이 하느님의 축복이듯, 묵주기도도 축성으로 시작됩니다

예수님께서는 사도들을 "둘씩 짝지어 파견하기 시작하셨"
(마르 6,7)습니다. 그리스도의 신앙을 전하는 사명을 위해 불린
것이 파견입니다. 이처럼 파견된 자만이 수행하는 것이 선교
인데, 하느님께서도 사도들처럼 나를 무엇 때문에 어디까지
가도록 파견하실까 생각해 봅니다. 둘씩 파견하는 의미는 주
님께서 제자들에게 유언으로 남겨주신 사랑의 새 계명, "서로
사랑하여라"(요한 13,34)를 말하고 있는 듯합니다. 선교는 믿는
이들이 서로 사랑하는 행위입니다.

그런데 주님께서는 "전대에 돈도 가져가지 말라고 명령하
시고"(마르 6,8) 계십니다. 오늘날 선거, 정치, 사업에서 광고
가 대세입니다. 전 세계 5대 그룹도 소통을 전문으로 하고 있
는 구글, 아마존, 애플, 마이크로소프트, 페이스북입니다. 홍
보하고 광고하는 마케팅엔 큰돈이 필요합니다. 하지만 그리스
도께서는 제자들에게 돈 없이 떠나라고 재촉하십니다. 무엇을
먹고 어찌 살라고 주님께서는 제자들에게 돈 없이 무엇을 행
하라는 말씀인가요. 건물 없이 집도 절도 없이 무엇을 하란 말
씀일까요? 인간의 경험이 가르치는 것은 각자의 경험과 관심

에서 유용한 생각들이 퍼져 발전하는 모양에서 무엇인가 이익 곧 돈이 지불됩니다. 정치도 그렇고 교회의 운영과 선교도 그렇습니다.

하지만 하느님의 파견을 받은 교회의 선교사는 더 근본적인 가치를 가지고 있습니다. 선교 사명을 위해 하느님의 사명 수행을 위해 제자들에게는 일종의 '원의'가 있어야 하는데, 그 원의가 '마음'에서 일어나는 것입니다. 사도들, 선교사들, 우리 신앙인들에게는 돈과 경제와 재정도 중요하지만 더욱 중심적인 것은 하느님의 사명에 대한 원의, 곧 마음이 먼저입니다. 그래서 마음의 유산인 신앙을 후손들에게 남겨야 합니다.

주님께서는 "옷도 두 벌은 껴입지 말라고 이르셨"(마르 6,9)습니다. 우리는 여행에 당연히 여러 벌의 옷을 가지고 갑니다. 날씨가 춥고 비 오고 더울 수 있기 때문입니다. 여행은 예측할 수 없습니다. 그래서일까 여행을 두려워하는 자는 여정을 좋아하지 않습니다. 교회는 자연스럽고 가볍게 선교를 위한 여행을 해야 합니다. 또한 자유롭고 두려움 없이 말씀을 선포해야 합니다. 하지만 그리스도께서는 근심 걱정을 하지 말라고 사도들에게 참으로 격려하십니다. 선교 여행에서 꼭 필요한 조건이 무엇인가를 말씀하시기 위해서입니다. 이는 바로 '주님께서 파견하신다'는 것입니다. 그 조건은 자연과 역사 그리고 정치와 문화 안에서 움직이시는 분이 주님이시라는 것입니다. 반드시 기억해야 하는 것은 '주님의 파견을 받은 것'입니다. 이것이 핵심 조건입니다. 하느님의 파견 말고 다른 것에 의지하지 말라는 것을 다음과 같이 말씀하십니다. "길을 떠날 때에 지팡이 외에는 아무것도, 빵도 여행 보따리도 전대에 돈도 가져가지 말라고 명령하시고, 신발은 신되 옷도 두 벌은 껴입지 말라고 이르셨다"(마르 6,8-9).

그리스도교의 역사는 무거운 박해 기간을 거쳤고, 어떤 희망도 보이지 않던 때에도, 회개하는 백성들로 가득하였습니다. 그래서일까 복음을 통해 교회의 역사를 돌이켜보면, 그리스도 주님의 배가 폭풍에도 미풍의 모든 조건에서도 또 다른 한계를 향하여 항해하고 있습니다.

그러므로 묵주는 반드시 축성을 받아야 합니다. 성물이 성물답게 본질적으로 기도를 하는 데 사제의 준성사로서 축복을 받아야 합니다. 그 이유는 주님의 강복으로 묵주기도가 은혜 속에서 충만히 이루어질 수 있기 때문입니다. 사도들의 파견에서 둘씩 짝을 지어 가면서 전대에 돈도 가져가지 말고, 옷도 두 벌은 껴입지 말라는 뜻이 사도들이 파견되는 근본적인 가치가 마음에서 일어나는 사도들의 원의가 꼭 필요하며, 이 원의를 실행하기 위해서는 하느님의 파견에 의해서 이루어져야 하듯이, 분명 묵주기도는 하느님의 축복으로 시작됩니다. 곧 사제를 통해 축성을 받고, 기도를 드리는 것이 그 핵심입니다.

그러므로 하느님의 축복이 묵주기도가 지니는 은총의 근본적 가치입니다.

주님을 만나는 은총이 가득하신 마리아의 기도

우리는 하느님으로부터 받은 선물을 은총(gratia)이라고 부릅니다. 그러면 우리는 은총을 어떻게 받을 수 있을까요? 그것은 우리가 얼마나 예수 그리스도와 하나가 되느냐에 달려 있습니다. 다시 말해서 묵주기도를 드리면서 주님과 마음으로 일치하는 척도에 따라서 은총의 선물을 받습니다. 그렇다면 누가 구세주와 하나가 되는 은총의 삶을 사셨을까요? 그렇습니다. 바로 성모 마리아이십니다. 성모님께서는 전 생애에서 성부 아버지의 뜻에 따라 성령에 이끌려서 말씀이신 하느님의 아들 예수님을 낳으셨습니다. 바로 삼위일체 신비를 온전히 믿음으로써 은총을 충만히 받으셨습니다. 그러므로 성모 마리아의 삶에서 그 비밀은 하느님의 삼위일체 신비에 간직되어 있습니다.

마리아가 누구이고 어떤 삶을 살았을까? 마리아는 나자렛의 시골 처녀였고, 하느님의 부르심을 받아 하느님의 아들 예수 그리스도를 잉태하고 낳으셨으며, 그의 어머니가 되셨습니다. 하느님께서는 당신 백성을 위한 구원 계획을 선택된 마리아를 통하여 성령에 이끌려 예수 그리스도를 잉태하여 낳게 하시고, 교회의 모습으로서 마리아의 삶을 세상에 드러내셨습니다.

오늘날 한국 교계, 특히 가톨릭교회와 개신교회는 일치의 마리아론 정립이 절실한데, 이를 위해서는 첫째, 마리아의 개인 찬미 중심이 아니라 둘째, 성경과 교부 전통의 신앙 원천에서 셋째, 드러나는 구세사적 기능을 밝혀봐야 합니다.

신학교에서 마리아론 강의는 기본 신학을 모두 배운 후 대학원에서 이루어집니다. 왜냐하면 마리아론은 신론, 그리스도론, 성령론, 교회론, 은총론, 종말론, 구원론의 모든 신학적인 가치들을 응집하여 하느님의 뜻을 담아내고 있기에 모든 신학적 식견의 종합이라고 말할 수 있기 때문입니다. 그러므로 마리아의 신학 중심에는 하느님 나라가 존재합니다. 마리아는 성부와 성자와 성령과의 연관성에서 올바로 드러납니다. 그래서일까 마리아 안에서 잘 드러나는 신앙의 신비가 삼위일체 신비입니다.

하느님의 구원 행위와 그리스도의 육화가 성령 현존의 역사 안에서 드러나는데, 특별히 성령에 의해 구세사 안에서 마리아의 역할로 하느님의 구원 신비가 나타나고 있습니다. 이렇게 하느님의 계획 안에서 마리아가 신앙적으로 응답하고 있습니다. 그런데 성경에서 마리아의 동정 잉태는 마리아의 자유로운 신앙의 동의를 한층 더 강조하고 있는 것을 관찰할 수 있습니다. 이 의미는 구세사에서 하느님의 활동이 인간의 자유를 무시하지 않는다는 것을 말하고 있는 것입니다. 그러므로 마리아의 신앙적인 동의가 구약의 아브라함과 시나이 계약보다 한층 더 의미 있는 공식적인 구세사의 사건으로 간주될 수 있습니다.

개신교의 16세기 종교개혁자 루터, 20세기 신학자 바르트도 동정녀로서 예수님을 잉태하고 낳은 어머니 마리아를 단지 개인만이 아니라 구세사에서 공적인 기능을 수행하신 분으로 공경하고 있습니다. 『교회헌장』 56항은 마리아가 자유로운 신앙과 순종으로 인류 구원에 협력을 하셨다고 전하고 있습니다. 이러한 구세사 안에서 마리아의 위치는 하느님의 구원 계획 안에서 이루어지는 현장이므로 묵주기도 역시 하느님의 축복을 통해서 기도드리도록 우리 모두 초대된 것입니다.

꼭 성당 단체에
가입해야 하나요?

Q 저는 혼자 미사 보고 기도하는 걸 좋아합니다. 가족이나 이웃을 위해 기도하는 것도 잊지 않습니다. 그런데 성당 단체에서 계속 가입 권유를 합니다. 거절할 때마다 죄스러운 마음이 들어 성당 가는 게 불편하기까지 합니다. 혼자 미사와 기도로 신앙 생활하는 것은 잘못된 걸까요?

A 사람들이 성당을 찾는 목적을 가만히 살펴보면, 많은 분들이 마음의 평화를 얻기 위해서라고 말합니다. 그래서일까 성당에 다니는 교우들의 성향을 보면 조용한 성품의 소유자들이 대부분이 아닐까 생각합니다. 오늘 질문자께서도 혼자 미사 보고 기도하는 걸 좋아한다고 고백합니다. 물론 질문자는 가족과 이웃을 위해서도 기도합니다. 단지 성당의 단체에 가입하는 게 불편하다고 말하고 있습니다. 그래서 질문자가 혼자 미사와 기도로 신앙생활하는 것이 잘못된 걸까 묻고 있는

데, 충분히 이해가 갑니다. 하지만 신앙생활을 지속적으로 하면서 미사에 참여한다는 것이 무슨 의미를 가져다주고, 기도를 한다는 게 어떤 뜻을 나타내고 있는가를 성찰할 필요가 있습니다.

이제 필자는 미사성제 곧 성찬례의 의미를 살펴보고자 합니다. 성체성사에 대한 신학적인 의미를 베네딕토 16세 전 교황님의 회칙 『하느님은 사랑이십니다』에서 살펴 어떻게 신앙생활하는 게 하느님께서 원하시는 것인지를 질문자께서 생각하고 스스로 결정할 수 있길 바랍니다.

미사, 사랑의 성체성사, 하늘에서 내려온 빵

"예수님께서는 최후 만찬에서 성체성사를 세우심으로써 당신 자신을 바치는 이 행위가 영원히 현존하게 하셨습니다. 그분께서는 빵과 포도주를 통하여 당신 자신, 곧 새로운 만나(요한 6,31-33 참조)인 당신의 몸과 피를 제자들에게 주심으로써 당신의 죽음과 부활을 예고하셨습니다"(『하느님은 사랑이십니다』, 13항).

성체성사는 당신 자신을 바치시는 역동적인 행위 안으로 들어갑니다. 거룩한 성체가 하느님 생명으로 머무는 것이 아니라 인간 생명, 내 생명, 이웃 생명이 되시는 기적입니다.

유다인들은 출애굽을 한 다음 시나이 사막 광야에서 하느님의 특별한 도움이 필요했습니다. 그들은 하늘에서 내려온 만나를 받아먹었습니다(탈출 16장 참조). 하느님이 내려주신 만나 없이 유다인들의 광야 여정은 불가능하였습니다. 하느님의 이 도움은 신약에서 하늘의 빵, 성체성사로 다시 선물됩니다. "하느님의 빵은 하늘에서 내려와 세상에 생명을 주는 빵이다"(요한 6,33).

빵은 우리에게 생명을 주십니다. 성체성사는 세상에 당신의 생명을 주시는 성사입니다. 거룩한 영성체는 하느님의 생명이 우리 안으로 들어와 우리 생명이 되는 사건입니다. 그러므로 우리는 영성체로써 영원한 생명을 받고, 영원한 힘이 생겨나고 성장합니다. 주님께서는 최후 만찬에서 성체성사를 세우셔서 당신 자신을 바치는 이 행위가 영원히 현존하게 하셨습니다. 빵과 포도주를 통하여 당신 자신, 곧 새로운 만나(요한 6,31-33 참조)인 당신의 몸과 피를 제자들에게 주심으로써 당신의 죽음과 부활을 예고하셨습니다.

성체성사, 일치를 위한 사랑

" '빵이 하나이므로 우리는 여럿일지라도 한 몸입니다. 우리 모두 한 빵을 함께 나누기 때문입니다' (1코린 10,17). 나는 단지 자신을 위해서만 그리스도를 차지할 수 없습니다. 나는 그리스도의 사람이 되었거나 될 모든 사람과 일치를 이룰 때에만 그분께 속할 수 있습니다. 영성체는 내가 자신에게서 벗어나 그분을 지향하도록, 그리하여 모든 그리스도인과 이루는 일치를 지향하도록 해 줍니다. 우리는 또한 어떻게 아가페가 성찬례를 가리키는 말이 되었는지 이해할 수 있습니다"(『하느님은 사랑이십니다』, 14항).

성찬의 친교인 '예배' 자체 안에는 사랑받는다는 사실과 그에 이어 다른 이들을 사랑한다는 사실이 내포되어 있습니다. 하지만 구체적인 사랑의 실천으로 건너가지 않는 성찬례는 그 자체로 불완전한 것입니다. 사랑은 타인을 위해 자신의 시간, 계획을 내어주고 변경하는 것입니다.

"너희가 사람의 아들의 살을 먹지 않고 그의 피를 마시지 않으면, 너희는 생명을 얻지 못한다"(요한 6,53)는 말씀에서 피를 마신다는 표현은 강해 보이고, 혹자들에게는 부정적인 반응을 일으키게 합니다. 그런데 옛 백성들은 피 안에 영혼의 자리가 있다고 믿어 왔습니다. 생명은 피의 확산과 함께 퍼져나갑니다. 그러나 피는 역시 강한 일치의 상징이기도 합니다. 실제로 학연, 지연, 혈연 가운데 어떤 인연이 강할까요? 피는 물보다 더 진하다는 말이 있듯이, 피의 결합으로 가족관계가 됩니다. 안티오키아의 성 이냐시오께서도 "성체성사의 빵과 포도주를 먹고 마시는 것은 그리스도의 몸과 영혼으로 들어가는 것이다"라고 말씀하셨습니다.

현대 영성가들도 몸과 정신을 분리하여 말하는 것을 피하고 있습니다. 거룩한 영성체로 우리는 실로 영원한 생명 안으로 들어가 그리스도의 친족이 됩니다. 하느님은 우리의 참 아버지, 마리아는 우리의 참 어머니, 이웃들은 우리의 참 형제자매가 됩니다. 왜냐하면 우리 모두 안에 같은 그리스도의 피가 돌고 있기 때문입니다.

이 성체성사의 '신비'는 한편 사회 공동체적 특성을 지니고 있습니다. 성사의 친교, 곧 영성체를 통하여 나는, 성체를 받아 모시는 다른 모든 사람과 마찬가지로, 주님과 하나가 되기 때문입니다. 영성체는 내가 자신에게서 벗어나 그분을 지향하도록, 그리하여 모든 그리스도인과 이루는 일치를 지향하도록 해 줍니다. 우리는 그리스도의 한 실존 안에 완전히 결합된 '한 몸'이 됩니다. 하느님 사랑과 이웃 사랑은 이제 참으로 성체 안에서 하나가 됩니다.

그러므로 성찬례에서 하느님 자신의 사랑, 아가페가 그리스도의 몸으로 우리에게 오시어, 우리 안에서 우리를 통하여 당신의 일을 계속하시는 것입니다. 그리고 예수님께서 율법과 예언서로부터 하느님 사랑과 이웃 사랑의 이중 계명으로 넘어가신 것, 또 이 핵심 계명을 신앙생활 전체의 바탕으로 삼으신 것은 단순히 도덕의 문제가 아닙니다. 신앙과 예배와 관습은 서로 얽혀 있는 단일한 하나의 실재입니다. 그 실재는 우리가 하느님의 사랑, 아가페와 만남으로써 구체화합니다. 이때 예배와 윤리의 흔한 대립은 그대로 무너지고 맙니다. 곧 신앙과 삶과 전례기도는 동전의 양면 혹은 손의 안팎이 된다는 것입니다. 하지만 사랑의 '계명'은 가능합니다. 사랑은 단순한 요구가 아니라 먼저 주어지는 선물이기 때문입니다.

사랑의 본질(『하느님은 사랑이십니다』, 15항)

부자와 라자로의 비유(루카 16,19-31), 착한 사마리아인의 비유(루카 10,29-37)에서 '이웃'의 개념은 근본적으로 자기 동포와 이스라엘 땅에 정착한 외국인들을 지칭하는 것으로 이해되었습니다. 곧 단일 국가나 단일 민족으로 구성된 긴밀한 공동체를 일컬었습니다. 하지만 예수님의 가르침 안에서 이러한 제한이 이제 없어진 것입니다. 나를 필요로 하는 사람, 내가 도울 수 있는 사람은 누구나 나의 이웃이 된 것입니다. 그러므로 '이웃'의 개념은 이제 보편화되었지만, 구체적입니다. 이웃의 개념이 모든 인류에게로 확대되었지만, 그렇다고 일반적이고 추상적이며 커다란 의무를 지지 않는 사랑의 표현으로 격하된 것이 아니라, 지금 여기에서 구체적인 행동을 하도록 내게 요구합니다.

최후의 심판에 대한 위대한 비유(마태 25,31-46)에서 사랑은 한 인간의 삶이 가치 있는 것이었는지 아니었는지를 최종적으로 판단하는 기준이 됩니다. 당신 자신을 가난한 사람들, 병든 사람들, 감옥에 갇힌 사람들과 동일시하였습니다. 이처럼 하느님 사랑과 이웃 사랑은 주님 예수 그리스도 안에서 하나가 되었습니다. 형제들 가운데 가장 작은 이들 안에서 우리는 바로 예수님을 만나며, 예수님 안에서 하느님을 만납니다.

　이제 묻고 계신 질문으로 되돌아가 봅니다. 질문자께서는 세례 성사를 받아 신자가 되었고, 혼자 미사 보고 기도하는 걸 좋아하면서도 잊지 않고 가족이나 이웃을 위해 기도하십니다. 하지만 성당의 단체 가입 권유를 거절할 때마다 죄스러운 마음이 들어 성당 가는 게 불편해, 혼자 미사와 기도로 신앙생활 하는 것은 잘못된 걸까 묻고 계십니다.

　지금까지 말씀드린 성체성사에 대한 신학적인 의미를 들어 보셨듯이 이제는 질문자께서 자유로운 동의로 선택을 할 수 있습니다. 혼자 신앙생활할 것인지, 단체에 가입해 공동체 신앙생활을 할 것인지 결정할 수 있습니다. 자신 홀로 삶을 살고 믿음을 살아가는 데서 벗어나 다만 성장하는 공동체 신앙생활로 옮겨가도록 성찬례의 의미를 알아차리고, 사랑의 성체성사가 구체적으로 실천되는 것이 어쩌면 보다 성숙한 신앙생활을 할 수 있다고 봅니다. 성당에는 다양한 단체들이 있습니다. 본인이 자유롭게 가입을 하고 싶은 곳에 들어가 사랑을 나누는 봉사면 충분합니다.

후원금이
밀렸습니다

Q 후원 단체에 가입하곤 깜빡해서 매달 약정한 후원금을 내지 못했습니다. 그러다 보니 밀린 후원금 액수가 엄청 커졌습니다. 금액도 부담이 되고 미안한 마음도 들어 단체에 연락도 못 하고 있는 상황입니다. 이럴 땐 어떻게 해야 할까요?

A 후원금, 이웃 사랑

그동안 후원 단체에 가입하고 매달 약정 후원금을 봉헌해 온 질문자에게 먼저 감사하다는 말씀을 드리고 싶습니다. 질문자께서는 깜빡해서 매달 후원금이 밀려 그 액수가 많아지셨다고 했는데, 충분히 그럴 수 있다고 생각합니다. 필자도 오랫동안 몽골의 선교사들을 위해 '몽골선교후원회'를 맡아보고 있는데, 후원하시는 분들의 상황은 정말 예측할 수 없더군요. 이사를 가셔서 주소가 달라지고, 후원하시는 분께서 세상을 떠나시며, 그리고 우편물 배달이 잘되지 않을 때도 있고, 정말 경제적으로 생활이 어려워져 후원을 그만두실 때도 종종 발생합니다. 그럴 때 제게 드는 생각은 한 가지입니다. 후원자분들에게 어떤 일이 일어났는지 먼저 걱정이 되는 것입니다.

그런데 이처럼 후원금을 낼 수 없는 경우에 후원자분들은 정말 망설이고 또 망설여서 전화 한 통을 저에게 하십니다. "죄송하지만 경제적인 이유로 후원을 할 수 없어요…"라고 하시면, 저는 이렇게 말씀을 드립니다. "아! 그러세요? 힘이 드셨을 텐데 지금까지 도와주셔서 감사합니다. 일이 잘 풀리시도록 기도드릴게요. 기회가 되시면 다음에 또 부탁드립니다. 찬미 예수님!" 하지만 나눔의 기적은 계속되고 있습니다. 20년이 다 되어가는 몽골선교후원회의 후원금은 지금도 모여서 몽골의 선교사 신부님들에게 지속적으로 전달이 되고 있습니다.

질문자께서는 깜빡해서 밀린 후원금도 부담이 되고 미안한 마음도 들어 단체에 연락을 못 하고 있는 상황이신데 이럴 땐 어떻게 해야 할까? 하고 질문하셨습니다. 참으로 아름다운 마음을 가지고 계십니다. 제가 말씀드린 대로 발생할 수 있는 상황은 참으로 많습니다. 후원단체는 이러한 모든 상황을 이해하고 받아들입니다. 그러므로 질문자께서 가지시는 미안한 마음을 충분히 이해할 수 있습니다. 후원금은 의무적으로 내는 교통 위반 범칙금이나 일반 세금의 종류가 아닙니다. 전적으로 후원자분들의 '자발적인 나눔'이지요. 만일 너무 미안한 마음이 든다면 반액 또는 삼 분의 일 정도를 보내드리는 것은 어떠신지요. 그런데 만일 그 금액이 부담되신다면 지금부터라도 처음 나눌 때 그 마음으로 다시 시작하셔도 된다고 생각합니다.

나눔의 삶은 신약성경이 제시하는 '사랑' 특히 구체적인 그리스도교의 '이웃 사랑'을 실천하는 것입니다. 이제 필자는 성경에서 예수님께서 말씀하시는 나눔의 영적인 가르침 몇 가지를 나누면서 질문자에게 용기와 희망을 가져보라고 말씀을 드립니다.

자발적인 나눔

유다인은 하느님 신앙을 사는 믿음의 백성입니다. 예수님의 제자들은 '서로 사랑하여라' 는 사랑을 살아갑니다. 교회는 야전병원이라는 프란치스코 교황님 말씀처럼, 우리에게는 믿음과 사랑과 희망으로 연대하는 나눔의 삶이 요청됩니다.

예수님은 "하느님의 나라는 겨자씨와 같다"(루카 13,19)고 말씀하셨습니다. 본디 씨앗은 작고 시시하지만 그 속에는 놀랄 만한 생명이 있어 꽃을 피우고 열매를 맺는 힘을 지닙니다.

스티브 잡스는 자서전에서 "환각상태에 들어가 신성에 파장을 맞추고 속세를 벗어나라!"고 말했는데, 그래서인지 그는 남의 인생을 살지 않고, 자기가 하고 싶은 일을 하며, 내면의 소리에 귀 기울이고 바라보라면서 아이폰을 만든 듯합니다. 잡스가 환각상태에 들어가라고 한 말은 기도하는 몰입의 상태를 뜻하고, 신성에 파장을 맞추라는 것은 꽃피고 열매 맺는 힘을 지닌 겨자씨를 들여다보고 꺼내 사용하라는 것과 같아 보입니다.

"누룩과 같다"(루카 13,21)는 말씀에서 누룩은 숨어 있는 풍요의 씨앗처럼, 밀가루 속에서 뒤섞이면 부풀어 오릅니다. 그래서 씨는 교회의 내적인 힘과 성장을 표현하는데, 누룩은 세상을 변화하고 교회의 능력을 보여 세상의 가치들을 뒤집어 보입니다.

그런데 겨자씨와 누룩은 무엇일까요? 복음입니다. 복음은 세상에서 다른 것과 대체하면서 사람들의 문화를 바꾸지 않고, 그 안으로 스며들 뿐이어서, 씨앗으로서 복음은 늘 사라질 준비를 합니다. 열매를 맺기 위해서 그렇게 합니다. 복음은 자신을 바꾸라고 강요하지 않고 스스로 변화하도록 인도합니다. 나를 자라게 하는 인생의 씨앗, 복음은 어려운 이웃을 위해 사라질 준비를 하기 때문입니다.

행복 선언에서 말하는 가난이라는 것은 무엇일까요? 가난은 단순히 물질적인 현상이 아닌 듯합니다. 그런 가난은 사람을 구해 주지는 않습니다. 복음을 보면 예수님께서 말씀하시는 가난은 자발적인 가난인 듯싶습니다. 그래서 돈의 노예로 살 수 없다는 자각으로 스스로 가난을 선택하는 결단을 내리지 않으면, 예수님께서 말씀하신 행복한 가난을 영원히 이해할 수 없는 듯합니다.

예수님의 자발적인 가난이란 물질 위에 남겨지는 게 아니고, 봉사와 무소유 그리고 정의에 그 토대를 두고 있습니다. 자신의 소유를 남을 위한 봉사, 곧 나눔의 신비로 이해하고, 소유의 문화에 맞서서 내적인 자유를 대안으로 내세우며, 사회 정의를 위한 전제조건을 마련하도록 하는 가난입니다. 그래서 가난한 사람에게 하느님 나라가 선물로 주어지는데, 그런 하느님의 선물을 받는 가난한 사람의 삶의 방식이란 '가진 사람이 마치 가지고 있지 않은 사람처럼'(1코린 7,21-31 참조)사는 것이라고 예수님께서 말씀하고 있는 듯합니다.

신의 축복을 거부한 자?

부자와 가난한 라자로의 비유(루카 16,19-31)는 무엇이 부자에게 불타는 지옥에서 영원한 고통을 당하게 만들었던 것일까를 생각하게 합니다. "어떤 부자가 있었는데, 그는 자주색 옷과 고운 아마포 옷을 입고 날마다 즐겁고 호화롭게 살았다"(루카 16,19). 대체 부자로서 사회적 명망도 높았을 그를 지옥 불에서 울부짖게 만들었던 것이 무엇이었을까요?

자기 집 문간에 비참한 한 인간이 있다는 사실을 깨닫지 못하고, 바라보지 못했다는 것입니다. 볼 수 있는 조건도 있었고, 능력도 있었으며, 기회도 많았던 그가 보지 못했다는 것입니다. 이것이 이 비유 속 부자의 죄입니다.

자신이 소유한 능력과 권한과 재물의 크기만큼 사람에 대한 책임이 있고, 내가 가진 능력과 권한과 소유한 자본의 크기만큼 져야 할 죄의 분량이 크다는 것. 그래서 그 부자가 가진 것이 원래 자기 것이 아니었음을 깨닫지 못한다면 이 세상에 오신 그리스도의 말씀이 그 부자의 죄를 드러낼 것입니다.

바오로 사도의 말씀이 기억나는데, 그는 부익부 빈익빈을 다음과 같이 말씀하시는 듯합니다. "그분께서는 부유하시면서도 여러분을 위하여 가난하게 되시어, 여러분이 그 가난으로 부유하게 되도록 하셨습니다. … 지금 이 시간에 여러분이 누리는 풍요가 그들의 궁핍을 채워 주어 나중에는 그들의 풍요가 여러분의 궁핍을 채워 준다면, 균형을 이루게 됩니다. 이는 성경에 기록된 그대로입니다. '많이 거둔 이도 남지 않고 적게 거둔 이도 모자라지 않았다'"(2코린 8,9.14-15).

그런데 부자의 위험이 무엇이라고 말할 수 있을까요. 성경에 따르면 복지와 안녕을 누리는 것이 하느님의 선물입니다. 그래서 부유함은 하느님께서 주신 선물이므로 인간은 그 선물을 나누고 상호 애정과 관심에 주의를 기울여서 살아가야 합니다. 그리고 하느님께 충분히 감사하다 싶으면 그 자리에서 하느님께 받은 선물에 먼저 깊은 고마움을 드려야 합니다. 그 순간 하느님께서 선물하신 목표를 이룰 수 있습니다.

그러나 불행하게도 현실에서 부자에게 하느님의 선물은 더 이상 필요하지 않습니다. 왜냐하면 그가 모든 것을 소유하였기 때문입니다. 그래서일까 성경은 "부유한 자의 재산은 그에게 견고한 성읍이 되고"(잠언 10,15)라고 말하면서 부자의 재산을 견고한 성채로 표현하며, 이스라엘을 "내가 먹여 주자 그들은 배가 불렀고 배가 부르자 마음이 우쭐해져 나를 잊어버렸다"(호세 13,6)라며 질책합니다.

그러므로 성경은 부유함이 문제가 아니라 하느님 강복의 뿌리를 잊고, 지금 그 강복에 감사하지 않으며, 오만하게 죄를 짓게 되고 결국 모든 것을 잃어버리는 부자 신세가 된다는 것을 경고합니다. 사실 성경은 근본적으로 부유함을 반대하지 않습니다. 복지와 안녕, 풍요는 현실에서 살아가는 문제이기에, 하느님께서 우리 모두를 기억하셔서 주신 선물을 나의 안녕, 나의 복지와 부유함만을 위해 소유한다면 그것이 문제라는 고발이 성경의 가르침입니다. 그렇다면 어떻게 할 것인가요? 성경은 가난한 자를 위해 자발적으로 그 부유함을 나누며 사용할 의무를 말하고 있습니다.

"그의 집 대문 앞에는 라자로라는 가난한 이가 종기투성이 몸으로 누워 있었다"(루카 16,20). 그래서일까 신약성경의 적지 않은 부분에서 예수님께서 부자, 곧 부유함이 만들어가는 위험은 매우 크고 영향력이 있음을 고발하고 심지어 그것을 단죄하는 듯한 말을 던지십니다. "불행하여라, 너희 부유한 사람들! 너희는 이미 위로를 받았다"(루카 6,24). 그런데 부유함과 부자가 나쁜 것은 절대 아닙니다. 문제는 부자처럼 문 앞에 있는 라자로 거지에게 적어도 탁자에서 떨어진 빵 부스러기를 먹기 원하는 가난한 자에게 아무것도 나누지 않는 것입니다.

부자는 가난한 자를 위해 자비를 베풀어야 하는 책임을 가지고 있다는 것, 이것이 비유의 메시지입니다. 또한 가난 자체는 좋지 않은 악이 아닙니다. 가난한 자들은 하느님으로부터 배려되고 치료될 존재들입니다. 사람들이 가난한 자를 어떤 형태로든지 책임을 질 때, 엄청난 하느님 사랑의 사건이 발생할 것입니다.

교무금
얼마나 내시나요?

Q 교무금을 어떻게 책정해야 할지 궁금합니다. 경제적으로 어려운 것은 아니지만 십일조는 사실 부담스럽습니다. 소신껏 책정하고 싶은데 괜히 눈치가 보이기도 합니다. 교무금, 어느 정도가 적당할까요?

A 교무금을 정하시는 데 어려움이 많으시죠? 하지만 너무 염려하지 않으셔도 될 듯 보입니다. 오직 한 분, 하느님의 뜻만을 바라보시며 교무금을 자유롭고 소신껏 책정하시길 응원해드리고자 합니다.

'눈치가 보인다'는 말에서 저도 정말 하느님의 뜻대로 책정하고 싶지만 본인 이외의 사람들의 눈들로 멈칫할 수 있겠다는 느낌도 듭니다. 그래서 질문자께서 교무금을 소신껏 책정하고 싶은 마음에 힘을 실어드리도록 성경과 교회의 역사에서 있었던 사실들을 전해드리도록 하겠습니다. 결론적으로 '교무금, 어느 정도가 적당할까'라는 질문에 저는 봉헌생활을 얼마나 어떻게 하느냐에 달렸다고 말씀을 드리고 싶습니다.

교무금은 봉헌생활입니다

신자들은 주교회의나 교구의 규정에 따라 교무금, 주일헌금, 기타헌금과 모금 등으로 교회 운영 활동비를 부담하여야 합니다(교회법 제531. 1262조; 사목회의 교회운영 의안 제16. 46. 47. 65. 66조 참조). 교무금이라는 용어는 한국 가톨릭에서 사용하는 용어인데, 외국의 경우는 교무금은 없고 헌금을 봉헌하고 특히 독일에서는 종교세를 지불하는 등 나라마다 그 봉헌행위가 다양하지만 본질적으로는 성경과 교회의 역사 안에서 계승되어 온 전승에 따라 이루어집니다.

교무금의 봉헌형태를 볼 때 일반적으로 개신교 형제들은 십일조를 봉헌하고, 천주교 교우들은 일반적으로 삼십 분의 1조를 봉헌하는 것으로 알려져 있습니다. 하지만 한 달의 30일 중 하루의 수입을 하느님께 봉헌하는 삼십 분의 1조를 주교회의나 교구가 정한 원칙은 아닙니다. 교무금은 헌금과 달리 개인이 아니라 가정을 단위로 한 달 수입에 비례하여 봉헌합니다. 그러므로 교무금은 봉헌의 넓은 개념 안에 들어갑니다. 봉헌 안에 한국 천주교회는 교무금과 주일 헌금이 포함되고, 이웃 사랑을 위한 수도회나 선교회 또는 복지단체 등 여러 곳에 봉헌하는 후원금도 포함하고 있습니다.

그런데 봉헌의 근본 목적은 먼저 하느님께 대한 흠숭입니다. 곧 인간이 봉헌을 통해 하느님께 은혜를 구하며 하느님께 받은 풍성한 축복인 생명과 삶에 대해 감사를 드리는 신앙 흠숭 행위입니다. 한편 봉헌은 죄에 대한 속죄의 행위로서 하느님께 어떤 예물을 봉헌하는 삶을 말합니다. 이 밖에 봉헌의 2차 목적은 예식을 유지하고, 그 예식에 위임된 직무자들의 생활을 위한 것입니다.

교회에서 봉헌물 명목으로 제대에 헌금을 바치는 관습은 9세기 봉헌의 편리성 때문에 이루어졌습니다. 하지만 이미 4세기 유스티노, 테르툴리아노, 바울리노, 아우구스티노 등의 성인들이 헌금 봉헌을 위한 헌금통의 설치에 대해 언급하고 있는 것으로 보아 헌금 봉헌의 생활은 아주 오랜 역사를 가진 것이라고 볼 수 있습니다. 이런 모습 때문에 봉헌물이란 용어는 그 의미가 광범위하여 교회나 사제에게, 어떤 이유와 예식이나 신심의 목적으로 봉헌되었던 것뿐만 아니라 건물, 토지, 자산, 십일조, 기금 등을 다 포함하게 되었습니다.

처음에 봉헌물은 자발적으로 바치는 것이었습니다. 하지만 점차 신자들의 신앙심이 감소되면서 봉헌물도 줄어들어 이미 5세기에 와서는 의무적인 경향을 보였습니다. 주교들과 교회의 자발적인 봉헌이 하느님께 대한 흠숭이며 한편으로는 예식을 거행하는 성직자의 생계를 위한 것이었던 만큼, 봉헌물에 대한 진정한 의무와 권리에 대해서 언급하였습니다.

1969년 새 미사 경본은 성찬의 전례를 시작하는 봉헌 예식 때 빵과 포도주의 봉헌과 교회와 가난한 이들을 도와주기 위해 다른 예물들을 봉헌하도록 초대하고 있습니다.

십일조는 신약성경에서 언급이 없습니다

십일조는 종교의 목적으로 사용하기 위하여 수입의 10분의 1일을 내는 헌금입니다. 이스라엘을 포함한 근대 근동 지역뿐만 아니라 다른 지역의 종교와 문화에서도 십일조가 있었습니다. 하지만 성경에 언급된 십일조의 본질과 기능을 연대기적으로 재구성하는 것은 매우 어렵습니다. 왜냐하면 십일조에 관한 성경 본문의 언급들이 서로 일치하지 않고, 다양한 시간과 장소에서 행해진 관습들을 반영하고 있기 때문입니다.

구약성경에서 십일조에 관한 언급은 다양합니다. 여러 시대의 관습을 반영하는데, 구약성경의 십일조는 일반적으로 성전 유지와 관계가 있고 십일조 징수 방법과 보관 등에서 고대 근동의 십일조 관습과 크게 다르지 않습니다.

신약성경에서 십일조에 관한 언급은 거의 없습니다. 예수님께서는 바리사이 사람들이 박하와 시라 그리고 소회향 등에 대해서까지 십일조를 바치면서 율법을 준수하지만 정의, 자비, 신의 등의 율법은 소홀히 하고 있다고 책망하셨습니다(마태 23,23; 루카 11,42; 18,9-14 참조). 바오로 사도께서도 십일조(히브 7,4-10 참조)를 언급하셨습니다. 아브라함이 전리품의 10분의 1을 멜키체덱에게 주었으며, 레위인들은 십일조를 거둘 권한을 율법으로 보장받았다는 것입니다. 하지만 히브리서에서 구약의 십일조를 언급한 목적은 멜키체덱과 레위인들이 사제직을 실례로 들면서 예수님의 영원한 사제직을 논증하기 위한 것이지, 초대 교회 시대의 십일조를 언급하기 위한 것은 아니었습니다.

유럽 지역이 그리스도교화되면서 십일조는 교회의 관습으로 자리를 잡았습니다. 십일조로 바쳐진 돈과 곡식 그리고 가축 등은 성직자들의 생계를 뒷받침하고 교회를 유지하며 가난한 이들을 돕는 데 사용되었습니다. 십일조의 남용을 막기 위해서 그레고리오 교황은 6세기 교회의 의무규정으로 명시된 십일조를 평신도들이 차지하는 것을 금지시켰고, 제3차 라테란 공의회(1179)에서 평신도에 대한 십일조 의무의 강요를 금지시켰습니다. 십일조가 교회 운영과 성직자들의 생활 및 성당 건축을 위한 주요 자금원으로서 긍정적인 역할을 하였지만, 투명하지 못한 사용으로 일반 신자들에게 의혹도 주었기 때문입니다. 그 결과 프랑스에서 1789년 대혁명 기간 중에 십일조 제도가 폐지되었고, 이탈리아에서는 1887년에 폐지되었습니다.

고대 이스라엘 사회에서 십일조는 하느님의 몫으로 구별되어 바쳐졌습니다. 신학적으로 모든 생산물과 그 소출을 내는 땅은 궁극적으로 하느님께서 주시는 것이고, 그분에게 속해 있다고 보았습니다. 하지만 이것을 일상생활에서 인정하고 고백하는 행위는 구체적으로 십일조를 통해서 이루어졌습니다. 이처럼 구별된 십일조가 성전 유지나 사회적인 약자를 구제하기 위해서, 혹은 성전 순례의 비용으로 사용되었습니다. 이스라엘 백성들이 종교적인 목적으로 바치는 것은 십일조 외에 보상제, 속죄제, 친교제 등의 제물도 있었습니다. 하지만 십일조는 특정한 제사와 관계없이 모든 수입의 10분의 1을 의무적으로 바쳐야 한다는 점에서 이들과 구분됩니다.

고대 이스라엘 사회의 십일조 규정들을 현대 사회에 그대로 적용하기는 어렵지만, 십일조 규정에 내포되어 있는 신학적인 의미는 간과될 수 없습니다. 수입의 일부를 떼어 바침으로써 모든 생산의 근원과 주인은 하느님이시라는 것을 구체적으로 인정하고 고백하는 행동은, 오늘날에도 여전히 유효하게 유지되어야 한다는 것입니다. 하느님의 것으로 인정하며 구별하여 바치는 헌금이나 헌물이 개인적인 상황에 따라 수입의 10분의

1에 못 미치거나 훨씬 더 초과할 수도 있을 것입니다. 하지만 구약성경에 명시되어 있는 수입의 10분의 1이라는 규정은 하느님에 대한 믿음을 고백하는 행동의 기준을 제시해 주는 것이고, 그렇게 바쳐진 물질은 종교적인 목적과 사회적인 약자를 구제하기 위하여 사용되어야 할 것입니다.

『가톨릭 교회 교리서』 1351항에서 헌금에 대해 다음과 같이 소개하고 있습니다.

"초기부터 그리스도인들은 성찬을 위한 빵과 포도주뿐 아니라 가난한 사람들에게 나누어 줄 선물도 가지고 모였다. 지금까지 계속되고 있는 헌금(1코린 16,1 참조)관습은 우리를 부요하게 하시려고 가난하게 되신 그리스도를 본받아 지키는 것이다(2코린 8,9 참조)."

"부유하고 뜻이 있는 사람들은 스스로 정한 대로 내어놓습니다. 거두어진 것을 모임을 주재하는 사람에게 넘겨주면, 그는 고아, 과부, 질병이나 그 외에 다른 이유로 재산이 없는 사람들과 옥에 갇힌 사람들. 이민 온 사람 등 한마디로 궁핍한 사람들을 구제하는 것입니다(성 유스티노, 『호교론 I』, 67)."

유다인의 여러 전통과 마찬가지로 초대 그리스도교 공동체는 성전에 바치는 봉헌물 가운데 희생 제물과 기타의 봉헌물에 관한 사항들을 새로운 차원에서 받아들였습니다. 초대 그리스도교의 봉헌물 가운데 제일 중요한 것은 성찬례의 희생 제물이었습니다. 신자들이 성찬 전례에 사용되는 빵과 포도주를 제대에 봉헌하였다는 첫 언급은 사도 시대의 그리스도교 아가페(agape)와 관련되어 있습니다. 이때 신자 각자는 자기 봉헌을 하고, 참석자들은 이 봉헌물로 형제적인 식사를 하였으며, 또한 가난한 이들에게 나누어 주었습니다. 후에 아가페가 성찬의 전례와 분리되었을 때 봉헌물의 관행은 미사의 전례적 요건이 되면서 미사에 일치되었습니다. 그러므로 교무금과 헌금 등 이 모든 봉헌의 행위는 아가페 이웃사랑의 행위입니다.

2018년 한 해도 마지막 달력 한 장을 남겨놓고 있습니다. 통계에 의하면 본당의 일 년 예산이 이 기간에 채워지는 경향을 보입니다. 교우분들은 그동안 못다 낸 후원금과 교무금 등을 예수님의 성탄축제날이 있는 한 해의 마지막 달에 마무리하는 모습을 보이곤 합니다. 그렇습니다. 이는 가난한 목동들과 함께 마구간에서 태어나신 예수님의 성탄이 갖는 의미라고 생각합니다. 한 해를 마무리하는 이달을 아름답고 의미 있게 마치면서 내년 2019년에도 예수님을 따라 새로운 봉헌의 삶으로 시작하기를 기도합니다.

주일 대신
토요일 주일미사?

Q 십계명에 "주일을 거룩히 지내라"고 나오지만, 업무상 일요일에 거의 쉬지 못합니다. 혹 쉬게 되는 날이면 그동안 하지 못한 일을 하고 싶은 마음이 큽니다. 그래서 매번 토요일 주일미사를 보고 있습니다. 이런 제 행동이 십계명을 거스르는 것인지요?

A "업무상 일요일에 거의 쉬지 못합니다"라는 말에 마음이 안타깝다는 말씀을 드립니다. 사실 십계명은 이스라엘 백성들이 이집트의 고통과 어려움에서 해방된 날을 기념하는 것과 관련이 있습니다. 하느님께서 이스라엘 백성을 이집트에서 끌어내실 때 낮에는 구름기둥으로 밤에는 불기둥으로 모세를 통해 당신 백성들에게 진정한 해방과 자유를 얻게 해 주셨습니다. 십계명은 그날의 파스카(해방)를 기념하기 위한 날과 깊은 관련이 있습니다. 다시 말해서 성경은 이스라엘 백성이 이집트 탈출을 지속적으로 기억하여 일상생활에서 만나는 여러

가지 고통과 어려움을 이겨내는 해방과 자유를 다시 찾아 얻도록 백성들과 맺은 하느님 편에서의 약속을 계약이라는 용어로 사용합니다. 이처럼 하느님께서는 모세에게 백성을 위해 십계판에 열 가지 계명을 새겨 내려주시며 시나이산에서 하느님과 백성 사이에 계약을 맺으셨는데, 그 의미는 십계명을 지켜 출애굽 사건의 해방을 계속 현재화하기 위해서입니다. 그러므로 십계명의 "주일을 거룩히 지내라"는 뜻은 일상의 모든 어려움과 고통에서 해방되어 하느님 안에서 자유를 얻으라는 의미로서, 주일을 하느님과 함께 머무는 일종의 거룩한 '쉼'을 말하고 있습니다.

그런데 질문자께서 업무상 주일에 거의 쉬지 못한다는 말에서 하느님께서도 무척 안쓰럽게 생각하실 것입니다. 그렇지만 질문자께서는 다행스럽게도 쉬게 되는 날이면 해야 할 일을 하고 싶다면서 매번 토요일 주일미사를 보십니다. 그런 행동이 십계명에 거스르는 것인가를 묻고 계십니다. 하지만 십계명은 신약의 주님이신 예수님께서 말씀하신 사랑의 새 계명으로 해석할 수 있고, 특별히 사랑의 새 계명 "서로 사랑하여라. 내가 너희를 사랑한 것처럼 너희도 서로 사랑하여라"(요한 13,34)는 말씀의 참 내용이라고 말할 수 있는 행복 선언 곧 진복팔단의 내용과 관련하여 이해하고 실행할 필요가 있습니다. 그러므로 십계명은 하느님 사랑의 새 계명이라고 말할 수 있습니다. 때문에 토요일 주일미사를 참례하는 것은 십계명을 거스르는 것이 절대 아닙니다.

저는 질문자뿐만 아니라 적지 않은 교우분들이 미사와 고해성사 등 성사생활을 기쁘게 하기 위해서 2014년 한국 주교회의 춘계정기총회에서 결정하고 승인한 '주일미사와 고해성사에 대한 한국 천주교회 공동사목방안'을 말씀드리고 그 전문을 실어드릴까 합니다. 이 공동사목방안의 정신은 한마디로 '죄 중심'에서 '사랑 중심'의 신앙생활을 할 것을 안내하여 죄의식을 갖지 말고 기쁘게 성사생활하자는 취지라는 점을 말씀드립니다. 이는 바로 예수님께서 말씀하시는 복음적 신앙생활이 될 것이고, 제2차 바티칸 공의회 정신에 따라, 신앙인의 내적 쇄신과 교회 구성원들 사이의 친교 그리고 세상의 문화와 종교와 대화하는 일치 정신과도 밀접한 관련이 있다고 말씀드리고 싶습니다.

우리는 하느님께 늘 죄인입니다. 하지만 부모는 자녀가 잘못해도 사랑을 계속하듯이, 우리도 하느님의 사랑을 받는 죄인입니다. 그러므로 우리가 어떠한 경우에라도 '죄의식을 가질 필요가 없습니다'라고 말하고 싶습니다. 죄의식과 죄책감은 늘 우리를 사랑할 수 없는 환경을 만들기 때문입니다. 분명하느님께서는 질문자를 사랑하십니다. 주일을 거른 것도 아니고, 충실하게 업무상 쉴 틈이 없어도 토요일마다 주일미사를 참례하는 질문자는 십계명을 거스르는 것이 아니라 사랑의 계명까지 충실히 살아가고 있다고 말씀을 드립니다.

이제 글을 마무리하면서 2014년 한국 주교회의 춘계정기총회에서 결정하고 승인한 사항에 대해서 올립니다.

주일미사 참례와 고해성사 의무에 대한 사목적 지침

주교회의 2014년 춘계정기총회에서는 '주일미사와 고해성사에 대한 한국 천주교회의 공동사목방안'(이하 '사목방안')을 승인하였습니다. 이에 근거하여 의정부교구 주일미사 참례와 고해성사 의무에 대한 사목적 지침을 아래와 같이 알려드립니다.

1. 주일미사 참례 의무

『한국 천주교 사목 지침서』74조 4항에 따르면 미사나 공소예절에도 참례할 수 없는 부득이한 경우에는 그 대신에 묵주기도, 성경 봉독, 선행 등으로 그 의무를 대신할 수 있습니다.

여기서 '부득이한 경우'란 '직업상 또는 신체적·환경적 이유로 주일미사에 일시적이건 지속적이건 참여하지 못하는 경우'를 말합니다. 예를 들어 직장에 출근하는 경우, 본인이 병원에 입원했거나 중한 병으로 집에서 나오기 어려운 경우와 그런 가족을 간호하는 경우, 직장에서나 가족·친지들과 함께하는 야외행사나 여행, 경조사에 참석하는 경우, 업무상 해외로 출장을 가는 경우 등을 말합니다. 이 경우 주교회의에서 제안한 대로 '묵주기도 5단'이나 '그 주일미사의 독서, 복음 봉독', 또는 '희생과 봉사활동' 등으로 주일미사 의무를 대신할 경우 고해성사를 받지 않아도 됩니다. 이에 덧붙여 의정부교구에서는 신자들 사이에 전통적으로 행해진 '주님의 기도 33번'도 포함합니다. 이렇게 대송을 바친 경우에도 주교회의 '사목방안'에서 말한 바와 같이 평일 미사 참례를 적극 권장합니다. 물론, 주일미사 참례는 신자로서의 최선의 의무이기에 이 지침을 확대해석하여 정기적인 개인 취미생활, 운동이나 야외활동을 빌미로 미사 참례에 소홀히 하는 결과가 돼서는 안 되며, 각 본당에서 이를 위해 마련된 토요특전미사와 주일 새벽미사 또는 밤미사에 적극 참여해야 합니다.

2. 고해성사 의무

『한국 천주교 사목 지침서』 제90조 2항은 "부활 판공성사를 부득이한 사정으로 위의 시기에 받지 못한 신자는 성탄 판공 때나 다른 때에라도 받아야 한다"라고 규정하고 있으며, 이번 '사목방안'은 이에 대한 새로운 해석으로 "부활 판공성사를 받지 못한 신자는 성탄 판공이나 일 년 중 어느 때라도 고해성사를 받았다면 판공성사를 받은 것으로 인정합니다"라고 규정하고 있습니다. 고해성사를 보지 않으면 안 된다는 전통적인 강박관념으로 주일미사까지 거르는 행동이 냉담으로 이어지게 됩니다. 고해성사를 무거운 의무로만 생각하는 것에서 벗어나 자유로운 고해성사를 받음으로써 죄 사함과 하느님의 구원 은총을 체감하는 데 도움이 될 것입니다.

3. 고해성사 활성화를 위한 사목적 제안

미사 전 아주 짧은 시간(15분-20분 전)에 고해성사를 집전하는 현재의 관행은 하느님의 용서와 사랑을 체험하는 데 큰 어려움이 있습니다. 이에 대해 이번 주교회의 '사목방안'의 권고 중 아래 사항을 다시 한번 강조합니다.

첫째, 시간에 쫓겨서 형식적인 고해성사가 이루어지지 않도록 주일미사 후, 또는 한 주일에 몇 시간이라도 미사 시간과는 별도로 고해소 운영 시간을 지정하여 신자들이 좀 더 여유롭게 고해소를 찾을 수 있도록 배려해야 합니다.

둘째, 한 달에 한 번 정도 참회예절과 함께 하는 고해성사 시간을 마련해야 합니다.

셋째, 면담식 고해성사를 원하는 신자들을 위한 장소와 시간을 배려해야 합니다.

넷째, 현재 교구에서 운영하는 상설고해소(주교좌 사적지 성당 내 고해소, 매주 월요일 오후 2-4시) 외에도 각 지구에 상설고해소를 마련하고 이를 적극적으로 홍보해야 합니다.

다섯째, 신자들에게 공지된 고해성사 시간 동안에는 비록 순서를 기다리는 신자가 없다 하더라도 고해사제가 꼭 자리를 지켜야만 합니다.

다른 성사 집전에서도 그러하지만, 특히 고해성사에서 사제의 태도는 신자들에게 많은 영향을 줍니다. 고해소에서 사제는 심판관이 아닌 영적인 치유자로서 신자들을 따뜻이 감싸주고 격려해야 합니다. (정해진 미사 시작에 쫓겨 아주 적게 배려되는 고해성사 시간, 형식적인 훈화와 일사천리로 외우는 사죄경, 꾸짖거나 무안을 주는 태도에서 신자들은 죄 사함과 하느님의 구원 은총을 체감하기 어렵습니다. 따라서 고해성사를 위한 최대한의 시간적·장소적 배려와 정성을 깃들인 고해성사의 준비와 집전이 무엇보다 절실합니다.)

춘계정기총회가 끝난 직후 열린 기자간담회에서 2014년 당시 주교회의 의장 강우일 주교는 이 공동사목방안이 "규정상의 큰 변화는 없으나 신자들이 주일미사 때문에 죄를 짓는다는 개념에서 해방되기를 간절히 바라는 마음에서 사목적인 안내를 한 것"이라고 설명했습니다. "프란치스코 교종께서도 삶의 현장과 상황을 이해하지 못하고 고정관념과 규범, 원칙에 의해서만, 규격에 의해서만 신자들의 신앙생활을 재단하려 해서는 곤란하다고 하셨습니다. 같은 맥락에서 (공동사목방안은)우리 교우들이 신앙생활하면서 죄인이 되기보다는 정말 복음의 기쁨을 맛볼 수 있는 사목이 되도록 하자는 데에 궁극적인 목적이 있다고 생각합니다." 강 주교는 이 공동사목방안 문헌이 "본당 사목자들에게 좋은 지침서가 될 것"이라고 말했습니다.

혼배성사 하지 않아
조당에 걸렸어요

Q 청년 시절 냉담 중에 결혼하여 혼배성사를 하지 않았습니다. 아이를 낳으며 다시 성당에 나갔고, 기회가 되어 견진성사를 신청하였습니다. 그런데 혼배성사를 하지 않아 조당에 걸려 있어 견진성사를 받을 수 없다고 합니다. 조당에 걸렸는지도 모르고 그간 성체도 계속 영했는데, 이런 상황을 어떻게 해결해야 할지 궁금합니다.

A 청년 시절 냉담하고 있어서 가톨릭 성당에서 교회법의 절차와 전례에 따라 혼인하는 것을 잊으셨군요. 가톨릭교회는 사회법적인 혼인도 인정하고 있지만, 신앙의 유산과 신앙생활의 보전을 위해 먼저 교회법과 가톨릭 예식으로 그 절차를 밟아서 하느님과 공동체의 축복을 받습니다. 특히 신자와 신자와의 혼인은 매우 엄격하게 그 절차를 강조합니다. 이번의 경우에는 견진성사를 받으려다가 혼인성사를 하지 않은 것이 발

견되어서 참 다행이라고 생각합니다. 결론적으로 간략하게 말씀드리면, 이러한 사정을 우선 본당 신부님과 의논하시면 그 해결책이 나옵니다. 다시 말해 성당에서 교회법적인 절차와 전례에 따라 혼인성사를 받으셔서 조당을 풀어야 견진성사와 신앙생활을 할 수 있습니다. 그러면 조당이란 무엇이고, 가톨릭교회에서 말하는 혼인성사의 특징과 성사혼인과 관면혼인, 그리고 혼인에 대한 예수님의 말씀에 관해 간략하게 말씀을 드리도록 하겠습니다.

조당이란?

조당(阻擋)이란 '막아서 가린다'는 의미로서 '장애', '방해', '지장'을 뜻하는 옛말로, 교회에서는 특별히 혼인과 관련해서 사용합니다. 예를 들어 '조당 중이다'라고 말하는 것은 교회법에 따라 혼인해서는 안 되는 요건에 해당하는데도 혼인한 경우를 말합니다. 교우들 사이에서는 아직도 조당이라는 말을 많이 쓰지만, 교회법에서는 일반적으로 '혼인 장애'라는 표현을 사용합니다. 조당 또는 혼인 장애를 이해하려면 먼저 가톨릭교회에서 가르치는 혼인이 어떤 특징을 지니는지 알아야 합니다.

혼인의 특징

가톨릭교회는 성경 말씀과 교회 전승에서 기초한 교회법 규정에 따라 합법적이고 유효하게 이뤄진 혼인의 끈은 '죽음이 두 사람을 갈라놓을 때까지' 결코 풀 수 없다고 가르칩니다. 이를 혼인의 불가해소성(不可解消性)이라고 말합니다. 이러한 교회의 가르침은 혼인의 두 가지 특성 중 하나를 말합니다.

가톨릭 혼인의 다른 한 가지 특징은 혼인의 단일성(單一性)입니다. 혼인은 한 남자와 한 여자의 결합, 곧 일부일처여야 하며, 한 남자가 여러 여자와 함께 살거나 반대로 한 여자가 여러 남자와 함께 사는 것을 허용하지 않습니다. 혼인의 단일성과 불가해소성은 바로 혼인과 이혼에 관한 예수님 말씀에 근거합니다. 남녀의 결합으로 이뤄지는 혼인은 하느님께서 맺어 주신 것으로 사람이 갈라놓아서는 안 된다고 예수님은 분명히 말씀하셨습니다(마르 10,2-12 참조). 예수님께서는 이혼에 관한 모세의 규정에 대해 "너희 마음이 완고하기 때문에 모세가 그런 계명을 기록하여 너희에게 남긴 것이다"(마르 10,5)라고 말씀하십니다. "하느님께서 맺어 주신 것을 사람이 갈라놓아서는 안 된다"(마르 10,9)고 예수님께서는 말씀하셨습니다. 그리고 예수님께서는 카나의 혼인 잔치에서 물을 포도주로 변하게 하심으로써 혼인을 축복하셨습니다(요한 2,1-12 참조).

단일성과 불가해소성을 특징으로 하는 가톨릭 혼인은 단순한 축복이 아니라 성사(聖事), 곧 하느님 은총의 표지입니다. 혼인성사를 통해서 부부는 인간적 사랑을 나누며 하느님 은총을 드러내는 초자연적 사랑을 함께 나눕니다. 부부는 혼인 생활을 통해서 서로에 대해 당신 자신을 아낌없이 내어주시는 하느님의 무한한 사랑의 표지가 되고 통로가 됩니다. 혼인생활 자체가 성사이고, 부부의 연은 끝날 때까지 지속됩니다. 인의 유대가 이렇듯이 깊고, 부부 사랑이 이토록 강하기에 교회는 전통적으로 그리스도와 교회의 관계를 신랑과 신부의 관계에 비유해 왔습니다. 신랑이신 그리스도께서 당신 자신을 바쳐 신부인 교회를 사랑하시며, 신부인 교회는 한결같은 사랑으로 그리스도를 사랑하며 그분을 증언합니다. 혼인성사 생활을 시작하는 부부는 그리스도와 교회의 이런 사랑의 관계를 일생 지속합니다.

성사혼과 관면혼

성당에서 하는 혼인이 모두 다 성사혼만을 거행하지는 않습니다. 두 남녀의 혼인이 성사혼이 되려면 첫째, 두 사람 모두 세례성사를 받은 신자여야 합니다. 세례성사는 그리스도교 입문 성사로서 세례를 받고 나서 다른 성사, 곧 혼인성사 그리고 견진성사 등을 받을 수 있습니다.

둘째, 혼인성사에 필요한 교회법 규정을 보면 다음과 같습니다. 혼인은 혼인의 단일성과 불가해소성의 원칙으로 이뤄집니다. 곧 혼인이 남녀의 사랑으로 거행되는 유일한 하느님의 축복이고, 혼인 생활에 필요한 신체적·정신적 결격 사유가 없어야 합니다. 또 교회에서 정한 전례예식을 지켜야 합니다. 곧 교회의 증인 성직자와 2명 이상의 공동체 증인 앞에서 자유로이 혼인 동의를 표명해야 합니다.

이런 조건들을 채우면 성사혼이 됩니다. 신자들의 혼인은 성사혼이어야 마땅합니다. 하지만 아직도 선교 지역에 해당하는 우리나라의 경우, 세례를 받은 신자들끼리의 혼인 못지않게 신자와 비신자의 혼인도 많은 실정입니다. 신자가 비신자와 혼인하려고 할 경우에는 사전에 해당 본당 주임 신부와 상의하여 혼인이 이루어집니다. 이를 관면이라고 말합니다. 이는 신자들의 자유로운 혼인을 방해하거나 통제하기 위해서가 아니라 비신자와의 결혼으로 신자가 겪을지 모르는 신앙생활의 어려움을 보호하기 위한 것입니다. 이렇게 관면을 얻어 혼인하는 것을 관면혼이라고 합니다.

조당을 어떻게 풀어요?

그런데 만약 이혼하더라도 고해성사를 보고 신앙생활은 할 수 있지만, 혼을 하고 신앙생활을 지속적으로 하려면 혼인 장애 상태가 되고 있는 조당을 풀어야 합니다. 조당을 풀기 전에는 안타깝지만 신앙생활도 할 수 없습니다. 조당을 풀고자 한다면 사회법적으로 이혼을 했다 하더라도 양쪽 당사자가 혼인

무효선언을 하여 유대관계를 끊어주어야 합니다. 이런 경우 본당 신부에게 유보된 조당이 있고, 교구 법원에 유보된 경우가 있습니다. 신자가 비신자와 혼인성사를 받았으나 안타깝게 이혼한 경우에는 본당 신부에게 주어진 바오로 특전을 통해 조당을 비교적 간단하게 풀 수 있습니다. 하지만 여러 번의 이혼 등 복잡한 혼인의 경우에는 본당 신부를 통해 교구 법원을 찾아가서 교회법적인 절차를 밟으면 크게 어렵지 않습니다. 특히 프란치스코 교황께서는 이혼 가정에 대한 사목적인 배려를 강조하고 있고, 사목적으로 조당을 푸는 절차를 간소화하고 있습니다. 너무 큰 걱정하지 않고 교구 법원에 가시면 신앙생활 할 수 있는 길을 교회 법원에서는 찾을 것입니다.

둘이 한 몸

"'그러므로 남자는 아버지와 어머니를 떠나 아내와 결합하여, 둘이 한 몸이 될 것이다.' 하고 이르셨다. 따라서 그들은 이제 둘이 아니라 한 몸이다. 그러므로 하느님께서 맺어 주신 것을 사람이 갈라놓아서는 안 된다"(마태 19,5-6).

한 몸을 나눌 수 없는 것처럼 그리스도인은 이혼할 수 없습니다. 예수님께서 말씀하신 것처럼 둘이 한 몸이 된다는 혼인의 영성은 교회 안에서 결합과 일치의 영성인데, 이는 혼인을 통하여 최고의 하느님 사랑을 드러내고 있습니다. 그리스도교 영성은 한마디로 일치의 영성입니다. 하느님과 예수님 그리고 성령의 삼위일체 신비도 일치와 결합을 드러내는 친교의 영성입니다. 그러므로 그리스도교가 어떤 종교인지는 바로 삼위일체 신비를 통해서 그 영적 가치가 잘 드러납니다. 그리스도교는 바로 하느님이 사람이 되신 종교로서 성령으로 그 신비 곧 일치와 결합이 드러납니다.

이처럼 남녀가 이제 둘이 아니라 한 몸이라는 혼의 일치와 결합의 가치는 하느님께서 맺어 주신 것을 사람이 갈라놓아서는 안 된다는 예수님의 말씀을 토대로 하고 있습니다. 둘이라는 가치와 하나라는 가치가 서로 통하는 신비가 바로 혼인의 신비입니다. 남녀가 둘이라는 것은 바로 서로를 인정하는 자유의 가치를 말하고, 한 몸이라는 것은 나를 내려놓고 상대방 너를 위한 봉사와 책임의 가치를 말합니다. 그러므로 자유와 봉사 그리고 책임이 가정에서 부부 사랑의 관계에서 성장하고 성숙하게 도와줄 것입니다. 이 가치를 가장 잘 드러내는 수련이 바로 사랑을 표현하는 것인데 바로 대화를 통해 이뤄집니다. 대화는 내가 맞고 네가 틀렸다는 판단과 토론이 아니라 각자의 영혼과 마음에서 우러나오는 표현을 주고받는 것입니다. 결혼은 하느님 앞에서 사랑을 약속하는 축복입니다. 그러므로 교회는 그리스도께서 주신 사랑의 시작과 마침을 부부 안에서 자신의 생각과 마음을 통하여 표현하고 나누는 은총입니다.

고해성사 전 영성체,
괜찮은가요?

Q 고해성사를 보기 위해 줄을 섰는데, 미사 시간이 다 되어 보지 못했습니다. 신부님은 고해실에서 나오시며 일단 성체를 영하고 미사 후에 고해성사를 보라고 하셨습니다. 이렇게 성체를 모시고 난 다음 고해성사를 봐도 괜찮은지요?

A 아 그러셨군요! 걱정하지 마시고 신부님께서 말씀하시는 안내를 받으시면 됩니다. 하지만 질문에 대한 교회법 규정과 사목적인 배려를 말씀드리겠습니다. 그리고 교우들이 체험한 고해성사에 대한 사례와 의견 그리고 생각을 살펴보며 고해성사의 현실을 알아보고자 합니다. 이를 통해 해결책도 나눌 수 있을 것으로 생각합니다.
　무엇보다 신앙인으로서 우리는 고해성사를 위해 양심(의식) 성찰을 준비하는 원리라고 할까, 먼저 윤리적 성찰을 위해 십계명을 토대로 성찰합니다. 그리고 내적 성찰인 영적 식별을 위해 진복팔단 다시 말해 참 행복선언과 사랑의 새 계명을 통해 고해성사를 준비합니다.

교회법과 사목적인 해답

먼저 이 질문에 대한 교회법적인 말씀을 제주교구 사법대리이신 황태종 요셉 신부님의 글을 인용해서 말씀을 드립니다.

교회법 제916조는 '중죄를 자각하는 이는 먼저 고해성사를 받지 아니 하고서는 미사를 거행하지도 주의 몸을 영하지도 말아야 한다. 다만 중대한 이유가 있고 고백할 기회가 없으면 그러하지 아니하다'고 규정하고 있습니다.

교회법은 중죄를 자각하는 이는 고해성사를 받은 후에만 성체를 영할 수 있다고 규정하고 있지만, 중죄를 자각하는 이라도 만약 중대한 이유가 있고 고백할 기회가 없었으면 성체를 영할 수 있다고 밝히고 있습니다.

만약 주일과 의무축일 미사 참례 의무를 '부득이한 이유 없이' 지키지 않은 신자가 영성체하기 위하여 미사 전에 성당에 도착하여 고해성사를 기다렸음에도, 신부님이 부득이한 사정이 있어서 고해소에 오시지 못하고 곧바로 미사가 시작되어 고해할 기회를 갖지 못하였거나, 중죄를 자각하는 신자가 고해를 하려고 미사 전에 미리 고해소 앞에서 기다리고 있었고 신부님도 고해소에 나오셔서 고해를 주셨지만 고해를 보는 사람이 너무 많아서, 혹은 앞의 사람이 너무 오랫동안 고해를 하는 탓에 미사 시작 시간이 임박하게 되어 신부님이 고해소에서 나오시는 바람에 미처 고해할 기회를 갖지 못한 경우라면 '고백할 기회가 없었던 것'으로 인정하여 비록 중죄를 자각하고 있음에도 고해성사 없이 미사 중에 영성체할 수 있습니다. 하지만 영성체 전에 이미 마음속으로 자신의 죄에 대한 통회가 이루어져야 하고 영성체 후에 되도록 빨리 자신이 자각하는 중죄에 대하여 고해성사를 청해야 합니다.

만약 양심에 너무나 큰 짐으로 남는 중죄를 자각하고 있어서 고해성사를 청하려 했지만 위의 두 경우와 같은 이유로 고해성사를 하지 못한 경우에, 자신이 거룩한 성체를 모시는 것이 매우 부당함을 마음속 깊이 느끼고 있다면 미사 중에 영성체를 하지 않고, 되도록 빠른 기회에 신부님께 따로 고해성사를 청하거나 다음 미사 전에 충분히 준비하여 죄를 고백하고 하느님과 화해한 후에 영성체하려는 자세도 필요합니다.

또한 지난 주일이나 대축일에 '부득이한 이유 없이' 미사에 빠졌고 자기 탓으로 미사 시간에 임박하여 성당에 도착하였기 때문에 이미 신부님이 고해소에서 나오신 상태라서 고해성사를 하지 못한 경우라면 '고백할 기회가 없었던 것'으로 보기는 힘들 것입니다.

고해성사 어떻게 합니까?

의견: 몇 년 전에 한겨레신문 칼럼에 어떤 중견 신부님이 천주교의 보수적인 방식의 고해성사 때문에 오히려 젊은 세대들의 냉담이 많아지고 성당에 발걸음하기가 힘들어진다고 성사 부분에서 유연하게 변해야 한다는 내용이 있었어요. 신부님들도 평범한 사람들이 짓는 죄가 고만고만한데 형식에 얽매여 오히려 진입 장벽 때문에 신자들이 떨어져 나가는 그 부분에서 고민하시는 것 같아요.

생각: 우선 보수적인 방식의 고해성사란 무엇일까요? 아마도 즉결심판과 같이 몇 분 만에 해치우는 식의 고해성사가 교우들에게 어려움이 될 것입니다. 이를 해결하기 위해 주말, 주중에 하루 또는 한 나절 정도 본당에서 고해성사를 자유롭게 보는 시간을 마련할 필요가 있습니다. 그리고 양심성찰과 식별력을 기르는 수련이 필요합니다. 이를 위해 2019년 1월부터 4월 초까지 가톨릭 평화방송 TV에서 「곽승룡 신부의 영혼을 돌보는 고해성사」를 꾸준히 시청하시길 권해드립니다.

의견: 그때마다 해야 하는 판공성사 때문에 신부님들도 너무 바쁘시고 그 틈에 진심으로 고해하려던 초보 신자는 "시간 없으니 빨리 말씀하세요"라고 기계처럼 대하는 신부님의 답변에 실망하고 다시는 고해성사 안 해요. 이 부분은 좀 달라지면 좋

겠어요. 우리 죄를 하느님께 직접 고백해도 되지 않나요?

생각: 물론 그러한 실망과 하느님께 직접 죄를 고백하고 싶은 마음도 이해합니다. 그런데 고해성사를 집행하는 사목자의 태도변화가 우선이고 절실하다고 생각합니다. 또한 이러한 어려움은 본당이나 지구 단위로 시행하는 상설고해성사의 바른 준비가 더욱 절실하다는 것을 의미합니다. 고해소의 환경도 사랑의 회개 장소로서 준비될 필요가 있습니다. 이러한 고해성사의 개선에 대한 사목적 요청을 본당이나 교구가 받아들여 하나씩 준비해 나갈 수 있어야 할 것입니다.

의견: 두려움, 창피함, 형식적인 가톨릭 성사 등 이런 문제의 갈등이 첫 단계고요. 그다음은 죄지은 나에 대한 자존심 문제 이걸로 또한 갈등. 내 죄로 인해 하느님께서 얼마나 상처받고 마음이 아프실지 딱 이 생각만 가지면 고해는 어렵지 않고 자꾸 반복된 죄 짓지 않게 되어요. 무엇보다 기도나 고해성사 등 주님의 자비 없이 되는 게 하나도 없어요. 고해성사의 은총을 달라고 끊임없이 기도하세요. 영적인 기도는 다 들어주세요. 영적으로 날 드러내려는 의도만 없다면요. 이와 같이 여러 가지 경로로 더 큰 은총 주시는데 삶이 바뀝니다.

생각: 그래요. 이처럼 고해성사의 어려움을 잘 이해하면서 그 은총의 여정에 한발씩 나아가는 모습 참으로 아름답습니다.

의견: "고해성사 안 합니다. 하느님은 내 안에 역사하시기에 형식은 중요하지 않아요. 과거에는 신앙이 엄격했지만(?) 세월이 가면 세상도 바뀝니다. 너무 형식에 얽매이면 신앙도 어려워집니다. 신앙도 문화의 하나라 시대가 바뀌면 변하게 됩니다."

생각: 아! 이 글은 고해성사를 통해 상처를 많이 받아서 그런지 고해성사에 대한 오해가 있는 듯 보입니다. 영혼을 돌보는 고해성사를 받아보시면 그 은혜를 많이 받을 수 있다고 믿습니다. 결국은 다음과 같은 고해성사에 대한 이해가 자신의 신앙 및 영성생활에 큰 도움이 될 것이라고 믿어 봅니다.

고해성사는 화해와 치유의 성사에요, 힘이 드신 거 알아요. 내 상처와 죄를 직시해야 하고 '내 잘못이다' 말로 고백해야 하니 쉽지 않고 피하고 싶죠. 하지만 죄로 단절된 주님과의 관계를 회복하는 게 고해성사입니다. 이건 겪어보셔야 알아요. 그 형식적이고 숙제 같은 판공성사로 내 상처가 얼마나 치유가 되는지요. 신부님이 듣고 있지만 거기에 예수님이 같이 계시고 신부님 통해 내게 말씀을 하시기도 해요. 원래 회개하는 건 힘든 겁니다. 당연한 거라고 생각해요. 그럼에도 주님이 은총을 주기 위한 통로가 성사입니다.

고해성사를 보지 않아도 죄가 사해질 수 있나요?

Q 사제에게 죄를 직접적으로 고백하지 않았는데, 죄가 사해질 수 있나요? 간혹 미사 전에 고해소 앞에서 성사를 미처 보지 못한 신자들에게 신부님께서 죄를 사해 주시고 공동 보속을 주시거든요.

A 우리는 고해성사 해야겠다는 마음을 먹으면 성당으로 가 고해소 앞에서 줄을 서서 기다립니다. 이렇게 지은 죄를 고백하기 위해 마음먹고 준비하는 과정, 고해성사 보기 직전까지의 모든 시간을 은총의 때라고 믿습니다.

고해성사를 준비하는 순간부터 죄 고백 때까지는 참으로 떨리고 긴장됩니다. 이처럼 두려운 마음으로 고해성사 순서를 기다리며 앉아 있는 시간 전부가 고해성사입니다. 그러나 온전히 내 마음과 생각을 바라보면서 나의 죄를 고백하는 것은 좋지만, 다른 자의 핑계와 이유를 대면서 고백하는 것은 그렇게 바른 고해라고 말하기는 어려울 것입니다.

고백자는 사제를 통해 고해성사를 하지만 근본적으로는 하느님께서 사제를 통해 죄를 사하십니다. 이때 고백자는 사제가 준 보속으로 기도합니다. 이 순간은 마치 나를 안아주는 듯한 하느님을 만나는 은총이 내리는데, 이것이 고해성사의 완성인 듯싶습니다. 그러기에 고해하고, 훈화와 보속을 받아 고해소 밖으로 나와 장궤하고 보속하는 행위는 새로 나는 행위입니다.

이제 고해성사에 대한 성경의 근거와 참회의 의미 그리고 죄의 용서를 살펴보고자 합니다. 그리고 고해소 앞에서 성사를 미처 보지 못한 신자들에게 신부님께서 죄를 사해 주시고 공동 보속을 주시는 것에 대해서는 더 구체적인 설명이 필요하기 때문에 부연해서 이야기를 나누고자 합니다.

고해성사의 성경적 근거

예수님께서 선포하신 하느님 나라는 일종의 회개에 대한 설교입니다. 그 중심에 분명 하느님 나라에 대한 선포가 자리하고 있습니다(마르 1,15 참조). 회개는 하느님 안에서 새로운 마음을 다잡는 태도를 말합니다. 회개는 하느님으로부터 출발하지만, 인간이 이를 수용해야만 실현됩니다.

죄의 극복은 전체 신앙 공동체의 과제에 속합니다(마태 18장 참조). 참회는 교회의 공식 행위이자 교회 안에서 매번 실현해야 할 행위입니다. 이는 성령께서 교회 안에 역사하심을 의미합니다(요한 20,22 참조). 구약 성경도 인간을 하느님과 갈라 세우는 죄에 대해 분명하게 지적하고 있습니다. 죄는 올바른 길에서 벗어나는 것이요, 잘못된 길을 걷는 것이며, 이웃과의 관계를 무질서하게 만드는 행위입니다. 그래서 죄는 매번 사회적인 차원에서 재고됩니다.

고해성사의 참회

옛 교회에서는 세례를 통한 일회적인 죄의 용서 이후 한 번 더 그와 같은 가능성이 주어질지에 대해 의문을 제기해 왔습니다. 죄의 용서가 원칙적으로 일회성에 그친다 할지라도, 3세기경부터 다른 형태의 화해 가능성이 존재한 것으로 보이는데, 여러 가지 근거에서 캘트 · 앵글로 색슨족의 생활권에서는 공적인 참회 예식이 한발 뒤로 물러나고, 종종 반복할 수 있는 고해에 대해 권고하기에 이르렀습니다. 그러므로 오늘날 공동 보속과 공동 사죄경을 집행하는 것은 고해성사의 정신과 맞지 않지만 그것을 시행할 경우에는 반드시 개인 고백이 동반되어야 합니다.

사제들은 참회의 기준에 기초해서 산정한 방식에 따라 보속을 부과했습니다. 통회, 결심, 신앙의 확신(신앙고백)이 고해성사에서 결정적인 요소가 되어 죄를 사면하는 근거가 되었습니다. 사죄경의 경우 통회하는 마음을 통해 하느님으로부터 이미 선사받은 용서가 말마디를 따라 분명하게 드러납니다. 반면 조건 대사의 경우에는 먼저 죄에 대한 처벌이 유보되었다가 나중에 합법적으로 죄의 용서가 성사되는 판결 과정이 진행되었습니다.

죄의 용서

세례성사는 죄의 용서 첫 번째 자리를 차지합니다. 성찬례에서 이루어지는 참회 과정을 통해서도 죄의 용서는 실현되며, 병자성사 안에서도 죄의 용서가 이루어집니다. 그러므로 대죄가 아닌 가벼운 소죄는 성찬례의 참회기도를 통해 죄의 용서가 가능한 것입니다.

제2차 바티칸 공의회에서는 그리스도인의 삶에 있어서 죄의 사죄경도 새로운 형식으로 바뀌었습니다.

"인자하신 하느님 아버지, 성자의 죽음과 부활로 세상을 구원하시고, 죄를 용서하시려고 성령을 보내 주셨으니 교회를 통하여 이 교우에게 용서와 평화를 주소서. 나는 성부와 성자와 성령의 이름으로 당신의 죄를 용서합니다. 아멘."

로마교회의 고해성사 규정에는 참회의 과정이 고해성사 예식 자체보다 확실히 더 포괄적인 의미를 갖는다고 밝히고 있습니다. 그러므로 공동 참회 및 보속을 제안하는 것은 유효하다고 볼 수 있습니다. 하지만 설령 고해성사 자체 및 그 필연성과 관련하여 성사를 받는 신앙인 각자의 태도가 많은 것들을 좌우한다고 하더라고, 그와는 다른 차원에서 공동으로 집전되는 고해성사 예식도 계속 존재해 왔습니다. 만일 중죄에 해당하는 것일 경우에는 공동의 고해 예식 뒤에 반드시 개별적으로 고백하는 기회를 가져야 합니다. '총체적인 죄의 사면'은 무엇보다도 죽을 위험이 있는 경우 혹은 선교지역에서 행해집니다. 선교지역에서 총체적인 죄의 사면이 가능한 경우는 그 지역에 고해 사제가 넉넉하지 못한 경우입니다.

작은 소죄의 경우 그렇게 할 수 있습니다

고해성사를 볼 마음을 가진 신자는 먼저 자신의 죄를 성찰하는 양심성찰을 합니다. 물론 자기가 모든 죄를 다 알고 있다면 고해소에 들어가 즉흥적으로 해도 문제없지만 막상 들어가서 말하자니 명확하게 정리되지 않거나, 떠오르지 않는 죄나 잘못들이 많다면 종이에 적어가면 좋습니다.

세례받은 가톨릭 신자가 대죄와 무거운 죄악들을 지었다면 미사 중 성체성사를 포함한 7성사를 받기 위해서 꼭 고해성사를 통해 먼저 죄를 용서받아야 합니다. 이를 어길 시 올바른 마음으로 성사에 참여하거나 성체를 받아 모시지 않은 죄가 되기 때문에 이걸 가지고 나중에 또 고해성사를 봐야 합니다.

작은 죄들은 소죄라고 해서 신실한 믿음과 반성으로 영성체에 임하면 성체성사를 통해서 용서된다고 봅니다. 사실 소죄는 기도(통회기도, 묵주기도 등), 성경 읽기, 선행 등으로도 용서받을 수 있습니다. 그래도 소죄도 가급적 고해성사에서 고백하기를 권장합니다. 또한 양심성찰에 비추어 소죄라고 판단된 죄라도 대죄를 짓는 데 원인 및 결과로서 지은 소죄라면 고해성사에서 뉘우치고 고백합니다.

소소하게 누구에게 짜증을 낸 것과 같은 소죄들, 특별히 콕 집어 마음에 걸리는 일이 없다면 따로 고백하지 않아도 상관은 없습니다. 그러므로 이런 경우 미사 전에 고해소 앞에서 성사를 미처 보지 못한 신자들에게 신부님께서 죄를 사해 주시고 공동 보속을 주시는 경우가 가능합니다. 교회법이나 고해성사 지침에는 일관적으로 소죄의 고백을 적극 권장하고 있으므로, 자신이 진정 영혼의 구원과 생활의 개선을 바라고 있다면 소죄 역시 열심히 고백하는 태도는 매우 훌륭한 고해 습관입니다.

또한 회개 과정에서는 단순히 그 죄를 뉘우치는 것을 넘어, 자기 죄악의 가까운 기회를 철저히 거부할 의사가 없다면 진정한 회개라고 할 수 없습니다. 예를 들어 간음죄나 이성과의 혼외 성관계, 동거 상태에 머무르는 사람이 간음·혼외관계 대상인 이성과의 성관계를 청산하지 않고, 또 동거를 그만두지 않고 단순히 죄만 용서받으려고 고해성사를 한다면, 이는 자동적으로 모고해가 되며 고해사제는 고해자가 간음관계를 청산할 생각이 없다면 사죄경을 거부할 수 있습니다.

보통 자기의 생활과 믿음에 관한 여러 죄, 잘못들을 대죄, 중죄의 기준인 십계명과 8가지 악습 및 칠죄종을 중심으로 성찰하고 나면 이를 종이에 적거나 머리에 잘 담아서 고해소로 들어갑니다. 가기 전에 죄를 하느님 앞에 진심으로 뉘우치고, 하느님의 마음을 상해드린 것을 안타까워해야 함(상등통회)이 마땅하고, 그렇게까진 안 되더라도 최소한 죄에 따른 하느님의 벌이 두려워서라도 죄를 뉘우치는 회개의 마음(하등통회)은 가지고 있어야 함이 원칙입니다.

축복받지 않아도 되는 성물?
영성체 후 퇴장?

오늘의 「묻고 답하고」 코너에서는 두 가지 질문에 답을 해 봅니다. 이 물음들이 서로 연관되어 있어 함께 답을 알아볼까 합니다.

첫째 질문은 축복을 받는 물건과 그렇지 않아도 되는 물건이 무엇이 있는지와 그 이유를 궁금해하는 것입니다. 둘째 질문은 약속 시각을 지키려고 미사참례 때 영성체 하고 성당을 나왔는데 그런 행위가 맞는지 묻고 있습니다.

이 두 가지 모두 사제인 제가 경험해 보지 않은 경우지만, 참으로 유익한 물음이라고 생각합니다. 신자들 편에서 충분히 궁금해하고 또 어떻게 하는 것이 올바른 신앙생활인지 질문할 수 있다고 봅니다. 먼저, 첫 번째 질문에 대해 말씀드리고 둘째 질문의 응답도 간략히 나누겠습니다.

Q 미사보를 사서 신부님께 축복을 달라고 청하였습니다. 그런

데 미사보는 축복받지 않아도 된다고 하십니다. 혹 이처럼 축복받지 않아도 되는 물건이 있는지요? 그 이유도 궁금합니다.

A 축성(祝聖)

먼저 보통 교우들이 성직자가 십자가와 묵주 등의 성물(聖物)에 기도하여 주는 일이라고 말하는 '방사'(放赦), 곧 성물의 축복(祝福)에 대한 말씀을 간단히 드릴까 합니다. 축성이라는 말을 옛날에는 방사라고 했습니다. 축성이라면 거룩하게 한다는 뜻으로 사람이나 물건을 축성하면 거룩하게 되어 하느님만을 위해 사용합니다. 성당을 축성하거나, 성품성사 때 사람을 축성하는 것 등입니다. 질문한 내용에서 축복이라는 말도 맞습니다. 성품성사 외의 사람에 대한 축복, 십자가 등 성물에 대한 축복, 우리들이 타는 자동차 축복, 집 축복 등. 그러나 이때에도 종이 등 쉽게 망가지는 상본(성화) 같은 것은 축복하지 않고 사용합니다. 그에 따라서 미사보도 축복하지 않고 사용합니다.

그런데 미사보는 신앙인으로 정숙하고 겸손한 몸가짐의 표현입니다. 여성 그리스도인들은 미사에 참여할 때, 머리에 흰색이 주종을 이루지만 연한 살색이나 검정색도 있는 미사보를 쓰는 모습을 볼 수 있습니다. 미사를 봉헌할 때 여교우들이 미사보를 쓰는 모습이 아름답다는 말을 개인적으로 자주 듣습니다.

하지만 교회 내 여성차별이라고 말하는 분들도 있으며, 외국에서는 더 이상 사용하지 않는 미사보를 왜 한국 교회만 그렇게 강조하고 있는지 모르겠다고 말하는 분들도 있습니다. 미사보 사용에 대해 논쟁하는 것이 아니라, 단지 아름답다고 표현한 말에 여성차별이라고 해서 당황한 적도 있었습니다.

외국에서 미사보를 사용하지 않는다 하더라도 우리가 좋으면 사용할 수도 있는 것이 아닐까 생각해 봅니다. 실제로 외국에서 미사를 봉헌할 때 한국 신자들, 곧 주로 성지순례단이 미사보를 쓰는 것에 대해 현지인들도 좋아하는 모습을 많이 목격했기 때문입니다.

미사보 사용이 의무인 것은 당연히 아닙니다. 교회법에 '미사에 참례하는 여성은 미사보를 반드시 써야 한다' 는 규정은 없습니다. 따라서 미사보를 쓰지 않고 미사에 참례했다고 해서 죄책감을 느끼거나 분심을 가질 필요는 없습니다. 하지만 미사보 사용이 우리 한국의 좋은 전통을 이루어 가고, 미사에 능동적인 참여를 하는 데 아름다운 믿음의 문화로 선물받게 될 수 있는 거룩한 예가 될 수 있다고 생각합니다. 또한 새 영세자들에게 예쁜 미사보를 선물하는 것도 의미가 있습니다. 미사보에 대한 의미를 제대로 이해하면 사용에 대한 선택은 편안하게 할 수 있을 것입니다.

미사보의 의미

여성이 머리를 가리는(베일) 관습은 구약 시대(창세 24,65 참조)에는 자신이 미혼임을 상징했습니다. 하지만 모세와 엘리야를 통해 남자 역시 하느님 앞에 나아갈 때 자신의 얼굴을 가렸음을 알 수 있습니다(탈출 3,6; 1열왕 19,13 참조).

초기 그리스도교에서 여성 신자들이 교회 공식 예절 때 머리를 가리는 관습이 시작된 것은 사도 바오로가 코린토 신자들에게 보낸 첫째 서간 11장에서 이를 공적으로 언급하면서 비롯된 것으로 보입니다. 사도 바오로는 교회 공식 예절에 참여할 때 여성들의 머리를 가리라고 했는데, 이는 당시 풍습일 뿐 절대적이고 본질적인 신앙의 의미는 아닙니다.

사실 여인의 머리는 남편의 영광으로 인정되며, 머리카락은 세속적 사치로 여겨졌기에 하느님이 계시는 성소(聖所)에서는 머리를 가리는 것이 당연하다는 생각이 지배적이었습니다. 무엇보다도 신앙인으로서 소박한 생활과 정숙한 몸가짐의 표현으로 미사 전례 때 미사보를 사용하게 됐습니다. 미사보의 흰 색상은 세례성사를 통해 깨끗해졌다는 순결의 의미를 담고 있기도 합니다. 화려하게 치장된 머리를 가리는 것은 정숙함과 겸손함을 나타내는 상징적인 의미도 포함하고 있습니다.

현재 수도자들이 쓰는 베일은 3세기께부터 그리스도와 맺은 영적 혼인을 상징하는 의미에서 주교들이 베일을 축성하여 동정녀들에게 나눠 준 데서 유래합니다. 다양한 형태로 사용하고 있는 수도자들의 베일은 그리스도의 정배로서 세속적 사치와 욕망, 허영 등을 끊어버리고 하느님 나라의 영원한 가치를 위해 이 세상의 가치에 대해 포기하고 죽는 것을 의미하기도 합니다(2009년 9월 20일자 「가톨릭평화신문」 참조).

Q 급한 약속이 생겼는데, 미사 시간과 애매하게 겹쳤습니다. 할 수 없이 미사에 참례하여 성찬례 때 영성체하고 밖으로 나왔습니다. 이런 행동이 잘못된 것일까요? 미사는 파견성가까지 다 참례해야 하는 것인지요?

A 아하! 무슨 급한 일이 생겼나 보군요. "급한 약속이 생겼는데"라는 말로 보아서 늘 미사 시간에 급한 일이 그렇게 자주 있지는 않아 보입니다. 그렇기에 이 경우는 미사 시간과 애매하게 겹친 특별하고 유일한 일이기에, 미사에 참례하여 성찬례 때 영성체하고 어쩔 수 없이 밖으로 나왔다는 행동을 윤리적으로 잘못된 것일까, 아닐까 하고 판단을 내리는 것을 지양할 필요가 있습니다.

성찬례는 사랑의 성체성사입니다. 예수님의 시선으로 이 사건을 한번 접근해 볼까 합니다. 한 수도원에서 일어난 일입니다. 수도원은 저녁 식사 이후 기도를 마치고 침묵하면서 밤을 맞이합니다. 대침묵시간이니 당연히 형제들과의 만남도 하지 않습니다. 신학교에서도 똑같이 저녁 기도 이후 다음 날 아침 식사 전까지 대침묵을 하면서 새 아침을 맞이합니다.

그런데 어느 날 저녁 기도 이후 밤 시간인데, 수도원 식당에 환하게 불이 켜 있고, 몇몇 수도원 형제들의 웃음소리와 약간의 소음이 들렸습니다. 바로 그때 수도원의 원장 수사님께서 그 모습을 보시고, 식당 안으로 들어가 무슨 일이 있나 하고 살펴보았습니다. 몇 명의 수사 형제들이 케이크에 촛불을 켜고 노래를 부르며 이야기와 음식을 나누고 있었습니다. 형제들은 식당으로 들어선 원장 수사님을 보자 깜짝 놀라며, 쥐 죽은 듯이 고개를 숙이고 미안해했습니다. 그리고는 한 형제가 조심스럽게 말을 시작했습니다. "죄송합니다. 오늘이 제 생일이어서 동료 형제 수사님들이 조촐한 파티를 준비해 주셨습니다. 미리 말씀 드리지 못해 죄송합니다." 그 순간 형제들은 긴장하기 시작했습니다. 수도원 규칙을 어겼기 때문입니다. 바로 그때 원장 수사님이 말을 했습니다. "괜찮아요, 형제들! 형제애(兄弟愛)가 규칙보다 더 중요합니다."

그렇습니다. 물론 미사는 시작예식부터 말씀의 전례와 성찬의 전례 및 영성체예식 그리고 마침예식의 파견강복과 파견성가로 온전히 참례하는 것입니다. 오늘은 특별히 미사의 마침예식에 해당하는 인사와 축복 그리고 파견의 의미를 알아보고

자 합니다. 그럴 때 우리는 미사에 온전히 참여하는 능동적인 마음의 자세를 가질 수 있기 때문입니다.

마침강복과 파견

마침예식 때, 신자들이 일어서고 시작예식과 마찬가지로 "주님께서 여러분과 함께"라는 말과 십자표시를 합니다. 그리고 마침예식 때 사제가 성부와 성자와 성령의 이름으로 신자들을 축복해 주는 동안 교우들은 십자표시를 합니다.

전체 전례를 통칭하는 미사(mass)라는 말은 '파견'(dismissal) 또는 '보냄'(sending)의 의미를 갖는 라틴어 MISSA에서 유래되었습니다. 여기서 강조해야 할 것이 미사의 파견 기능입니다. 『가톨릭 교회 교리서』의 설명대로 성찬 기념이 거룩한 미사로 불리는 이유는 이 전례를 통해 구원의 신비가 이루어지고 일상생활을 통해 하느님의 뜻을 수행하도록 신자들을 파견(missio)하면서 끝나기 때문입니다(1332항).

예수님께서는 제자들에게 "아버지께서 나를 보내신 것처럼 나도 너희를 보낸다"(요한 20,21)라고 말씀하셨습니다. 성부께서 성자를 세상에 보내신 이유는 아들로 하여금 죽음으로 우리의 죗값을 치르게 하고 우리를 아들의 신성한 삶에 참여시키기 위해서였습니다. 곧 예수님의 수난과 죽음 그리고 부활에 이르기까지 전체 파스카 신비가 성찬례를 통해 우리 앞에서 재현되었고, 우리는 이를 통해 좀 더 깊이 예수님의 삶과 사명에 더 많은 예수님의 삶과 사랑을 뿜어낼 수 있습니다.

우리가 성찬을 통해, 곧 영성체를 하고 예수님과 더 깊게 하나가 되면 될수록 우리는 세상에 더 많은 예수님의 삶과 사랑을 뿜어낼 수 있습니다. 그러므로 마침예식은 끝내기를 목적으로 한 의미 없는 겉치레가 아닙니다. 그것은 임무를 주어 파견하는 것입니다. 마침예식은 세상에 그리스도의 신비를 전하기 위해 신자들을 파견하는 것입니다. 그러므로 마침예식으로 미사는 완성되기에 마침예식 전에 성당 밖을 나가는 것을 지양할 때, 미사의 본래 의미를 살아갈 수 있을 것입니다.

성체를 영하다 떨어뜨렸을 때?
첫영성체 기록이 누락되었을 때?

Q 성체를 영하다 실수로 떨어뜨렸습니다. 급한 마음에 성체를 주워 영했습니다. 그런데 그 행동으로 신부님께 엄청 혼났습니다. 제 행동이 잘못된 것인지요? 성체를 떨어뜨렸을 때는 어떻게 해야 하는지 궁금합니다.

A 성체 분배는 그리스도를 대리하는 사제의 고유 직무입니다

저런! 성체를 영하다 실수로 떨어뜨렸을 때 얼마나 당황하셨을까 상상해 봅니다. 급한 마음에 성체를 손으로 주워 영해서 얼마나 난처하셨습니까? 게다가 그 행동으로 신부님께 엄청 혼나셨다니…. 엎친 데 덮쳤다는 말이 딱 이런 경우일 텐데요. 많이 놀라셨겠네요. 아마 신부님도 경황이 없고 놀라서 엉겁결에 혼을 낸 것 같은데요. 우선 성체를 떨어뜨렸을 때는 가만히 성체를 바라보면서 성체를 분배하신 사제께 그다음의 해

결책을 맡기시면 됩니다.

영성체 때 일어나는 해프닝 몇 가지를 나눠볼까 합니다. 우리가 영성체를 사제로부터 자신의 손에 잘 받아서 즉시 내 몸에 모시는 것이 아주 중요합니다. 그렇지 않고 자리로 들어가 받은 성체를 영하는 것은 바른 영성체가 아닙니다. 그리고 만약 어떤 분이 성체를 모시지 않고 집으로 가져가서 쌓아 놓았다면, 이것이야말로 성체에 대한 영적인 죄를 짓는 것이라고 말할 수 있습니다. 올바른 영성체 방법을 몇 가지 나누어 보겠습니다.

첫째, 성체를 분배받고 곧바로 그 자리에서 성체를 영하는 것이 중요합니다. 곧 성체를 영하고 주님과 일치하는 행위가 곧바로 일어나지 않는 것을 온전한 영성체라고 말할 수 없습니다. 영성체 후 즉시 주님과 내가 하나로 일치를 이루는 것이 매우 중요합니다.

둘째, 교우들은 축성된 주님의 몸인 성체를 스스로 집어서 자신의 몸에 영하지 말아야 합니다. 그런데 가끔 피정이나 특별한 기념을 하는 경우 성체와 성혈을 함께 모시는 양형영성체를 하고자 제단 위에 성체와 성혈을 놓아두고, 피정에 참석한 교우들이 스스로 제단 앞에 나와서 성체를 집고 성혈을 묻혀서 스스로 영하는 경우를 가끔 볼 수 있습니다. 또한 양형영성체가 아니어도 성체를 스스로 집어 영하는 광경을 목격할 수 있는데, 이런 경우에는 영성체에 대한 그리스도론적인 의미를 간과한 행동이기에 바른 영성체라고 말할 수 없습니다.

예수 그리스도께서는 오병이어 빵 기적을 일으키실 때에도 주님께서 빵을 들어 기도하시고 사람들에게 나누어 주었습니다. 그리고 최후 만찬에서도 예수님께서 제자들에게 "너희는 이를 받아먹어라!" 하고 말씀하시면서 빵을 떼어 주신 것처럼, 주님께서 '당신의 몸을 나누는 것'이 성체성사의 핵심이므로, 미사성제에서 그리스도를 대리하여 주님의 몸을 축성하고 쪼개어 나누는 거룩한 일인 성사(聖事)가 바로 사제의 직무입니다. 그러므로 성체의 나눔인 그 분배도 반드시 사제가 해야 합니다. 아마도 이러한 신학적인 설명이 깊이 있게 들어가 있는 행위이기 때문에 신부님도 갑자기 언성이 높아지고 그리스도의 성체성사 분배에 충실하려고 한 나머지 언성을 높이신게 아닌가 싶습니다.

이제 성체분배자에 대한 교회법적인 이해를 통해 더욱 자세히 성체의 나눔을 살펴볼까 합니다.

성체분배자의 교회법적인 이해

교회법 제910조에 따르면 "영성체의 정규 집전자는 주교와 신부와 부제이다. 영성체의 비정규 집전자는 시종자와 제230조 제3항의 규범에 따라 위탁된 다른 그리스도교 신자이다.",

교회법 제230조 3항에는, "교역자들이 부족하여 교회의 필요로 부득이 한 곳에서는 평신도들이 독서자나 시종자가 아니라도 그들의 직무 일부를 보충하여 법규정에 따라 말씀의 교역을 집행하고 전례 기도를 주재하며 세례를 수여하고 성체를 분배할 수 있다"라고 적혀 있습니다.

물론 위의 교회법 규정에 따라 평신도들이 성체를 분배할 수 있지만, 선발과 교육 그리고 파견이라는 교회의 규정에 따라야 합니다. 그러므로 피정 혹은 혼인 등의 특별한 날이라 하여 그 미사에 참석한 신자들이 제대 위에 놓인 성체를 하나씩 집어서 영하는 것은 성체성사의 나눔의 본질에서 벗어난 그냥 나눠 먹는 것이기 때문에 바른 성체성사 행위가 아닙니다.

초세기부터 정규적인 성체 분배자는 주교와 사제였으며, 2세기경에는 부제도 이미 성체를 분배하였습니다. 그 당시에는 신자들도 성체를 집으로 모시고 가서 미사가 없는 날에 스스로 영성체를 하거나 병자들에게 분배해 줄 수 있었습니다. 그런데 신자들이 성체를 집으로 모셔가서 아무 곳에나 방치하거나 불경스럽게 이용하는 등 많은 부작용을 초래하게 되자 400년에 개최된 톨레도 시노드에서는 가정으로 성체를 모셔가는 것과 여성의 성체 분배를 금지시켰습니다. 제2차 바티칸 공의회 직후에 유럽의 많은 나라에서 사제 수가 부족하게 되자 주교들은 교황청 사도좌의 승인을 얻어 성체 분배자로 평신도들을 임명

하기 시작하였고, 1969년부터 여성에게도 성체 분배권을 주기 시작하였습니다. 그 후 1973년 교구장에게 평신도의 성체 분배권을 부여할 수 있는 권한이 주어졌습니다. 하지만 예외적인 평신도 성체 분배자는 정규 봉사자가 없거나 병이나 노쇠 또는 다른 직무로 수행하기 어렵거나 영성체자 수가 너무 많아 시간이 오래 걸릴 경우 성체를 분배할 수 있습니다.

예외적인 성체 분배자가 되려면 합당한 자격을 갖추어야 합니다. 무엇보다도 전례와 성체에 대한 기본 교리 지식을 갖추어야 하며, 건전한 신앙생활을 하고 윤리와 도덕에 흠이 없어야 합니다. 더욱이 자주 미사에 참여하고 영성체를 하는 등 성체께 대한 신심이 돈독해야 합니다.

Q 아들이 군대에서 교리를 받고 첫영성체를 하였습니다. 그런데 제대 후 교적을 정리하다 보니 그 사실이 누락돼 있습니다. 첫영성체 받은 성당에 연락해 봐도 서류를 찾을 수 없다고 합니다. 이런 경우, 어떻게 해야 할까요? 첫영성체 교리를 다시 받아야 하나요?

A 첫영성체한 것을 확인하는 증인이 있으면 됩니다

감사하게도 군대에서 훈련받으면서 교리를 배우고 첫영성체 하였군요. 그런데 제대 후 교적을 정리하는 과정에서 그 사실이 누락되었다는데, 일반적으로 첫영성체 한 훈련소 성당에 기록 보관되어 있습니다. 그런데 서류를 찾을 수 없어 어떻게 해야 하나 걱정하시는군요.

다시 한번 군종교구에 기록을 찾아달라고 요청해 보시고요. 그래도 찾지 못하고 확인할 수도 없을 경우에는 첫영성체할 때 계셨던 신부님 또는 수녀님 또는 아니면 그 사실을 확인해 줄 수 있는 증인을 찾아서 첫영성체 한 사실을 확인하면, 다시 문서를 작성할 수 있다고 생각합니다.

성체성사의 의미를 베네딕토 16세 전 교황의 회칙 『하느님은 사랑이십니다』를 통해 간략하게 알아보고자 합니다.

성체를 영하는 것은 사랑의 행위입니다

베네딕토 16세 전 교황의 회칙 『하느님은 사랑이십니다』의 13항은 예수님께서 "최후 만찬에서 성체성사를 세우심으로써 당신 자신을 바치는 이 행위가 영원히 현존하게 하셨습니다" 라고 말합니다. 14항은 "구체적인 사랑의 실천으로 건너가지 않는 성찬례는 그 자체로 불완전한 것입니다"라고 말합니다. 그러므로 사랑의 실천이 이루어지지 않는다는 것은 식별이 잘 안 된 것인데, 그래서인지 미사 참례는 하느님의 사랑으로 만나면서 성체만 모시는 것으로 끝나지 않고 구체적인 사랑을 실천해야 합니다.

구약에서 이웃은 오직 이스라엘 사람들에게 한정하지만, 신약에서 예수님은 모든 인류가 하느님의 자녀라고 그 경계를 넓히십니다. 한편 구약에서 이방인이란 적이고 원수였지만, 신약은 이스라엘 사람들만이 아니라 이스라엘 안에 사는 이방인도 이웃이었습니다. 예수님께서는 제자들에게 온 세상 모든 이들에게 복음을 전하라고 말씀하셨습니다.

회칙 15항은 "이웃 개념은 나를 필요로 하는 사람, 내가 도울 수 있는 사람이다"라고 말합니다. 예를 들면 내 옆으로 주교님이 가방을 들고 지나가시고, 다른 한편에서는 다리가 불편한 할머니가 가방을 들고 가신다면, 나는 누구를 도와야 할까요? 주저 없이 할머니를 도와드려야겠지요. 2014년 8월 14일 프란치스코 교황께서 한국을 방문하셨을 때 대전가톨릭대학교 총장 직무를 맡고 있던 저는 교황님과 많은 시간을 함께 보냈고, 교황께서 제 방에서 휴식도 취하셨습니다. 교황께서 떠나신 후 저는 얼른 제 방으로 들어가 살펴보았는데, 교황님은 의자에 앉으셔서 기도만을 하신 듯 준비한 방이 깨끗한 상태 그대로였습니다. 그리고 자신의 가방은 손수 들고 다니셨습니다. 그 모습이 권위적이지 않으시고 소탈함에 감동을 받았습니다. 이것이 성체성사를 구체적으로 실천하는 모습인 듯합니다.

15항은 "최후의 심판에서 사랑은 한 인간의 삶이 가치 있는 것이었는지를 최종적으로 판단하는 기준이 됩니다. 예수님께서는 당신 자신을 가난한 사람들, 굶주린 사람들, 목마른 사람들, 나그네, 헐벗은 사람들, 병든 사람들, 감옥에 갇힌 사람들과 동일시 하셨습니다"라고 말합니다. 이처럼 그리스도께서는 사랑을 가르치시는 분이 아니라 그 가르침을 살아간 분, 사랑 그 자체이십니다. 인도의 간디는 "굶주린 사람에게는 한 조각 빵이라도 손에 들고 있어야 상대방의 아름다운 말도 들린다"고 말했습니다. 15항의 "너희가 내 형제들인 이 가장 작은 이들 가운데 한 사람에게 해 준 것이 바로 나에게 해 준 것이다"(마태 25,40)라는 정신으로 노숙자들에게 무료 급식을 나누어 주는 이들 역시 복음을 실천하는 삶 곧 성체성사의 생활을 몸소 보여주고 있습니다.

요가와 명상?

Q 주변에 요가를 하며 명상을 통해 정신이 맑아졌다는 가톨릭 신자들이 꽤 있습니다. 요가니 명상은 뉴에이지라고 들었지만, 건강에 굉장히 좋다고도 하는데요. 요가와 명상, 어디까지 괜찮은 걸까요?

A 요가, 명상 어디까지 괜찮을까요?

이런 질문은 벌써 20여 년 전부터 교회 안에서 신영성 혹은 신흥영성으로 불리면서 가톨릭 신자들에게 많은 영향을 주었고, 그때부터 한국 천주교 주교회의에서 대책위원회를 구성하여 그 대안을 마련하여 왔습니다. 그런데 그 당시 신흥영성으로 분류되었던 종교의 수련법들이 오늘날에는 보다 심리학과 마음공부와 정신 그리고 뇌 호흡과 관련해 더욱 전문화해서 성장해 간 사실들을 볼 수 있습니다. 가톨릭교회 역시 이에 대한 영적인 대안을 제공하고 있습니다. 하지만 그리스도교 신앙과 영성의 전통에 입각한 대안들이 더욱 요청되고 있습니다. 필자는 오늘 질문에 대한 가톨릭의 일반적 답변을 드리면서 가톨릭 전통의 대안을 간략하게 나누도록 하겠습니다.

일반적으로 신앙인들은 동양의 묵상 자세로 기도하기를 원하는 사람들도 있는데, 그게 과연 그리스도교적인가 궁금해합니다. 그런데 우리가 그리스도교적 의미를 부여하는 자세는 모두 그리스도교적입니다. 집중해서 기도하는 데 도움이 되는 자세라면 무슨 자세든 취할 수 있지만, 한 가지 염두에 두어야 할 것은 공적인 기도인지, 개인적인 기도인지입니다. 전례적인 기도는 언제나 교회에서 공통적으로 정해진 자세로 해야 합니다.

그렇다면 "그리스도교적으로 요가를 하는 것도 괜찮은가요?" 하고 질문을 할 수 있습니다. 결론부터 말한다면 괜찮습니다. 필자도 오래전 인도의 가톨릭교회를 방문했는데, 그때 인도 가톨릭교회에서는 요가를 통한 그리스도교 기도를 드리곤 하였습니다. 하지만 그리스도교적 가르침에 위배되는 아시아적이거나 혹은 동양적인 실천까지 혼합하지 않도록 주의를 기울일 필요는 있습니다.

사실 많은 사람이 요가 방법으로 기도하고, 그래서 정신이 맑아졌다는 가톨릭 신자가 꽤 있고, 내적 평화와 기쁨도 느낀다고 하는데, 이런 요가에 대해서도 주의해야 하는가? 묻고 있습니다. 그런데 한국에서 요가는 우리의 문화 안에서 성장한 수행이 아니기 때문에 그리스도교적으로 이해하여 기도를 드릴 수 있는지는 상당한 의문을 가지게 됩니다.

다만 일반적인 건강수련으로 이해된 호흡이나 몸의 자세, 심장의 고동에 주의를 기울이기 같은 다양한 수행법들은 사람의 마음을 고요하게 하는 효과가 있을 뿐 아니라 종종 열기나 빛을 느끼는 경험을 만들어 내기도 합니다. 그래서 혹시 이런 심리학적 경험을 영적 계시로 혼동하는 경우가 생길 수도 있습니다. 그리스도교 기도의 분명한 목적은 그저 평화로움만 느끼는 것이 아니라 하느님과의 대화에까지 이르는 것입니다.

그리스도교 신자들이 요가와 비슷한 동작으로 기도한 예가 역사적으로도 있었나요?

최근 30년 사이에 필로칼리아(philokalia)를 통해서 동방 그리스도교에 소위 '기도에 대한 몸동작'이 있다는 사실이 서방 그리스도교에도 알려지기 시작했습니다. '러시아 순례자의 이야기'를 읽는 사람들도 요즈음엔 많습니다. 러시아인들은 '예수의 이름을 부르는 기도'를 하면서 심장의 고동에 주의를 기울이는 기도 방법을 즐겨 행하곤 했습니다. 하지만 동방 그리스도교의 고행자들은 그런 기도 방법이 환상으로 흐르지 않으려면 경험이 많은 영적 사부의 도움과 지도에 따라 행해야 한다고 준엄하게 경고합니다. 기도의 가장 기본적인 규칙 중 하나는 기도와 삶을 일치시키는 것입니다. 그렇지 않으면 한낱 정신분열을 만들 뿐입니다.

기도에 있어서 몸의 자세는 대단히 중요합니다. 몸의 경건한 태도는 내적 주의를 촉진하며, 내적 사고는 신중하고 사려 깊은 태도를 외부에 나타냅니다. 헤시카스트(hesychast, 정적, 고요, 침묵)의 정신 신체 상관의 기술은 몸을 깊은 관상에 가담하게 했다고 합니다.

동방 그리스도교 영성 안에서 몸의 바른 자세는 기도의 등급에 있어서 첫째 등급, 곧 몸과 말로 하는 기도를 차지할 만큼 기도에 있어서 기본적이고 중요한 위치를 차지합니다. 로욜라의 이냐시오 묵상에서도 이 점은 예외가 아닙니다. 그러나 몸의 자세 및 형태를 여러 가지로 활용하는 것이 아니라, 가능한 한 몸을 움직이지 않고 편안하지만, 나태한 자세가 아닌 바른 자세로 기도를 합니다. 왜냐하면 몸의 움직임은 정적인 기도, 환시와 정신의 상태들을 통한 기도들에는 도움이 되지 않고 오히려 방해가 되기 때문입니다. 이러한 형태의 기도를 위해서 필요한 것은 육체의 완전한 정지 상태, 곧 평화를 키워주고 분심을 쫓아주는 정지 상태입니다.

이러한 정지 상태, 즉 몸의 정적 상태는 기도하기에 아주 좋은 터가 되어 주고, 바로 이 상태에서 이제 기도로 들어가게 됩니다. 이러한 정지 상태에 이르기 위해서 실제로 다양한 방법들이 시도되는데, 요가를 이용한 방법이나, 눈을 반쯤 뜬 채로 1m 정도 떨어진 한 점을 응시하는 방법이나 등을 똑바로 펴는 방법 등입니다. 이렇게 하여 기도의 경험이 어느 정도 쌓이면 머지않아 자신에게 꼭 맞는 자세를 찾아내게 되는데, 가능한 그 자세를 쉽사리 바꾸지 않는 것이 좋다고 합니다.

영혼의 탄생, 마음으로 드리는 기도

이제 구체적으로 마음으로 드리는 기도를 체험해 봅니다. 우리는 공기를 들이마시고 내쉬며 호흡하는데, 이 일은 폐에서 합니다. 공기는 심장을 둘러싼 폐를 통해 들어와 심장 주변을 휘감고 있습니다. 이렇게 호흡은 심장으로 통하는 자연스런 길이 됩니다. 공기가 호흡 통로를 이용해 심장에 흐르듯, 정신도 마음으로 보내기 위해 들이마신 공기와 더불어 마음속으로 가져가 마음에 머무르게 합니다.

이 동작은 익숙해질 때까지 계속 반복합니다. 마음에서 정신이 너무 빨리 빠져나오지 않도록 침묵과 고요 속에 머물러 있습니다. 처음에는 내적 은둔과 격리가 매우 외롭고 멀게 느껴질 수 있습니다. 하지만 그것이 익숙해지면 밖에서 목적 없이 떠도는 분심을 이겨낼 것입니다. 바로 그때 내면에 머무는 것이 더 이상 불편하거나 지루하지 않게 됩니다. 마치 집을 떠난 아버지가 돌아와 아내와 자녀들을 보고 뛸 듯이 기뻐하며, 얼싸안고 끝없이 얘기를 나누듯, 정신 또한 마음과 하나 되면 말할 수 없는 기쁨으로 가득 찹니다.

그러면 천국이 진정 마음 안에 있음을 깨닫게 되고, 내면에서 천국을 보았기에 마음 기도로 맑은 마음 상태를 지속적으로 만날 수 있습니다. 마음 기도를 통해 우리는 마음을 지키고 마음이 견고해져 마음 밖의 것들에는 주의를 기울이지 않게 됩니다. 이런 마음으로 자신과 대화할 수 있고, 기도하거나 찬송할 수 있습니다. 이제부터 기도로 영혼이 새롭게 태어나는 체험을 합니다.

"그대들도 마음 안으로 들어가면 나처럼 하느님께 감사하십시오. 그분의 자비를 지속적으로 찬미하다 보면 다른 방식으로는 배울 수 없는 것들을 익히게 됩니다. 그대들의 정신이 마음 안에 굳건히 자리 잡으면 그저 골방에 머물지만 말고 끊임없이 이렇게 기도하십시오. '하느님의 아들이신 주님 예수 그리스도님, 저에게 자비를 베풀어 주소서!' 이 기도를 멈추어서는 안 됩니다. 그대의 정신을 환상이나 꿈에서 멀리하는 수행이 있어야만 마귀의 유혹이 침입하는 것을 막을 수 있으며, 하느님을 향한 그대의 사랑도 두터워집니다." 그대가 부단히 노력했는데도 정신을 마음으로 들여보내지 못했다면 한번 이렇게 해 보십시오. 하느님의 도움으로 찾는 것을 얻게 될 것입니다. 사람들은 마음으로도 말을 주고받습니다. 입술로 말하지 않고도 그대는 마음속 대화를 일절 중지하고 원하기만 하면 할 수 있다는 믿음으로, 짧게 기도하십시오. '하느님의 아들이신 주님 예수 그리스도님, 저에게 자비를 베풀어 주소서!'

한 영적 스승은 이렇게 고백합니다. "다른 생각은 끊어버리고 이 기도가 마음에 계속 울려 퍼지게 하십시오. 정성을 다해 지속적으로 이 기도를 드리다 보면 마음의 길이 그대 앞에 열릴 것입니다. 틀림없습니다. 나도 이런 방법으로 하느님께 다가가고 일치했기 때문입니다. 내가 원하는 바를 열렬히 바라면서 마음을 모아 지속적으로 이 기도를 바치면 사랑, 기쁨, 평화 같은 감미로운 덕목이 그대 마음에 내릴 것이고, 모든 청원이 주님 예수 그리스도의 이름으로 응답받게 될 것입니다. '그분께 성부와 성령의 이름으로 영광과 존경과 경배를 항상 이제와 같이 영원히 드리나이다. 아멘' 하고 기도를 마치십시오."

제 안의 평화가
더 시급해요

Q 이 시대 사회적 문제에 별로 관심이 없습니다. 특히 뉴스를 통해 정치나 세계적 이슈를 접할 때면 괜히 마음만 불편해 자세히 보지 않게 됩니다. 국가와 세계 평화를 위해 기도해야 한다고 하지만, 당장 제 안의 평화가 시급한데 어떻게 눈을 밖으로 돌리나 싶기도 합니다. 제 이런 마음이 이기적인 걸까요?

A 아 그렇군요! 질문자의 마음이 이기적인 거냐고 묻고 계신데, 사실 세상이 이기적이지 않을까요? 처음부터 사회 문제에 관심이 없지는 않았을 것 같습니다. 말씀하셨듯이 정치와 세계의 뉴스들이 너무나 자신의 나라와 국가만을 생각하는 정책을 세우고, 나라들 사이의 관계가 잘 이루어지기보다는 개인의 안녕과 마음의 평화를 돌보지 못할 정도로 세상의 정치·경제·사회가 돌아가는 모습이 비평화적이고 비관계적인 면을 보여 주기 때문은 아닐까 하는 생각이 듭니다. 우선 내

코가 석 자인데 어떻게 눈을 밖으로 돌리나 싶기도 하다는 말씀은 참 공감이 가는 말씀입니다.

그런데 이런 마음을 이기적이다, '아니다' 라고 판단을 내리기보다는 그렇게 사회 문제에 관심이 없고 국가와 세계 평화를 위한 기도보다 자신의 평화가 시급하다고 하는 그것이 도대체 어디서부터 왔을까를 바라보는 게 필요하다고 생각합니다.

저는 우선 질문자의 물음을 가톨릭 교회 교리에서, 곧 그리스도인의 삶에서 개인과 개인들이 모여 구성된 사회에 대한 이해를 통해서 나누고자 합니다. 곧 가톨릭 사회윤리에서 중요한 인간의 사명, 보조성의 원리, 공동선, 연대성 등 소위 가톨릭 사회교리의 정신을 간략하게 살펴보면서 참으로 신앙인이 살아가야 하는 방향을 살펴보고자 합니다. 살짝 어렵더라도 인내심을 지니시고 살펴보시길 기대합니다.

인간의 삶과 사회생활

『사목헌장』은 25항 1절에서 "모든 사회 제도의 근원도 주체와 목적도 인간이며, 또한 인간이어야 한다"고 말합니다. 이처럼 인간의 사명은 공동체적인 특징에서 잘 나타나고 있습니다. 그래서인지 사목헌장은 민간 협의체들이나 기구들의 폭넓은 참여 또한 장려하고 있습니다.

모든 가톨릭 사회윤리의 바탕은 그리스도교의 핵심가치인

사랑인데, 이 사랑은 정당한 개혁을 촉진하며, 복음 외에 사회 문제에 대한 해결책은 없다는 것이 교회의 가르침입니다. 이러한 정신의 성경적 토대는 창세기 2장 18절에 "사람이 혼자 있는 것이 좋지 않으니, 그에게 알맞은 협력자를 만들어 주겠다"는 하느님의 말씀입니다. 그래서 아담이 하와와 함께 할 수 있는 공동체를 마련해 주신 것입니다.

우리는 혼자 있으면 외로워하지만 함께하면 더 괴로울 때도 있어서 외롭고 괴로운 '외괴인'(?)으로 살아가는지 모릅니다. 우리는 이것을 뛰어넘어야 하고, 하느님께서 동반자이자 협력자인 사람을 짝으로 선물해 주신 그 뜻을 마음에 새겨야 합니다. 혼자라는 중요한 가치가 있지만, 동반자인 상대방도 똑같은 존엄성을 가진 '또 다른 나'로서의 존재이고, 사회주의는 아니지만 함께 더불어 사는 사회공동체는 하느님의 선물로서 매우 중요합니다. 그런데 현실에서 — 주의(ism)를 내세우고 그것을 이념으로 따르면서 공동체가 서로 갈라지는 현상이 일어납니다. 물론 혼자 있기를 좋아하는 사람도 있고, 다른 사람들과 함께해야 힘이 나는 사람도 있습니다. 우리도 자신이 어느 쪽의 성향인지를 생각해 보고, 내가 어떤 모임에 참석했을 때, 내가 있으므로 해서 방이 환해지는지, 아니면 내가 그 모임을 나와야 그 방이 환해지는지를 파악해 보시길 바랍니다. 저는 농담이지만 모임을 마친 후에는 꼭 모임방의 전등불을

끄고 나옵니다.

우리는 다른 이들과 함께 살아야 하는 존재인데 '우리'만 강조되면 어느 누군가는 소외될 수 있습니다. 사회교리를 통해 배운 것을 완벽하게 실천할 수는 없어도, 자신이 할 수 있는 것부터 하나씩 실천하면 성장할 수 있습니다. 좋은 가르침을 아무리 많이 들어도 실천하는 변화가 없다면, 하느님께 그 실천의 은혜를 더욱 청해야 할 것입니다.

저도 사제이지만 변화되기 힘든 부분들을 가지고 있습니다. 그래서인지 우리 모두는 자신의 의지만으로 할 수 없다는 것을 알고, 주님께 청해야 합니다. 가톨릭 신자들은 성당 활동 외에도 생태운동과 사회운동에 적극 참여하는 분들이 많습니다. 사람이 혼자 있는 것은 좋지 않다는 하느님의 말씀을 잘 실천하여, 함께 더불어 사는 공동체를 위해 노력하는 모습입니다.

사회는 인간 개인을 뛰어넘는 일치를 살아가는 거룩한 공동체이므로 인간은 혼자 살 수 없습니다. 일치하는 사회는 인간 개인을 토대로 해서 인격(person), 곧 개인이 덕을 살아가는 개인윤리를 기초로 해서, 일치의 원리에 따라 유기적으로 연결된 사람들의 공동체입니다.

우리 그리스도교 공동체도 사회이고, 개인과 사회의 관계는 함께 걸어가야 하는 공동선을 목표로 합니다. 개인과 사회는 서로가 공동선을 이루도록 돕고, 인간 사회는 공동선의 실현을 통해서 유지됩니다. 나 자신을 위해서 살지만 우리를 위해서도 살아가는 것이 인간의 삶이고, 여기에 절제가 요청되며, 개인의 윤리가 토대로 할 때 공동선은 이루어집니다. 개인윤리가 토대가 되지 않으면, 사회윤리는 실천될 수 없습니다.

이러한 공동체의 삶에서 또한 사람들 사이의 권위는 매우 중요합니다. 사람은 나이가 들어가지만 사람의 정신과 영혼은 나이를 먹지 않기 때문에 삶의 내용과 질을 추구할 때 정신과 영혼은 맑고 순수하게 유지됩니다. 그래서인지 권위는 정치, 사회, 공동체 안에서 얼마나 공동선을 위해 순수한 영혼과 맑은 마음으로 다하는가에 달려 있습니다. 그러므로 사람 속의 영적인 힘이 바로 권위로 드러납니다. 제가 싫어하는 말 중 하나가 사람을 '소비자'라고 부르는 호칭입니다. 사람이 단지 소비하는 존재인가요? 소비가 왕이고 미덕이라는 말은 수십 년 전 경제가 발전되는 시기의 사회에서 소비가 왕이라는 인식에서 나왔을 것 같은데, 지금은 사람을 생산자와 소비자의 외적 관계로만 바라보지 말아야 합니다. 공동선을 위해 행사할 때 권위가 정당하게 드러나듯, 그 공동선이 한 개인을 어렵게 한다면 그것이 호칭이든 가치이든 다시 생각해 보아야 합니다.

그리스도교 공동체의 가치와 원리가 한 개인과 단체에 완벽히 적용된다고 말할 수 없지만, 기본적으로 보조성·연대성이라는 그리스도교 사회윤리의 방향을 이루고 있는 것이 공동선 이라는 것을 알아야 할 것입니다. 공동선은 개인과 집단의 자기완성을 향해서 충만히 이룰 수 있고, 한 사람이라도 도태되어서는 안 된다는 정신입니다. 집단이든 개인이든 자기완성을 충만히 이룰 수 있게 하는 사회생활의 총체적인 것이 공동선 입니다. 이는 양비론도 아니고 모든 것이 다 좋다는 것도 아니며, 사회나 개인이 지켜야 할 원리인데, 이 공동선을 위해 보조성과 연대성의 원리를 이해할 필요가 있습니다. 가정도 공동체이기 때문에 공동체의 원리들이 충분히 발휘될 수 있고, 개인의 윤리인 사추덕(지혜, 정의, 용기, 절제)과 향주덕(신망애, 믿음, 희망, 사랑)을 기본으로 하는 인간 개인윤리가 사회윤리의 덕과 함께 실천할 수 있습니다. 그러므로 개인이든 사회든 모두 추구해야 하는 것이 그리스도교 공동체의 중요한 덕목인 공동선입니다.

보조성의 원리에 따르면, 국가나 더 넓은 사회가 개인들과 중간 집단의 자발성이나 책임을 대체해서는 안 되고, 사회는 덕을 닦는 것을 방해하지 말고, 도와주어야 하며, 정의로운 가치 체계로 이를 고취하여야 합니다. 가정에서 부모는 힘이 있고 자녀는 힘이 없지만, 언젠가는 역전된다는 것을 알아야 하고, 보조성의 원리는 부모가 책임과 권위를 가지고 있지만 그것을 사안에 따라 부모의 뜻을 내려놓고, 자녀의 뜻을 존중하며 살아가는 것입니다. 매번 그럴 수는 없지만, 부모가 받아들이기 힘든 것이라도, 자녀가 원하는 뜻을 받아주는 것이 보조성의 원리의 적용이며 그리스도교의 가치입니다.

본당의 경우에는 사목위원들이 큰 결정들을 하지만, 어떤 경우에는 레지오 마리애의 한 쁘레시디움의 결정도 따를 수 있는 것이 보조성의 원리입니다. 그리고 사목위원이 한 신자의 신심행위를 막을 수 없고, 존중되어야 하며, 만약 그 신심행위에 오류가 있고 잘못된 것이라면, 마음이 상하지 않게, 사목자와 더불어 복음적으로 지도해 주면 됩니다. 회개는 개인만이 아니라 사회, 곧 공동체가 자신들의 삶들을 성찰하는 것입니다. 이처럼 개인뿐 아니라 공동체적인 회개도 필요합니다. 이 점에서 우리는 개인과 공동체가 사랑의 정당한 개혁을 살고 있는지 살펴볼 필요가 있습니다.

모든 인간 공동체가 유지되고 발전하기 위해서는 공권력이 필요합니다. 하지만 정치 공동체와 공권력은 인간의 본성에 바탕을 두고 있으므로, 하느님이 정하신 질서에 속해 있음이 명백합니다. 공동선을 이룩하기 위해서 공권력은 도덕적으로 정당한 방법들을 사용해야 합니다. 그래서 공동선은 세 가지 중요한 요소를 가지는데, 인간 기본권의 존중과 신장, 번영,

곧 사회의 정신적·물질적 선익의 발전과 집단과 그 구성원들의 평화와 안전이 그것입니다.

시민 사회의 공동선을 보호하고 증진하는 것은 국가의 역할이고, 전 인류 가족의 공동선은 국제적 사회 기구의 존재를 요구합니다. 가정 안에서도 자녀가 힘들게 하면, 부모의 뜻대로 되지 않는 것에 화내기보다는 먼저 자녀의 성향과 바람을 아는 것이 중요한데, 바로 그 순간 부모의 권위는 드러나는 것입니다.

공권력을 정당하게 실행하려면 보조성의 원리를 주장하는 과정에서 함께 협상을 통해 이루어질 수 있습니다. 예를 들어 사람들이 모이는 공동체는 무엇보다 안전의 가치들을 먼저 살펴보아야 합니다. 만약 본당이 오백 명의 어르신들을 모시고 행사를 치를 환경과 안전한 구조를 가지고 있지 않은데, 무리하게 추진한다면, 공동선을 해치는 것이 될 수 있고, 안전을 보장받지 못합니다. 이럴 때 권고하는 제한은 무조건 반대를 하는 것이 아니라 안전을 위해서 필요합니다. 이 제한은 그 행사를 위한 사람들을 위해 적합한 조건과 환경들이 갖추었을 때 풀릴 수 있습니다.

질문자는 마음만 불편해 자세히 안 보는 뉴스, 그리고 당장 개인의 평화가 시급한데 어떻게 눈을 밖으로 돌리나 하고 말

씀하시면서 이런 마음이 이기적인 걸까를 간단하게 질문하셨
는데, 제가 너무 사회교리를 장황하게 설명한 듯합니다. 하지
만 이 사회윤리를 지금 당장 실행하라는 것보다는 천천히 하
나씩 이해하면서, 할 수 있는 것부터 실행하신다면 분명 주님
께서 도와주실 것입니다.

주님께 가깝게
살아가는 방법은?

Q 성인전을 읽을 때면 저 자신을 반성하게 됩니다. 특히 너무 세속적으로 사는 게 아닌가 걱정됩니다. 많은 사람들은 성인들이 살던 시대와 지금은 다르다고 말하지만…, 이 시대에는 어떻게 생활하는 게 주님께 가장 가깝게 살아가는 방법일까요?

A 가톨릭교회의 특징 가운데 하나가 성사생활입니다. 종교개혁을 하였던 마르틴 루터(1483-1546)는 오직 믿음(sola fide)을 집중적으로 강조하였습니다. 이것이 프로테스탄트의 긍정적인 측면입니다. 또 다른 측면은 선한 행업과 성사(聖事)의 가치를 부정한 것입니다.

가톨릭교회의 성사들은 인간의 구원을 위한 신성한 업적들입니다. 그래서 우리가 만일 그리스도에게 믿음을 두고 있다면, 우리는 교회를 믿고, 그 선물들을 스스로 신뢰한다는 것을 드러내야 합니다.

그렇지만 만일 인간의 행업들만 존재한다면, 얼마나 많은 선업들이 공로라고 말할 수 있을까요? 또한 영원한 보상을 어떻게 받을 수 있다고 할까요? 분명한 것은 하느님의 은총이 있어도 어떤 행위가 없다면 인간은 자체로 참으로 선하고, 완전하다고 말할 수 없을 것입니다.

그래서인지 그리스도를 믿는 신앙인들의 선한 행위와 업적은 그들의 것이며 또한 성령의 것입니다. 곧 하느님의 은총이 그 사람 안에 있다는 표지입니다. 이는 '하느님께서 우리와 함께하신다'는 믿음이고, 그 신뢰가 우리 안에서 자란다는 것입니다. 이 때문에 선을 행하는 자들이 구원된다는 의미를 말합니다.

질문자께서 궁금해하는 성인들의 삶과 주님께 가깝게 사는 신앙생활이란? 바로 성사생활과 밀접하게 연관됩니다. 따라서 우리는 성인들의 삶을 통해서도 주님을 따라가는 은총의 길을 걷게 됩니다. 그러므로 필자는 성사생활이란 무엇일까를 먼저 소개하면서, 지금 우리가 순교자 성월을 지내고 있듯이, 우리나라 초기 교회 신도들의 신앙생활을 간략하게 나누고자 합니다. 이렇게 하는 까닭은 성사의 은총과 함께 한국 초기 교회 신도들의 삶이 어떻게 지금 주님께 가깝게 사는 삶인지를 우리에게 알려준다고 믿기 때문입니다.

성사생활, 전례생활, 파스카 신비생활

성사생활을 하는 데, 우리는 먼저 성사에 대한 이해가 필요합니다. 성사란? 보이지 않는 하느님의 은총이 우리의 눈에 보이고 체험 가능한 표지를 말합니다. 이를 어려운 신학의 용어로 표현해 보면 다음과 같습니다. 성사란 '비가시적 은총의 가시적 표지'입니다. 성사생활에서 많이 듣는 말이 '전례'라는 용어인데, 그렇다면 전례는 무엇을 의미할까요? 바로 공적인 일, 백성들의, 백성들을 위한 봉사를 뜻합니다. 그리스도교 전통에서는 하느님의 백성이 '하느님의 일'에 참여한다는 것을 전례생활 곧 성사생활이라고 말합니다.

구세주 대사제 그리스도께서는 전례를 통해서, 당신 교회 안에서, 교회와 더불어, 교회를 통해서 우리의 구속을 위한 사업을 계속하십니다. 그런데 신약에서 전례라는 단어는 하느님께 대한 예배의 거행뿐 아니라 복음선포와 사랑의 실천도 가리킵니다. 이 경우가 하느님과 인간에게 봉사함을 뜻합니다. 우리가 성사생활을 한다는 것은 이처럼 전례를 거행할 때 유일한 '제관'이신 주님의 모습을 따라 시종이 되어, 그리스도의 사제직(예배), 예언자직(선포), 왕직(사랑의 봉사)에 참여하는 데 있습니다.

그러므로 전례는 그리스도를 통하여 하느님과 인간의 친교를 드러내는 가시적인 표징으로 교회를 실현하고 표현합니다.

그래서 전례는 신자들을 새로운 공동체 생활로 이끌며, 모든 사람들이 "잘 이해하고 능동적이며 효과적으로"(『전례헌장』, 11항) 참여하도록 요구합니다. 하지만 거룩한 전례가 교회활동의 전부는 아닙니다. 전례에 앞서 복음화와 신앙의 회개가 먼저 이루어져야 합니다. 그때 비로소 전례는 신자들의 생활 안에서 열매를 맺을 수 있습니다. 그 열매가 바로 성령에 따르는 새로운 삶, 교회 사명에 참여, 그리고 교회의 일치를 위한 봉사입니다.

그리스도인의 기도는 전례에서 시작되고 전례로 완성됩니다. 전례는 교회활동이 지향하는 정점이며, 모든 힘이 흘러나오는 원천입니다. 교리교육도 전례활동 및 성사활동과 불가분의 연관을 갖습니다. 그 이유는 성사, 특히 성체성사 안에서 예수 그리스도께서 인간의 변모를 위하여 전적으로 활동하시기 때문입니다. 전례를 통한 교리교육은 보이는 것에서 보이지 않는 것으로, 상징에서 상징된 내용으로, '성사'에서 '신비'로 진행함으로써 그리스도의 신비로 인도하는 것이 그 목표입니다.

성사는 그리스도께서 세우시고 교회에 맡기신 은총의 효과적인 표징들로서 이를 통해 하느님의 생명이 우리에게 베풀어집니다. 교회는 세례 사제직과 서품된 직무 사제직으로 구성된 사제 공동체로서 성사들을 거행합니다. 성령께서는 하느님의 말씀과 잘 준비된 마음으로 그 말씀을 받아들이는 사람들의 신앙을 통해서 성사에 참여할 준비를 갖추도록 하십니다. 그럴 때 성사는 신앙을 굳게 하고 표현합니다.

한국 초기 신도들의 신앙생활

교회가 창설된 직후부터 조정에서는 천주교 신앙을 금지했습니다. 따라서 신도들은 조정의 탄압을 각오하면서 자신의 신앙을 실천해 갔고, 신심생활을 계속해 갔습니다. 그런데 신앙생활의 원천이 되었던 것은 교회서적에 대한 독서였습니다.

당시 신도들 사이에서 널리 읽히고 있었던 책으로는 『성경직해광익』(聖經直解廣益)을 들 수 있는데, 이 서적에는 매 주일과 주요 축일 때에 읽는 성경이 간추려져 있었고, 여기에 부분적으로 발췌되어 수록된 성경은 4복음서의 1/3에 해당하는 분량이 실려져 있었습니다. 또한 당시의 교회에서는 『성교일과』(聖敎日課), 『천주성교공과』(天主聖敎功課)를 비롯한 기도서들이 번역되어 신도들에게 읽혀지고 있었습니다. 기도는 신도들에게 중요한 일과의 하나였으며, 영적 활동을 뜻하는 것이었습니다. 그들은 매일 아침저녁에 기도를 드리도록 가르쳐졌으며, 교회 창설 초기부터 삼종경과 묵주기도까지 바치고 있었습니다. 그들은 천주십계를 기도처럼 외우며, 매일 매일 자신의 생활을 점검해 나갔습니다. 한국 초기 교회 신도들의 이러한 기도생활은 성사의 은총을 받기 어려웠고, 성직자를 만날 수 있는 기회가 드물었던 당시 사회에서 신앙생활을 지속시켜 주는 원동력이 되었습니다.

또한 박해시대의 교회에서는 성녀 아가다, 성녀 빅토리아와 같은 로마시대 순교자들의 전기를 읽으며 신앙을 증언할 용기를 길러갔습니다. 한편 성녀 데레사와 같은 성인전을 통하여 종교적 열정을 본받고자 자신을 불태우고 있었습니다. 또한 그들은 여러 종류의 묵상서적을 가지고 있었으며, 예수님의 수난을 묵상하고, 예수성심에 관한 깊은 신심을 가지고 살아가려고 힘썼습니다. 그들은 윤지충을 비롯한 한국 순교자들의 기록을 소중히 간직하며 순교자들을 자신의 모범으로 삼고자 하였습니다. 1802년에 순교한 이순이 '루갈다'의 애절한 편지를 필사하여 서로 돌려보기도 했습니다. 이처럼 한국 초기 교회의 신도들은 성모신심, 예수성심, 순교자신심 등을 특별히 가지고 있었습니다. 이러한 신심은 박해의 고통을 이기게 하여 주었고, 죽음의 두려움을 극복하고 순교자가 될 수 있는 용기를 주었습니다.

한편, 박해시대의 신자들은 조선이 가지고 있던 정신문화의 유산과 자신의 신앙을 조화롭게 해석할 수 있었습니다. 다시 말해서 당시 사회에서 가장 존중되던 가치는 충효(忠孝)였고, 이를 실천하기 위해서는 사육신(死六臣)이나 심청이처럼 죽을 수도 있음을 강조해 왔습니다. 이 충효는 유교적 가치일 뿐만 아니라 불교적(佛敎的)이고 무교적(巫敎的)인 가치이기도 했습니다.

박해시대의 신도들이 미사에 참여한다는 것은 특별한 은혜에 속하는 일이었습니다. 당시의 순교자 중에는 단 한 번도 미사에 참여할 수 없었던 사람들도 있었습니다. 그들은 보통 신도들이 베푼 세례를 받고 동료 교우들의 격려를 받으며 신앙생활을 시작했던 것입니다. 하지만 그들은 축일과 대축일이면 신도들이 공동으로 바치는 공소예절과 같은 전례생활에 참여했습니다. 박해시대의 교우들이 한데 모여 기도를 바친다는 것은 매우 위험한 일이었고, 경우에 따라서는 죽음까지 각오해야 했습니다.

그러나 주일과 축일이면 신도들은 공동 집회를 비밀리에 열고 있었으며, 여기에 참여하는 신도들의 숫자도 해를 거듭할수록 증가해 갔습니다. 한국 초기 교회 신도들은 주일과 대축일뿐만 아니라 일반 축일에도 수시로 모여 공동 기도를 드렸습니다. 그리고 이러한 집회에 참여하지 못한 신도들은 대송(代誦)으로 성로신공(聖路神功, 십자가의 길)을 하거나, 주님의 기도 66번 또는 성모송 99번을 바쳤습니다. 이처럼 박해시대의 신도들은 기도 중심의 신앙생활을 했습니다. 그들은 현세의 가치를 거부하고 내세에 대한 간절한 소망을 가지고 있기도

했습니다.

박해시대의 신도들은 자신의 신앙생활을 유지하기 위하여 서로들 모여 살며 교우촌(敎友村)을 형성했습니다. 충청도 배론, 전라도 차돌백이, 경상도 산나무골 등은 신도들이 교우촌을 이루고 있던 대표적인 장소였습니다. 신도들은 박해를 피해 자유롭게 신앙을 실천하기 위해 깊은 산속으로 들어가 화전을 일구거나 옹기를 구움으로써 생활해 나갔습니다. 그들의 생활은 매우 구차하였으나 신앙을 실천하는 기쁨을 누리고 있었습니다. 하지만 모든 신도들이 다 교우촌에 살았던 것은 아니었습니다. 신도들 가운데 일부는 서울을 비롯한 도시에 살면서 은밀히 신앙을 실천하였습니다.

하느님 보시기에
좋은 신앙생활은?

Q 주일미사뿐 아니라 평일미사에 빠지지 않고, 성체조배도 일 주일에 3번은 꼭 합니다. 묵주기도도 하루도 거르지 않습니다. 성경쓰기도 매일합니다. 그러길 2년, 이젠 하루라도 빠지면 큰 일이 날 것만 같습니다. 이런 생활을 지키는 게 어쩔 땐 우쭐해지기도 합니다. 그런데 뭔가 제 욕심과 강박관념 때문에 이런 생활을 한다는 느낌이 점점 듭니다. 어떻게 신앙생활하는 게 하느님 보시기에 좋은 것일지 알려주세요.

A 오늘날 신앙생활은 영성생활과 밀접하게 연관되어 있습니다. 질문자께서 하시는 신앙생활은, 마치 옛날에 다니던 신학교생활과 유사하다는 느낌을 지울 수가 없습니다. 1교시 주일미사, 2교시 평일미사, 3교시 성체조배 등…. 물론 이러한 유형의 생활이 우리 가톨릭 신자들의 신앙생활에 많은 부분을 반영하고 있다고 생각합니다. 그런데 영성생활이 신앙생

활이라는 차원에서 특별히 질문자가 말씀하신 하느님 보시기에 좋은 것이 어떻게 신앙생활을 하는 것인지는 아주 단순합니다. 내가 가장 행복하고 잘 할 수 있는 삶이 무엇인지를 알아차리는 것입니다. 주님께서 나에게 주신 가장 나다운 삶의 방법을 스스로 발견하고 만나는 것입니다.

이를 위해서는 우선 그리스도교의 신앙적인 가치를 품고 살아가야 하는 것이 요청됩니다. 이는 바로 성경과 신앙의 진리(가톨릭교회교리)를 먼저 배우고 살아가는 것입니다. 그래서 필자는 '어떻게 신앙생활하는 게 하느님 보시기에 좋을까?' 질문을 한 질문자께 성경과 신앙진리(가톨릭교회교리)를 통해서 하느님과 예수 그리스도의 말씀과 진리를 만나시길 소개하고자 합니다.

오늘날 성경공부는 본당에서 접할 기회가 많이 있습니다. 그런데 가톨릭 신앙진리(가톨릭교회교리)는 세례받기 6개월이나 10개월 또는 1년 동안 이루어지는 예비신자 교리가 전부인 듯합니다. 이러한 현실에서 신앙생활의 토대는 성경말씀과 신앙진리(가톨릭교회교리)가 바탕이 되어 '믿음살이'와 '살림살이'가 함께 이루어지고 서로 연관되어 살아갈 때, 분명 내가 행복하고 나의 영성살이도 잘 발견할 수 있기에 하느님 보시기에 좋다고 말씀하실 것입니다. 그러므로 필자는 가톨릭 신앙진리를 먼저 간단하게 요약해서 지금 말씀드릴까 합니다.

한편 가톨릭 신앙진리를 잘 이해하기 위해서 유튜브 채널을 소개합니다. 유튜브에서 제 이름 '곽승룡'을 검색하면 20강 의 「곽승룡 신부의 가톨릭 교회 교리」를 만나볼 수 있는데, 이 강의들은 세례를 받기 위한 교리로도 시청할 수 있지만, 가톨 릭 신자라면 모두 신앙의 진리를 이해하고 살아야 하는 '믿음 살이'의 내용입니다. 가톨릭교회의 신앙진리를 보다 체계적 으로 준비한 강의이기 때문에 많은 도움을 받을 수 있을 것이 라고 생각해 권면해드립니다.

가톨릭 신앙진리를 어떻게 배울까요?

성호경(Sign of the cross)은 "성부와 성자와 성령의 이름으로 아멘" 하고 드리는 기도로, 모든 기도의 시작이자 마침입니 다. 왼손은 손가락을 모아 가슴에 대고 오른손을 다 모아 이마 에 대고 "성부와" 이어서 가슴에 "성자와" 그리고 왼쪽 어깨 에 "성" 그리고 오른쪽 어깨에 "령의 이름으로" 그리고 합장 하면서 "아멘"으로 마치며 고개를 잠시 숙이면 됩니다.

성호경은 그리스도교 가톨릭 신앙의 표지입니다. 성호경은 예수님이 돌아가시고 공동체가 형성되면서 박해시대 때부터 성호를 그으며 시작했습니다. 2세기 박해시대 때는 천주교 신 자인 것을 드러내지 않기 위해서 이마에 십자가만 표시했습니다. 십자가는 천주교 신자의 표시였습니다. 그리고 11세기부터 성부, 성자, 성령이라고 표현하기 시작했습니다. 그리고 381년에 콘스탄티노플 공의회에서 성부와 성자와 성령이 한 하느님이시라고 선언하고 선포되었습니다.

성호경을 그을 때 왼쪽에서 오른쪽으로 긋지 않고, 오른쪽에서 왼쪽으로 긋는 걸 보신 적이 있나요? 서방 교회인 로마 가톨릭의 성호는 내가 긋는 것이고, 동방교회는 하느님이 그어 주신다는 뜻으로 오른쪽부터 성호를 그으며 기도합니다. 서방교회는 나 중심의 성호경이고, 동방교회는 하느님 중심의 성호경인데 둘 다 가치가 있는 전통입니다.

사도신경(The Apostles' Creed)은 예수님의 제자들인 사도들이 고백했던 신앙에 대한 고백입니다. 사도신경은 천주 성부와 주 예수 그리스도님 그리고 성령의 믿음을 고백하고 동정 마리아는 믿는 것이 아니라 성모님의 신앙과 신심을 믿는 것입니다. 보편된 교회는 건물을 믿는 것이 아니라 모든 공동체에 대한 것이고, 모든 성인의 통공을 믿고, 죄의 용서와 육신의 부활과 영생을 믿는 내용입니다. 이 모든 것은 신앙의 보물입니다. 사도신경은 예수님 때부터 381년에 다 완성된 것입니다. 거의 4세기 동안 신앙의 형성이 있었고 지금까지 전해 내려온 것입니다. 사도신경은 하느님과 예수님에 대한 믿음의 내용으로 구성되어 있으며 '저승에 가시어' 의 저승은 죽은 자들이 있는 장소인데, 예수님께서 저승에 가셨으니 더 이상 죽은 자들의 장소가 아니라 산 자들의 장소로 부활한다는 뜻입니다. 그리스도교의 신앙은 죽은 사람도 살았고 산 사람도 살아 있는, 부활의 신앙입니다. 서로 통해서 기도할 수 있습니다. 그래서 기도하고 미사를 하는 것입니다.

'성인들의 통공을 믿으며'는 성인들이 서로 통한다는 뜻입니다. 2017년 겨울 '죄의 용서'를 다룬 영화를 소개하려 합니다. 「신과 함께」라는 제목의 흥행한 영화입니다. 주인공이 죽어서 염라대왕에게 갔는데 마지막 관문에서 그의 죄가 드러납니다. 그 내용은 청각과 언어 장애를 갖고 있는 어머니가 주무실 때 아들인 주인공이 장애인의 자식이라는 삶이 힘들어서 베개로 눌러 죽이려 했던 것입니다. 그런데 염라대왕은 그를 용서해 줍니다. 그 이유는 자는 줄 알았던 주인공의 어머니는 깨어 있었고 아들의 행동을 알았지만 모른 척 용서해 줬기 때문입니다. 염라대왕은 "이승에서 완전히 해결된 용서는 저승에서 문제 삼지 않겠다"라는 선고문을 외칩니다. 이 영화에서 염라대왕의 말은 하느님이 우리에게 해주시는 말씀과 같다고 느꼈던 장면이었습니다.

심판(judge)은 구원을 위한 심판입니다. 하느님이 오시는 종교가 천주교입니다. 부활해서 오셨고, 구원하러 오십니다. 인간이 하느님을 만나러 어딘가로 가는 종교는 사이비 종교와 유사하다고 말할 수 있습니다. 하느님이 우리에게 오시기에 내 마음의 문만 열면 됩니다. 마음의 문은 내 안에 있기에 나 스스로 열어야만 합니다.

계시 종교는 하느님의 자기소개인데 이 소개의 내용은 사랑입니다. 구원을 위한 하느님의 선물이 사랑입니다. 천주교는 사랑의 종교입니다. 사랑이 있어야 평화와 정의도 옵니다. 평화와 정의도 사랑 안에 있으니 사랑을 만나고 싶은 분들은 성당으로 초대하시면 됩니다.

가톨릭교회 신앙교리의 개관

가톨릭교회교리 개관은 신앙, 성사, 계명, 기도입니다. 신앙은 믿음이고, 성사는 은총 체험이며, 계명은 사랑 실천이고, 기도는 대화입니다. 믿음을 바탕으로 축복을 받는 7성사가 있으며 사랑을 실천하는 것이 계명편입니다. 하느님의 축복을 받기 위해서 그리고 사랑을 제대로 실천하기 위해서 기도를 합니다. 믿음, 성사, 계명을 잘 살아가는 중심에 기도가 있습니다. 믿음이 견고해지기 위해서 기도하는 것입니다.

이처럼 가톨릭교회의 교리서가 이뤄진 구성은 믿을교리편, 성사편, 계명편입니다. 믿을교리는 사도신경이고, 성사는 축복, 하느님의 복을 받는 것이고 이것은 눈에 보이지 않는 축복을 보이도록 하는 것입니다. 성사는 하느님의 축복이 눈에 보이게 체험한다는 것을 표현해 줍니다. 계명은 사랑 실천입니다. 그래서 말 표현, 장궤, 절 등 제스처도 중요합니다.

교리구성의 3요소인 믿음은 사랑의 응답이고, 성사는 하느님의 축복, 체험 도구이며, 계명은 믿음과 성사의 구체적 실천 규범입니다. 사랑은 안 보이지만 사랑의 행위는 보입니다. 사랑하는 연인 사이에 발렌타인데이 초콜릿을 주고받듯이 성사를 통하여 하느님의 축복이 보이게 하는 것입니다.

성사(sacrament)의 핵심은 성체성사입니다. 성체성사는 주님과 만나는 것입니다. 주님의 살과 피를 먹고 마시며 기억하고 행하는 것입니다. 2천 년 전 십자가의 죽음과 부활을 지금도 지속하는 것입니다. 미사는 그리스도의 파스카입니다. 파스카는 해방을 뜻합니다. 개신교는 완료형으로 예수님께서 봉헌하신 한 번의 완전한 희생제사로 이루어졌기 때문에 다시 제사를 지내지 않지만 천주교는 종말 때 완성되니 계속 지금도 진행합니다.

믿음은 두 존재를 결합시켜 주는 힘입니다. Credere는 라틴어로 믿음인데 cor는 인간의 '마음'이고 dare는 '주는 것'이라는 뜻입니다. 마음을 주는 것이 믿음입니다. 계시는 하느님 당신의 품격을 인간에게 충만히 드러내는 것이고 신앙은 인간이 하느님께 마음을 다하여 온전히 응답하는 것입니다.

어떤 절망에서도
참 기쁨과 희망을 지킬 수 있을까요?

Q 나이가 들수록 인간적 고통이 많이 찾아옵니다. 가족과의 문제, 이웃과의 문제, 건강, 경제적 상황, 죽음 등으로 기쁨과 희망을 잃을 때가 있습니다. 이런 절망적인 상황에서 어떻게 하면 참 기쁨과 희망을 잃지 않고 생활할 수 있을까요?

A 현대를 일컬어 백세시대라고 말합니다. 불과 얼마 전부터 장례미사를 봉헌할 때 보면, 돌아가신 분의 연세가 대부분 90세가 넘습니다. 부처님도 '인생은 고통이다'고 말씀하신 것처럼, 오늘 질문자께서는 나이가 들수록 인간적인 고통이 많이 찾아온다고 고백하시는데, 백세시대에 걸맞지 않게 고통도 백세시대가 되지 않기를 바랍니다. 하지만 살다 보면 가족 문제, 이웃 문제, 건강과 경제 문제, 그리고 죽음의 문제가 총체적으로 밀려옵니다. 이런 상황에서 어떻게 참 기쁨과 희망을 잃지 않고 생활할 수 있을까요?

11월은 교회 달력으로 위령성월입니다. 죽은 이들을 기억하고 특히 연옥 영혼을 위해 기도하는 달입니다. 위령의 달을 맞아 중요한 신앙고백은 성인들의 통공입니다. 그리스도를 믿는 교회는 삼중교회로서 서로 공로가 통합니다. 곧 천국교회, 지상교회, 연옥교회가 서로 공로를 주고받으며 사랑의 도움을 나누어 간다는 뜻입니다.

저는 이 시간을 통해서 하느님께서 우리에게 주신 것은 고통이 아니라 기쁨과 희망, 곧 참 행복임을 나누고자 합니다. 그것이 바로 하느님의 선물로서의 행복입니다. 또한 하느님께서 우리에게 선물하신 본디 '한처음에 순수하게 창조된 원행복'은 '원순수'(原純粹)입니다.

한처음의 원순수, 원행복

본디 사람은 기쁨과 희망 그리고 행복을 만끽하도록 창조되었습니다. 우리들은 하느님으로부터 '한처음' 에 원순수, 원기쁨, 원행복을 살도록 초대된 것입니다. 그런데 옛날 교리에서는 인간이 삼구(三仇, 세 가지 원수들인 육신, 세속, 마귀)를 바라보고 유혹되어 인간 안에 하느님과 멀어지는 틈이 생겼다고 말합니다. 그 죄로 인해 죽음이 시작되었다고 성경은 고백합니다. 하지만 우리가 죄를 지어도 인간의 본성은 죄에 물들지 않고 원래대로입니다. 다만 먼지가 쌓여 하느님과 사람들 사이에 틈이 생길 뿐입니다. 돈이 아무리 구겨져도 은행에 가면 새 돈으로 교환해 줍니다. 그런 점에서 성당은 영적인 은행입니다. 그곳에서 헌 마음을 새 마음으로 바꾸어 갈 수 있습니다.

그런데 우리가 한처음의 '원순수'와 '원행복'으로 돌아가 회복하려면 주체인 하느님과 주체인 내가 만나야 합니다. 그렇지 않고 주체와 대상이 만나면 관계는 소원해집니다. 그러면 모두가 왜 주체가 되어야 할까요? 그 안에 사랑이 성립되기 때문입니다. 주체와 대상 사이에는 사랑의 관계가 성립되지 않기 때문에 서로서로 주종의 관계로 형성된 모습을 살게 됩니다.

서로 주체들의 관계가 아닌 경우에는 어떤 짝들도 어떤 부부도 도저히 살지 못하겠다며 관계가 멀어집니다. 간혹 그런 짝들과 부부들이 이런 어려움을 가지고 상담해 옵니다. 하지만 그들은 무엇이 틀어지고 관계가 얽히고 잘못된 것인지 한마디를 하지 못합니다. 이것이 오늘의 현실입니다.

자신의 비즈니스, 직업 등에 대해선 최소한 대학 공부, 인턴, 실전 경험들을 10여 년 동안 체계적으로 공부하고 경험하며 준비합니다. 또 혼인에 앞서 자기들 앞에 펼쳐지고 놓여진 것들, 눈에 보이는 것들 예를 들어 결혼하여 살 집, 미래의 가족계획, 취미 생활, 자동차 등을 이야기하면서 행복해합니다. 그러나 눈에 보이지 않지만 매우 중요한 '나는 누구일까?', '혼인이란 무엇일까?', '사랑하는 상대는 누구일까?'에 관해 최소한 10여 년의 반, 아니 3분의 1의 시간을 들여서라도 준비하고 공부했을까요? 한마디로 오늘날의 혼인에 있어서 어려움은 '보이지 않는 나와 너에 대한 이해와 준비 부족'입니다.

상담을 하면서 젊은이들의 짝들과 부부들에게 '서로의 관계에서 여러분이 잘한 것은 무엇일까요?' 하고 물어보니, 남자는 먹을 것과 옷을 사주고, 운전해 주고, 부인은 밥해 주고, 아기를 양육한 것 등을 이야기합니다. 그런데 '이런 일들도 매우 중요하지만 그 일들은 가정부도 와서 합니다. 그러면 당신은 아내인가요, 가정부인가요?' 하고 물으면, 많은 사람들이 '그걸 왜 몰랐을까요?' 하고 대답합니다. 바로 주체와 대상으로 살았기에 그런 것입니다. 주체와 대상 사이에는 일과 의무 그리고 책임만 있습니다. 과연 그들은 이미 둘 사이에 존재한 사랑을 느낄까요? 주체와 주체가 살아가는 것은 사랑을 살아가는 것입니다. 그것을 깨달은 이들은 이렇게 고백합니다. 결혼을 너무 잘했다고.

같은 생각으로, 여러분은 성당에 오면 주체입니까? 대상입니까? 봉사를 할 때, 성당에서도 가정부로서가 아니라 주체로서 살기를 바랍니다. 주체와 주체로서 곧 주인으로서 말입니다. 좋은 사랑을 나누는 관계가 아니기 때문입니다. 그러면 사랑이란 무엇일까요? 드라마 하나를 인내심을 갖고 보았다는 분이 있었습니다. 그분은 드라마를 보다가 이 한 줄의 대사를 듣고 기뻤답니다. "사랑이란 생각하고 시작하기 전에 시작되어 있는데, 내가 어찌 물러날 수 있는가?" 그렇습니다. 사랑은 내가 생각하고 시작하는 게 아니라는 뜻입니다.

사랑은 에로스와 아가페로 구분합니다. 우선 에로스 사랑은 아가페 사랑으로 존재하지 않습니다. 하지만, 사랑, 곧 에로스는 본능적 사랑이지만 자기 자신의 자리를 탈출해 아가페로 도착합니다. "사랑은 관능적이다"라고 토마스 아퀴나스가 말했는데, 예수님은 사랑의 에로스와 아가페를 '카리타스'(caritas)라고 표현합니다. 에로스와 아가페는 철학적인 개념으로서, 고대 철학자 플라톤에 의해 에로스 단어가 처음 쓰였습니다. 플라톤의 제자가 스승에게 에로스가 뭐냐고 물었습니다. 플라톤은 "하느님이 인간을 만들 때 불어넣으신 '숨'이다"라고 말했습니다. 그래서인지 에로스는 계획하고 계산하는 게 아닙니다. 일어나고 싶을 때 일어나는 게 에로스입니다. 그런데 내 입장에서 그 에로스를 받아들이고 내어놓을 게 있어야 일어납니다. 곧 한 여성이 어떤 남자를 보고 가슴이 두근거리고 쿵쾅될 때, 이 순간 에로스가 깨어납니다. 그런데 내 입장에서 그걸 받아들이고 내어놓을 수 있는 게 있어야 사랑이 맺어집니다. 이처럼 사랑은 내가 하는 게 아니라 '하고 싶어서 나오는 것'을 내가 열어놓는 것입니다. 열어놓아야 하는데 열어주지 않으면 몸이 아픕니다. 상사병이라는 것을 들어보셨나요? 옛날이야기지만, 사랑이 진행되지 않으면, 머리띠 매고 누웠습니다. 그러면 그 때문에 항복해서 청원하고 그 일을 해결하는 것이 사랑일까요? 오늘날도 그렇지만 이건 잘못된 것입니다. 사랑은 누군가 백기를 들게 하는 게 아니고, 사랑이 깨어나 나가게 해주는 것입니다. 사랑으로 나가게 해줄 때, 자기로부터 탈출할 수 있고, 자기 안에서 그런 사랑의 신비적인 힘이 나옵니다. 그러기에 사랑할 줄 모르는 사람은 불쌍한 사람입니다.

요즘 부모들 가운데 자녀들에게 '힘든 결혼을 왜 하느냐? 차라리 혼자서 하고 싶은 것 하고 살아도 되지 않냐?' 하고 말하는 이들이 있습니다. 과연 혼인을 안 해도 될까요? 삼십, 사십 년 후에 양로원에 아무도 찾아오지 않는다는 것을 상상해 봅시다. 아무도 올 사람이 없는 것과 오늘은 누가 올까 하고 살아가는 것은 동일하지 않습니다. 자녀들이 결혼하지 않아도 되는 것은 자기 인생을 부정하는 것입니다. 그 자녀가 어떻게 자기를 완성할 수 있을까요? 결혼해서 시련과 고통을 통해서 변화할 것을 부정해서는 안 됩니다.

우리는 삶의 공간에서 역사를 쓰는 존재들입니다. 내가 한 가정의 역사를 쓸 수 있다는 것은 대단한 일입니다. 이 역사를 허무가 아니라 구원의 역사로 쓸 수 있도록 도와주는 자들이 사제와 수도자들입니다. 그 역사가 함부로 된 역사가 되지 않기 위해서 사제, 수도자가 필요한 것입니다. 구원의 역사가 되게 하는 것은 평신도, 사제, 수도자 모두 공동적으로 혼인의 사랑을 토대로 하기 때문입니다. 혼인성소, 사제·수도자성소 이 두 가지 성소는 떨어질 수 없습니다. 이 두 성소가 동일하게 혼인성의 가치를 가지고 있기 때문입니다. 이것을 회복할 수 있는 것이 원순수입니다. 본래 한처음에 순수했던 그 모습으로 돌아가 회복하는 것입니다. '원순수'는 루카(15,11-32)의 시선에서 그 의미를 찾아볼 수 있습니다. 둘째 아들은 먼 고장에 가 있다가 내 아버지 집에는 종들이 먹고도 남을 게 있는데 내가 왜 여기에 있느냐, 왜 이러고 사느냐며 아버지에 대한 그리움으로 자기의 못남을 내려놓고 돌아올 수 있었습니다. 이처럼 회개는 '원순수'로 되돌아옴입니다. 둘째 아들이 아버지 집으로 들어가는 것입니다.

주체(하느님)와 주체(나)의 만남 안에 사랑이 존재합니다. 그래서인지 사랑은 너를 위한 선의 실행입니다. 그 실행에서 내 방법을 고집하는 것이 아니라 너의 방법을 써주는 것이 사랑입니다. 이와 같은 사랑을 살아갈 때, 아무리 절망적인 상황에서도 참 기쁨과 희망을 잃지 않고 생활할 수 있을 것이라고 믿습니다.

주님은
나를 최고로 사랑하시나요?

Q 주님은 각 개인을 가장 최고로 사랑한다고 들었습니다. 하지만, 간혹 주변 사람과 비교하여 저보다 다른 사람을 더 사랑하신다는 생각이 들 때가 있습니다. 정말 주님은 우리가 잘못된 행동을 해도 우리 각자를 최고로 사랑하시는지요? 주님 사랑에는 차별이 없는지 궁금합니다.

A 사랑, 마르지 않는 샘물

주님 사랑에 차별이 없는지 궁금해하시는데 정말 차별이 없습니다. 특별히 복음 성경의 예수 그리스도께서는 하느님의 사랑을 구체적으로 실현하시며 전적으로 차별 없는 사랑, 곧 자비를 살아가셨습니다. 요한복음 4장 사마리아 여인에서 예수님의 차별 없는 사랑의 샘물을 발견할 수 있습니다. 나누고 나누어도 생겨나는 원천을 우리는 요한복음 4장의 물 달라는 그 여인의 모습에서 만날 수 있습니다. 시골집, 물 펌프에서도 마중물을 넣고 샘물이 올라 나오는데, 그 샘물은 본래 그 안에 있던 물이 나오는 것입니다. 그걸 알지 못했던 여인에게 자신 안에 있는 원천의 샘물이 계속 퍼 올라올 수 있도록 하려면, 주님의 물을 부어주는 것으로 가능합니다.

"사람과 그 아내는 둘 다 알몸이면서도 부끄러워하지 않았다"(창세 2,25)는 말씀처럼 아담과 하와가 알몸이면서 부끄러워하지 않았던 것은 자기 자신을 사랑하는 상대방에게 선물로 100% 주었기 때문입니다. 우리에게 남자와 여자는 차이만 있을 뿐 차별은 없습니다. 알몸은 나체의 상태가 아니라 서로 나눌 수 있는 게 있다는 것입니다. 내 안의 샘물을 이미 무한대로 받았기 때문입니다. 우리는 사랑하는 사람에게 마르지 않는 샘물을 퍼줄 수 있는 선물이 이미 내재하도록 창조되었습니다.

신약에서의 사랑을 우리는 인격 그리고 성령이라고 표현합니다. "희망은 우리를 부끄럽게 하지 않습니다. 우리가 받은 성령을 통하여 하느님의 사랑이 우리 마음에 부어졌기 때문입니다"(로마 5,5)라는 바오로 사도의 말처럼, 우리가 줄 수 있을 때 주는, 그 사랑은 인간의 일이 아니고, 신적인 일에 인간이 동참하는 것입니다. 그래서 주어도 주어도 괜찮다고 이해하는 것이 바로 사랑입니다. 그러나 나누어 줄 때 조심할 것이 있는데, 우선 정화가 필요합니다. 너와 나는 사람이 다르기 때문에 오늘은 열 개 주고, 내일은 기분에 따라 하나도 안 주고… 그럴 수 있는데, 이처럼 헷갈리게 주면 안 됩니다. 그렇기에 내 안에 있는 정화의 힘이 있어야 합니다. 이는 내가 내어 줄 수 있는 힘을 점점 강하고 견고하며 단단하게 해주기 때문입니다. 그래서 내 안의 맑은 힘이 끊임없이 나의 샘물을 내어 줄 수 있도록 만드는 것입니다.

둘이 한 몸(창세 2,24)

둘이 한 몸이라는 말은 '서로 차이는 있어도 차별이 없다'는 뜻으로 이해할 수 있습니다. "그러므로 남자는 아버지와 어머니를 떠나 아내와 결합하여, 둘이 한 몸이 된다"(창세 2,24)는 성경의 말처럼, 남자는 부모를 떠나 아내와 한 몸을 이룹니다. 그렇습니다. 떠나야만 하나가 됩니다. 받는 사랑에서 떠나, 아내와 한 몸을 이루는 것은 상호교환할 때만 온전한 일치가 가능하다는 말씀입니다. 이 사랑이야말로 자녀적인 몸에서 혼인적 몸으로 바뀌는 건데, 신·구약을 통틀어서 하느님께서 말씀하시는 메시지입니다. '어느 사랑이 가장 큰 사랑인가?' 하고 하느님께 질문한다면, 하느님께서는 진정 혼인적 사랑이라고 말씀하실 것입니다. 하느님께서는 구약에서도 이스라엘 백성을 부르실 때 혼인적 사랑으로 부르셨고, 신약에서 그리스도와 나와의 관계를 혼인적인 관계가 된다고 부르셨습니다.

필자는 혼인미사 때 주례사에서 '둘이 한 몸'이라는 하느님의 말씀에 대해 이렇게 해석하여 강론합니다. "이제 혼인성사를 통해 두 분께서는 한 몸으로 살아가십니다. 그 뜻은 다음과 같습니다. '이제 신랑 베드로님은 신부 데레사님으로 살아가시고, 신부 데레사님은 베드로님으로 살아가실 것을 권고해드립니다.'"

몸은 선물

그러면 나의 몸을 어떻게 이해해야 할까요? 내 몸은 선물입니다. 이는 선물을 받는 데 나의 선택과 자유가 없기 때문입니다. 우리 몸은 선물이지 뇌물이 아닙니다. 선물은 주체에게서 오지만, 뇌물은 대상관계의 객체에 맞춰 주는 것입니다. 뇌물이란 무엇일까요? 사랑을 돈으로 주고 살 수 있는 것이 뇌물입니다. 우리는 사랑으로 풀 수 있는 그 방법을 알아야 합니다.

이를 위해 우리는 우선 몸이 가지고 있는 속성과 경향을 알아야 하는데, 이는 바로 혼인적 속성입니다. 자기 자신의 몸안에 있는 선택과 자유가 진정한 혼인적인 속성입니다. 오늘 살아가는 우리가 지금 취하는 선택이 내일의 행복과 갈망을 만들 수 있습니다. 그뿐만 아니라 그 반대의 길도 갈 수 있을 것입니다.

또한 우리가 가지고 있는 몸 언어의 구조가 있는데, 사랑입니다. 그중 가장 많은 사랑의 언어를 지니고 품고 있는 곳이 눈빛입니다. 우리는 눈빛 하나로 그 집을 전체로 얼음판으로 만들 수도 있고, 화목하게 만들 수도 있습니다. 인간은 어떤 눈빛으로 어떻게 살아왔는지 알 수 있고 느낄 수 있습니다. 눈빛으로 인간 삶의 70%를 말할 수 있습니다. 그 완결판이 예수님의 성체성사입니다. 성체성사는 뇌물로 온 것이 아니라 선물로 왔습니다. 혼인적인 선물을 지니고 있기 때문입니다. 나와 그리스도가 하나가 된다는 것이 성체성사의 혼인적 가치를 드러냅니다.

그런데 우리는 영성체를 하고 그 혼인적 사랑의 가치를 잊곤 합니다. 주님께서 당신의 몸과 피를 나누어 주시려고 우리에게 오실 때, 그분의 언어는 자기 자신을 전부 내어주는 사랑의 언어로 오신 것입니다. 인간의 몸이 가지고 있는 이 세 가지 구조의 가장 완전한 모습이 성체성사입니다. 그래서 우리에게 중요한 하나가 된 것이 내 힘이 아니라, 내 안의 원래 내재해 있는 내 사랑의 힘을 깨우는 것입니다.

존재의 앎

상사병에 걸린 순간 백기 들게 하는 사랑보다는 서로 안에 있는 애정을 깨워서 함께 나가는 것이 혼인적인 사랑인 듯합니다. 그 사랑의 샘물에서 나오는 물로 채워지기에 에너지가 부족하지 않습니다. 물론 나의 편에서 노력할 게 있습니다. 그중 중요한 것이 무엇보다 알아차려야 하는 것입니다. '알다'는 동사와 명사 '앎' 중에 어떤 앎이 제일 중요할까요? 존재에 대한 앎일 것입니다. 내가 누구인지 존재에 대한 앎인데, 사람들은 종종 존재보다는 무엇을 해야 하기 때문에 존재가 무시당하는 것이 일쑤입니다. 그래서 부모들은 그동안 종종 자녀에게 함부로 표현했습니다. 예를 들어 '공부해서 남 주냐!' 같은 표현입니다. 이런 말이 아주 좋지 않은 말입니다. 사실, 공부해서 남을 안 주려면 왜 공부할까요? 우리는 늘 잘할 때도 있지만, 좌절할 때 일어날 수 있어야 합니다. 내가 잘 먹고 잘 살아야 하는 게 기본이지만, 그것을 뛰어넘어 공부해서 남 주는 것을 향하는 마음, 그것이 선물하는 마음입니다. 공부도 그렇고, 소통뿐 아니라, 운동도 선물하는 마음으로 하면 훨씬 존재와 행동을 풍요롭게 할 것입니다.

그래서인지 내가 어떤 존재인지를 안다면, 사랑하는 눈이 열립니다. 사랑은 힘, 능력이지만 거기에 눈을 크게 뜬다면 무척 서로가 행복합니다. 하지만 잘못해서 눈을 감든지 하면 사랑을 망치게 될 것입니다. 부부, 자녀, 친구, 이웃과의 사랑이 망치는 사랑이 될 것입니다. 사랑의 눈이 뜨는 게 앎입니다. 부모 자식의 사랑, 타자의 사랑, 나 자신의 사랑을 알도록 주님으로부터 우리가 초대받았습니다. 제2의 본성을 갖기 위해서 우리는 사랑하는 앎을 훈련해야 합니다. 사랑은 덕으로 나오기 때문입니다. 참을 때, 한 번 더 참고, 한 번 더 부드럽게 나오도록 최선을 다하는 것이 사랑입니다.

부르심, 창조의 완성

인간은 하느님의 명령에 의해 창조되어 존재하지만, 또한 인간은 하느님의 부르심에 의해 지속적으로 존재해 갑니다. 우리에게 인생이 시작하여 올 때, 그리고 인생의 목표를 향해 나갈 때도 이는 하느님의 부르심에 의해 진행됩니다. 내가 살아 있는 동안 내 인생 안에는 하느님의 사랑, 곧 생명의 신비와 본질로 가득 차 있습니다. 그렇기에 우리는 나를 포함해 대상관계에게 함부로 말하고 평가하지 않아야 합니다. 그렇게 하면 나를 만드신 분이 아파하십니다. 우리는 하느님 아버지, 하느님 어머니의 사랑의 계획 안에서 행복해야 합니다.

이 점에서 인생은 소풍 온 것과 같습니다. 소풍놀이에서 우리는 김밥, 보물찾기를 하면서 행복해합니다. 또한 소풍 마치고 돌아갈 때 하느님께서 우리를 기다리십니다. 그런데 하느님께서는 세상에서 우리를 행복하게 살도록 부르시기 위해 돈이 아니라 몸을 주셨습니다. 행복을 위해 그 몸을 알고 신비를 살아야 합니다. 그런데 세상 사람들은 돈을 추구하고 돈 빌기를 배웁니다. 돈은 편하게는 하나 행복하게 할 수는 없습니다.

우리는 무엇을 추구하나요? 살아가며 편안함을 추구하나요? 행복을 추구하나요?

우리나라에는 먹을 것이 너무 풍요합니다. 먹는 천국이 우리나라인 듯합니다. 식탁에 음식이 얼마나 많습니까. 그런데 행복합니까? 우리는 매일 무공해 음식, 유기농 음식을 찾고, 세상에서도 자연이 맑고 새로운 곳을 보려고 산과 바다가 다르게 보이는 곳을 찾습니다.

사랑도 똑같습니다. 그런데 사랑하는 삶을 추구할 때, 행복과 사랑이 먼저 아니고, 자신을 알고 만나야 할 '존재'가 먼저입니다. 그다음이 사랑과 행복입니다. 우리는 되어져 가는 존재입니다. 이제까지 자녀를 위해 살았다면, 이제는 그 누구도 차별 없이 자기 자신과 이웃을 위해 살기를 기대해 봅니다.